高速铁路基础研究与技术创新丛书

编　委　会

国家出版基金项目
“十四五”时期国家重点出版物出版专项规划项目
国家出版基金项目
NATIONAL PLBLICATION FOUNDATION

高速铁路基础研究与技术创新丛书

基础理论与基础技术系列

高速铁路隧道内附属设施气动效应及安全性研究

本丛书编委会　总主编
彭立敏　杨伟超　施成华　雷明锋　著
谭忠盛　主　审

中国铁道出版社有限公司
2023年·北　京

内 容 简 介

本书为“高速铁路基础研究与技术创新丛书”之分册。内容基于国家自然科学基金等课题成果和作者长期在高速铁路隧道内附属设施气动效应方面的研究成果，分析高速铁路隧道内附属设施的气动效应和安全性，提出气动荷载的取值标准及典型附属设施的安装标准，为高速铁路建设和可持续发展提供重要技术支撑。本书论述了高速铁路隧道空气动力学分析方法、隧道内列车风变化规律、隧道内接触网风致振动的安全性、隧道内瞬变压力波变化规律，以及隧道锚栓型附属设施、锚固型附属设施的安全性等。

本书适合从事高速铁路隧道工程设计、施工和科学研究的专业技术人员参考，也可供高等院校隧道工程专业师生参考。

图书在版编目(CIP)数据

高速铁路隧道内附属设施气动效应及安全性研究/彭立敏等著. —北京：中国铁道出版社有限公司，2023.4

(高速铁路基础研究与技术创新丛书. 基础理论与基础技术系列)

“十四五”时期国家重点出版物出版专项规划项目

ISBN 978-7-113-30104-0

Ⅰ.①高… Ⅱ.①彭… Ⅲ.①高速铁路-铁路隧道-附属设备-空气动力学-安全技术-研究 Ⅳ.①U238

中国国家版本馆 CIP 数据核字(2023)第 054710 号

书　　名：高速铁路隧道内附属设施气动效应及安全性研究

作　　者：彭立敏　杨伟超　施成华　雷明锋

策　　划：刘　霞

责任编辑：胡娟娟　**编辑部电话：**(010)51873155　**电子邮箱：**597129760@qq.com

封面设计：高博越　**封面摄影：**王明柱　**丛书标识设计：**崔丽芳

责任校对：苗　丹

责任印制：樊启鹏

出版发行：中国铁道出版社有限公司(100054，北京市西城区右安门西街 8 号)

网　　址：http://www.tdpress.com

印　　刷：北京联兴盛业印刷股份有限公司

版　　次：2023 年 4 月第 1 版　2023 年 4 月第 1 次印刷

开　　本：787 mm×1 092 mm 1/16　**印张：**12　**字数：**228 千

书　　号：ISBN 978-7-113-30104-0

定　　价：88.00 元

高速铁路基础研究与技术创新丛书

编　辑　组

序

我国高速铁路起步晚、发展快、后劲足，经过几代人的不懈努力，通过原始创新、集成创新、引进消化吸收再创新，成功地走出了一条符合中国国情路情、具有中国特色的自主创新之路。我国已系统掌握各种复杂地质和气候条件下高速铁路建造成套技术；在工务工程、列车运行控制、牵引供电、动车组等高速铁路核心技术方面实现自主化；形成了复杂路网条件下处理跨线运行的运营管理成套技术，构建了人防、物防、技防三位一体的主动安全保障机制。我国已成为全球高速铁路运营里程最长、在建规模最大、运营速度最快、技术体系最全、运营和管理经验最丰富的国家。我国高速铁路技术已走在世界前列，成为推动世界高速铁路发展的重要力量。

为贯彻落实中共中央、国务院《交通强国建设纲要》，推进国铁集团《新时代交通强国铁路先行规划纲要》的落地，系统总结、梳理我国高速铁路各领域前沿理论和技术，向我国乃至世界高速铁路科研工作者和工程技术人员提供一套前沿性的参考书，中国国家铁路集团有限公司铁道出版社公司特组织编著出版“高速铁路基础研究与技术创新丛书”。

丛书以习近平新时代中国特色社会主义思想为指导，以国家自然科学基金课题、国家基金委-国铁集团高铁联合基金课题、国家“973”课题、国家重点研发计划课题等科研成果为支撑，从高速铁路前沿研究、补短板技术、核心技术、技术发展趋势等方向组织选题，涵盖动车组、供电、通信与信号、列控与检测、工程勘察与设计、智能建造、运营与管理、现代信息技术、安全和维护等领域，规模为 100 册，是全面系统论述我国高速铁路基础研究与技术创新成就的大型系列原创性科技著作。

丛书力求突出制高点、原创性、权威性、全覆盖特色。丛书各册内容以作者团队长期从事高速铁路科学研究的成果为依托，多数成果居于国内领先水平甚至世界先进水平，多种成果荣获国家科学技术奖一等奖、二等奖，国家技术发明奖一等奖、二等奖，茅以升科学技术奖，詹天佑铁道科学技术奖，铁道科技进步奖等奖项，丛书内容体现了我国当今最新、最前沿以及展现未来发展趋势的高速铁路相关研究成果和应用技术。丛书包括动车组、供电、工程施工与组织等十个系列，基本实现高速铁路各领域全覆盖。

丛书由编委会总负责。编委会阵容强大，认真负责。编委会各成员都是长期从事我国高速铁路科研、技术、生产和管理的一流专家学者，是所从事领域的翘楚，其中包括高速铁路及其相关领域的四位院士。编委会多次开会商讨丛书的体系、内容特色、作者条件及质量保障机制；分工负责，精心审订和修改各册编写提纲；多次遴选选题，先从150多个选题意向中遴选出100个选题，后又剔除了内容特色不太鲜明的8个选题，还对10多个选题提出了较大的改进意见，补充了8个关键技术和弥补技术空白的选题；最后邀请专人对各册内容进行审定，从而保证了各册内容的正确性和先进性。

2021年年底，国家新闻出版署经过严格评审，“高速铁路基础研究与技术创新丛书”(100册)成功入选“‘十四五’时期国家重点出版物出版专项规划——重大出版工程”。这是对本丛书项目的认可，也是对编委会、作者和编辑等人员前期工作的认可，更是一种鞭策。我们相信，本丛书的出版，将助力于《交通强国建设纲要》的贯彻落实，推动我国乃至世界高速铁路事业的发展，也将为铁路领域的科研工作者、工程技术人员、管理人员，以及高校相关专业师生提供一套高水平、原创性、权威性、全覆盖的大型高铁科技精品著作。

中国工程院院士
“高速铁路基础研究与技术创新丛书”编委会主任

2022年2月

前　　言

本书为“高速铁路基础研究与技术创新丛书”之分册，按照丛书要求，力图体现高速铁路隧道内附属设施的气动效应及安全性研究的前沿性、原创性特色。

隧道空气动力学效应一直是制约高速铁路发展的关键技术问题之一，为有效缓解隧道气动效应对列车和隧道洞口环境的不良影响，我国提出采用双线隧道结构型式、洞口加设缓冲结构和改善列车外形优化等多种综合措施，极大缓解了我国多山地形条件对发展高速铁路的制约，有效推动了我国高速铁路整体技术的快速发展。随着我国高速铁路运营里程的快速增加，隧道气动效应对除了列车和隧道环境等问题外的其他影响日益显现，特别是隧道空气动力学效应对附属设施服役性能的影响不容忽视，如瞬变列车风作用下隧道内接触网系统的振动和吊柱安装基座的安全性，反复交变压力波荷载对轨旁钝体附属设施的气动冲击影响，以及负压作用下水沟和电缆沟槽的吸附作用和盖板稳定性等。接触网系统和电力电缆等附属设施是铁路的生命线，保证其长期稳定性是高速铁路良好运营状态的首要条件。

从国内外研究现状来看，研究隧道空气动力学、列车活塞风、接触网风致振动的文献较多，但研究高速铁路隧道内附属设施气动效应及安全性的著作相对较少。本书基于高速列车-空气-隧道结构耦合动力分析计算模型，分析高速铁路隧道内压力波和列车风的气动荷载特征及其影响规律；基于不同附属设施的受力特点，建立列车风荷载作用下接触网系统的气固耦合动力学分析模型，分析高速铁路隧道内附属设施的气动力学效应及其安全性等。本书内容基于国家自然科学基金项目“高速铁路隧道内接触网系统气-固耦合振动机理及风致疲劳实验研究”(51008310)和高铁联合基金项目“高速铁路交叉隧道动力特性及结构安全性理论研究”(U1134208)等科研成果，代表着我国高速铁路隧道空气动力学技术应用水平。在技术成果方面，本书提出了高速铁路隧道内气动荷载的取值标准、接触网吊柱锚栓的安全截面面积和安全锚固深度，提出了隧道内几种典型锚固型附属设施紧固锚栓的安装标准，为我国高速铁路隧道附属设施设计标准的完善和营运维护提供科学依据，为高速铁路建设和可持续发展提供重要技术支撑。

本书由彭立敏、杨伟超、施成华、雷明锋著，由北京交通大学教授谭忠盛主审。数值计算与资料整理部分，由博士、硕士研究生费瑞振、曹宏凯、王照伟、刘俊杰完成，对他们的辛勤工作致以诚挚的感谢。

本书的出版得到铁路和轨道交通领域有关专家、学者的关心和支持。限于技术水平和工作视角，书中难免有不足之处，敬请读者不吝指正。

著　者

2023 年 3 月

目　　录

第1章　绪　　论

隧道空气动力学效应一直是制约高速铁路发展的关键技术问题之一，为有效缓解隧道气动效应对列车和隧道洞口环境的不良影响，我国提出采用双线隧道结构型式、洞口加设缓冲结构和改善列车外形优化等多种综合措施，极大缓解了我国多山地形条件对发展高速铁路的制约，有效推动了我国高速铁路整体技术的快速发展。随着我国高速运营里程的快速增加，隧道气动效应对除了列车和隧道环境等问题外的其他影响日益显现，特别是隧道空气动力学效应对附属设施服役性能的影响不容忽视。

1.1　概　　述

截至2022年底，中国高速铁路运营里程达到4.2万km，占世界高速铁路运营里程的三分之二以上，已成为全球瞩目的高速铁路大国，在全产业链的集成、施工、装备制造和管理等关键技术上，积累了丰富经验。我国地形复杂多样，山地和丘陵占比较高，加上高速铁路线路的高平顺性要求，因此我国高速铁路隧道的占比一直很高。截至2021年底，我国已建成高速铁路隧道超过3 000座，累计长度近6 500 km；在建的高速及城际铁路隧道约1 500座，累计长度约3 450 km；正在设计和规划的高速铁路隧道超过3 000座，累计长度约6 700 km，高速铁路隧道的数量和长度均远超其他国家[1]。

当高速列车在空旷地区行驶时，车体附近的空气会被迅速排开。但当高速列车车头驶入隧道时，由于隧道壁面的约束作用，排开的空气不能及时从列车周围迅速流开，导致列车车头前方的空气被压缩，空气压强激增形成压缩波，并以声速向隧道出口处传播。当高速列车车尾驶入隧道时，仅有一部分被列车车头排开的空气会通过列车周边的环状空间流至车尾，列车尾部压力低于隧道内原压力，故形成负压而产生膨胀波向出口处传播。当两种波传播至隧道洞口时，波会反射回隧道内，压缩波经反射后变为膨胀波，膨胀波经反射后变为压缩波，如此反复传播[2]。高速铁路隧道内的这种气动变化，对旅客舒适感和洞口环境造成了严重影响，同时也对衬砌结构和附属设施服役性能构成了威胁，成为始终制约高速铁路进一步提速和安全服役的关键性因素。

高速铁路附属设施，包括线路上方的接触网系统、轨旁电力、通信电缆、信号和排水等设施，这些附属设施多数是支撑高速列车安全运营的生命线工程。以接触网为例，电气化铁路的弓(受电弓)/网(接触网)系统，一直是我国电气化铁路系统的薄弱环节，为制约我国铁路运输安全畅通的重要因素之一[3]。中国铁路西安局集团有限公司对111台电力机车(222架受电弓)调查发现，受电弓被打、撞、冲击的痕迹达565处，平均每个受电弓2.55处，绝大部分是接触网稳定性差引起的，如激振导致的电连接线松弛、脱落，接触网紧固件松动断裂等一系列疲劳损伤问题[4]。其他附属设施也存在类似问题，表现为工作环境恶劣，使用条件苛刻，无备用设备。一旦出现故障，会引起全线行车中断，甚至会造成车辆调度失灵，引发严重的安全事故。

随着列车速度的逐渐提高，隧道内各种附属设施将承受更加严重的气动荷载，其工作环境恶劣，使用条件苛刻，不但会受到高湿条件和列车振动的影响，还将进一步承受隧道空气动力效应的反复冲击，造成附属设施断裂和脱落，水沟盖板失稳破损。因此，对高速铁路隧道内附属设施的气动效应进行研究，分析复杂受力环境下附属设施的空气动力学特征及其影响规律，提出不同附属设施的设计方案和设计参数，填补高速铁路隧道设计的技术空白，对我国高速铁路高水平建造、长期健康服役具有重要的意义。

1.2 高速铁路隧道主要附属设施

1.2.1 我国高速铁路隧道类型及断面面积

我国高速铁路的设计时速主要有250 km、300 km、350 km三种，不同的设计时速，必然要求有不同的隧道断面形式和相应的隧道附属设施[5]，不同设计时速隧道内轮廓如下。

1. 时速250 km的双线隧道

隧道横截面面积90 m^2，阻塞比为0.162，如图1-1所示。

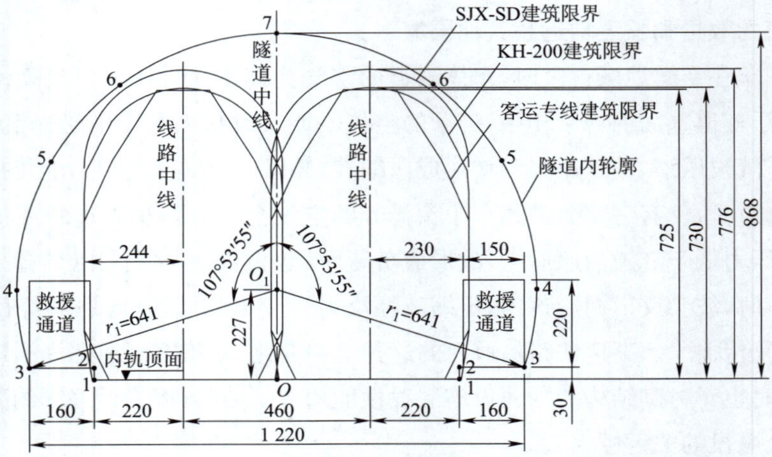

图1-1 时速250 km的双线隧道建筑限界及内轮廓(单位：cm)

2. 时速 250 km 的单线隧道

隧道横截面面积 58 m^2，阻塞比为 0.258，如图 1-2 所示。

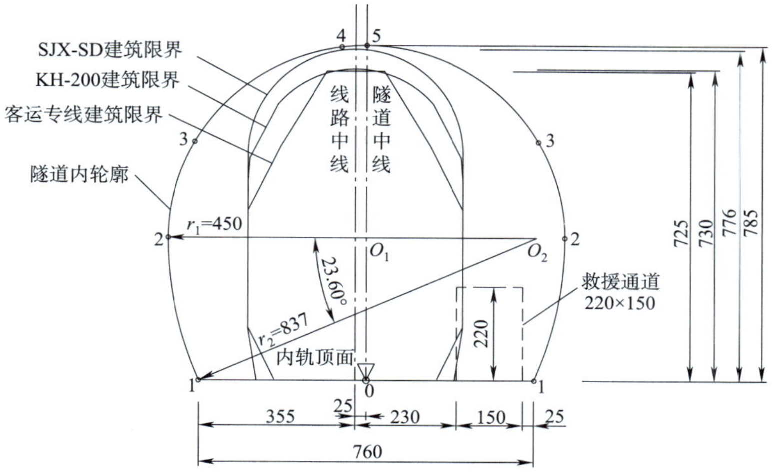

图 1-2 时速 250 km 的单线隧道建筑限界及内轮廓(单位：cm)

3. 时速 300 km、350 km 的双线隧道

隧道横截面面积 100 m^2，阻塞比为 0.214，如图 1-3 所示。

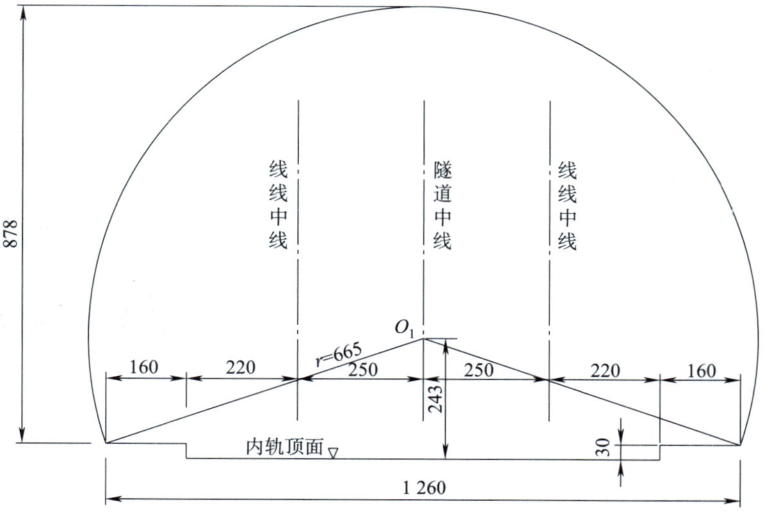

图 1-3 时速 300 km、350 km 的双线隧道建筑限界及内轮廓(单位：cm)

4. 时速 300 km、350 km 的单线隧道

隧道横截面面积 70 m^2，阻塞比为 0.149，如图 1-4 所示。

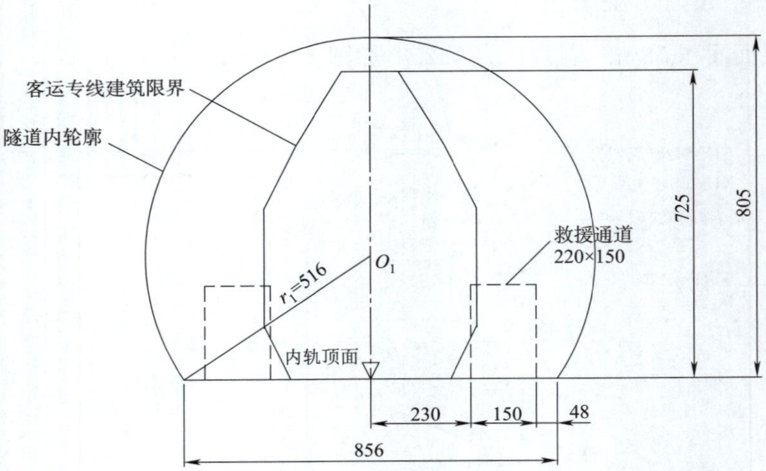

图 1-4　时速 300 km、350 km 的单线隧道建筑限界及内轮廓(单位:cm)

1.2.2　隧道内接触网系统

接触网是铁路电气化工程的主构架,是沿铁路线上空架设的向电力机车供电的特殊形式的输电线路[4]。隧道内接触网系统包括接触网吊柱、接触悬挂支持结构、定位装置等部分,如图 1-5 所示。

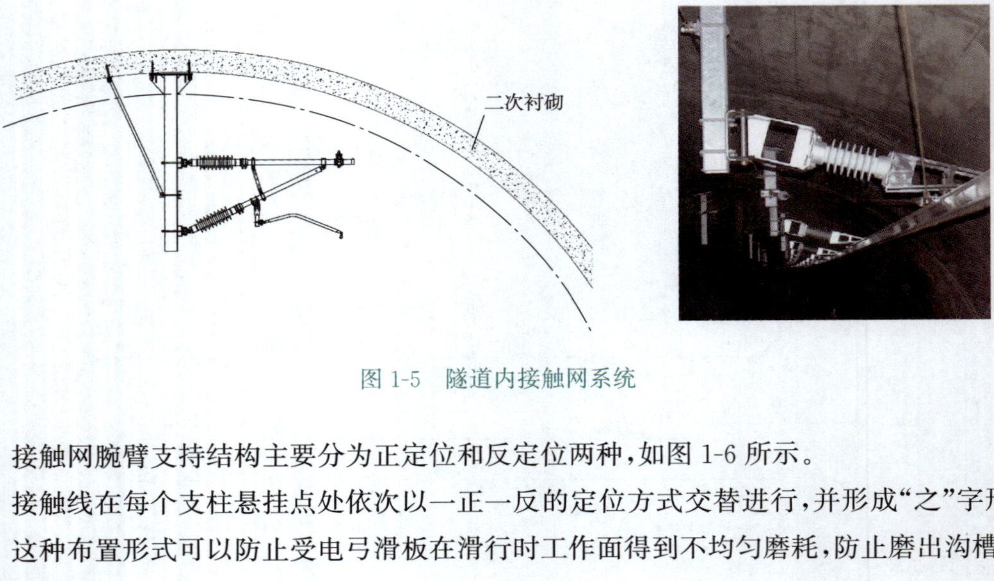

图 1-5　隧道内接触网系统

接触网腕臂支持结构主要分为正定位和反定位两种,如图 1-6 所示。

接触线在每个支柱悬挂点处依次以一正一反的定位方式交替进行,并形成“之”字形布置。这种布置形式可以防止受电弓滑板在滑行时工作面得到不均匀磨耗,防止磨出沟槽,恶化受流条件。

接触网支持结构安装在腕臂柱、硬横梁及隧道内用吊柱上,起到承载接触悬挂荷重、固定承力索位置、连接固定接触线定位装置等作用。不论是正定位还是反定位,接触网支持结

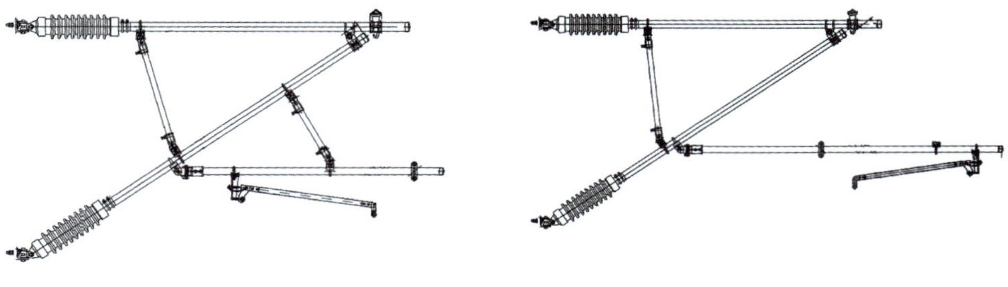

(a)正定位　　(b)反定位

图 1-6 接触网支持结构类型

构一般由平腕臂、斜腕臂、定位管、腕臂支撑、绝缘子等组成，如图 1-7 所示。

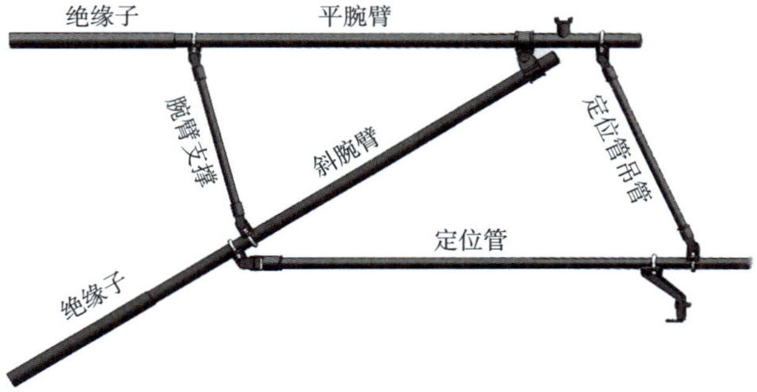

图 1-7 接触网支持结构组成

平腕臂用于组成旋转腕臂结构三角形的上部，平腕臂悬臂一端通过铝合金承力索座支撑承力索，另一端与棒式绝缘子相连，通过铝合金套管座连接斜腕臂。斜腕臂用于组成腕臂支持结构三角形斜边，斜腕臂一端通过腕臂连接装置与平腕臂相连接，另一端通过棒式绝缘子与下腕臂底座相连接。腕臂支撑安装在平腕臂与斜腕臂之间，以增加腕臂的负荷能力。铝合金套管座用于平腕臂和斜腕臂相交处的连接。承力索座用于平腕臂上悬挂、固定双支或单支承力索。套管单耳用于安装在平、斜腕臂上连接腕臂支撑。管帽用于安装在腕臂端头防尘、防水保护。

定位装置可以保持接触线处于相对于线路中心的正确位置，保证接触线与受电弓不脱离，使受电弓的滑板磨耗均匀，包括定位管、定位器、定位线夹及其连接零件。受电弓在接触线上滑行时，定位器是与其最接近的零件之一，其性能的优劣与弓网间正常取流有直接关系。因此，对定位装置存在以下技术要求。第一，重量应尽量轻，当受电弓通过定位点时，在受电弓抬升力的作用下，应上下工作自如，并且有一定的抬升量，不产生明显硬点，其静态弹性和跨距中部应尽量一致；第二，具有一定的风稳定性，在受风时，保证定位状态的稳定性。

1.2.3 隧道内轨旁电力附属设施

高速铁路隧道内常见箱体类、灯具类等附属电力设施，此类附属设施一般通过锚栓与衬砌连接，结构及实物具体如图 1-8 所示。

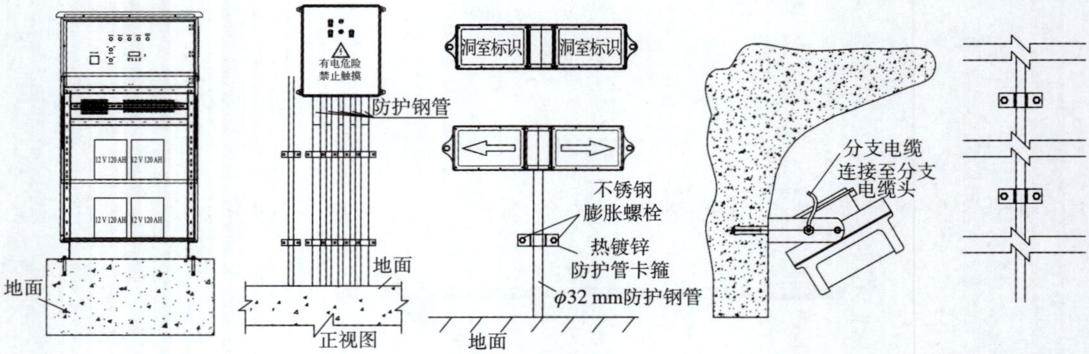

图 1-8 隧道内轨旁电力附属设施

1. 箱体

高速铁路隧道内箱体类附属设施主要包括配电箱、插座箱、应急按钮箱、首端照明控制箱、中间照明控制箱等，如图 1-9 所示。

(a)配电箱 (b)应急按钮箱 (c)首端照明控制箱

图 1-9 箱体类电力附属设施

2. 灯具

高速铁路隧道内常见灯具类附属设施主要包括照明灯、疏散灯、LED 灯管等，如图 1-10 所示。

3. 防护钢管及电缆挂架

高速铁路隧道内防护钢管及电缆挂架如图 1-11 所示。

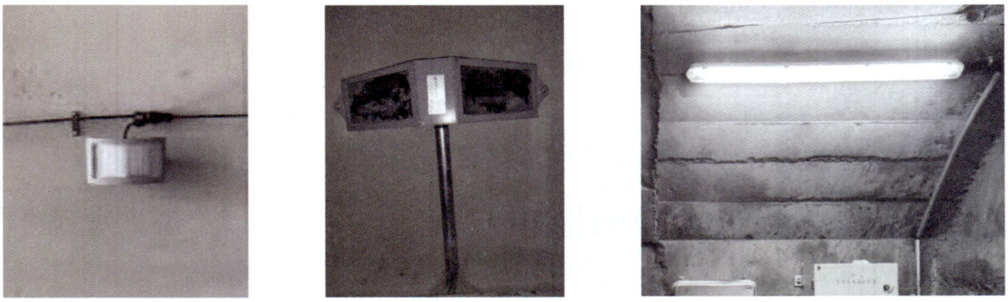

(a)照明灯　　(b)疏散灯　　(c)LED灯管

图 1-10　灯具类电力附属设施

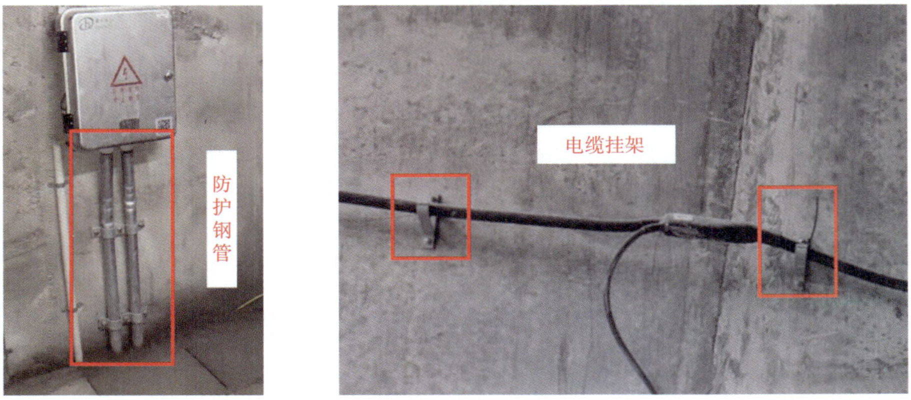

(a)防护钢管　　(b)电缆挂架

图 1-11　防护钢管及电缆挂架

1.2.4　隧道内轨旁水沟和电缆槽

高速铁路隧道内轨旁水沟和电缆槽采用盖板进行封闭，其中，盖板电缆槽本体采用浇筑混凝土，盖板采用预制混凝土，直接放置于沟槽顶部，如图 1-12[6]所示。

图 1-12　隧道内轨旁水沟和电缆槽

1.3 国内外研究概述

1.3.1 高速铁路隧道空气动力学效应研究方法

目前，国内外对于高速列车进出隧道空气动力学效应问题已有理论分析、实车试验、模型试验和数值模拟四种研究方法。其中，理论分析是基于流体运动的基本规律，提出相应的简化模型，并建立相关的流体控制方程，在对某些条件进行必要的假设后，通过一系列公式推导并求解，最后对计算结果进行处理，描述数据的变化趋势并总结规律。由于其限制条件过多，而且对于复杂的非线性问题很难得到理想的结果，因此未能广泛应用。下面分别从实车试验、模型试验和数值模拟三个方面，介绍高速列车进出隧道空气动力学效应问题的国内外研究现状。

1. 实车试验

实车试验是指在实际运行线路上，对列车通过隧道行驶过程中的有关空气动力学指标进行测试。通过实车试验所得到的结果较为可靠，但也存在缺点，即因现实环境的制约，能够得到的数据有限，不便于对某一特定变量的变化所造成的影响进行研究，且成本往往较高。

在国外，一些研究者和研究机构进行了一系列现场实车试验。从 20 世纪 60 年代开始，以 Yamamoto 为代表的一批学者率先对隧道气动效应进行研究。他们通过实车试验，分析了隧道内压缩波的形成和传播过程以及隧道口微气压波的变化规律[7,8]。Tanaka 等[9]对列车驶入、驶出隧道时直接产生的进出口波进行研究，获得了进出口波的基本特征。Suzuki[10]通过实测并结合仿真模拟，得出了隧道内交变气动压力是导致列车强烈振动的重要因素。Sakuma 等[11]也现场实测了 16 编组高速列车通过隧道时的压力和速度分布。在欧洲，Tribsten[12]通过实车试验研究了德国 ICE 列车通过隧道时的瞬变压力及影响因素。德国联邦铁路公司的研究员 Deeg 等[13]对型号为 ICE3 的高速列车突入隧道时形成的初始压缩波和微压波开展了较系统的研究。Mancini 等[14]还针对意大利境内高速铁路隧道气动效应进行相应的试验研究，比较了列车在不同速度下通过隧道时的车体压力分布。

在国内，中国铁道科学研究院于 1995 年针对山西南同蒲下行线的列车运行安全问题，对列车通过许家店 1 号隧道时的气动压力波进行全程监测，初步研究了普通列车在通过隧道时的压力波动时程规律[15]，这对指导既有线进行 200 km/h 的提速改造以及顺利实施第六次大提速提供了可靠的经验。

随后，文献[16,17]针对长白山号列车的运行安全，于 2005 年 5 月至 6 月首次在遂渝线的太和至北碚北路段成功开展了动车组以速度 200 km/h 通过隧道时的一系列气动力学测试，其试验结果为制定我国相关技术条件和技术标准奠定了基础。2008 年 11 月至 2009 年

4月,中国铁道科学研究院首次利用石太铁路与合武铁路联调联试的平台,针对列车以速度200～250 km/h通过隧道时的气动效应展开了较为系统的现场试验研究。其研究内容涉及车内压力变化、车体所承受气动压力的变化、洞口微气压波的传播、列车风的产生及其对隧道内辅助设备(接触网、水沟盖板等)的影响等方面[18]。

此外,刘峰等[19]采用实车试验方法对高速动车组穿越双线隧道引发的隧道壁面气动压力进行测试,分析了不同位置测点在列车通过阶段和列车驶出阶段的压力峰值。

2. 模型试验

由于实车试验需要具备已完成建设的高速铁路和按试验要求装备试验仪器的车辆编组等硬性条件,导致试验成本过高。另一方面,实车试验的工况易受外部环境的约束,十分有限,试验结果也易随环境的变化而发生相应的改变。因此,模型试验是当今研究高速铁路隧道气动效应的一种主流手段,其主要包括水槽法、发射式模型法和小型列车模型试验装置等方法。

在国外,最早于20世纪60年代中期在美国兴起水槽模型试验法,其理论基础是浅层流体表面扰动波与压力波具有"相似性",可以用很低的速度来模拟高速运行的列车。英国的学者White等[20]通过水槽模型试验法对隧道的气流和压力变化进行了研究,试图通过模型中液体的运动来确定实际隧道中气流和压力波动情况,但研究结果并不理想。日本学者木川田一弥等[21]采用浅水槽模型装置研究了以500 km/h运行的超高速列车在隧道内运行时洞内的压力波动情况,试验结果表明隧道内的最大压力幅值和列车速度、阻塞比等相关。

随着模型试验技术不断成熟,Kim等[22]采用缩尺比为1∶20的列车模型,针对列车在地铁隧道内运行时的情况进行了模拟试验研究,以对相应数值模拟计算结果的可靠性进行验证。Doi等[23]学者还通过运用缩尺比为1∶30的列车过隧道的模型进行了模拟试验,成功测得了列车全程压力波的数值大小,其中包括列车鼻尖处压力波的时程数据。经与现场实测数据比对,结果一致。

日本的小汉智[24]在20世纪70年代末采用发射式列车模型,可以模拟速度为100 m/s条件下空气动力学效应问题,并且取得了比较满意的效果。

英国学者Pope[25]在试验中建造了1/25的小比例列车模型装置,这种装置可以用来模拟列车速度不超过55 m/s时引起的空气动力学效应,其测试结果与现场测试结果非常吻合,说明这种小型列车模型实验法是一种很好的方法,但其缺点是模拟速度低、造价高。

我国对高速铁路气动效应模型试验研究起步稍晚,始于20世纪90年代。田红旗[26]自主研制了大型的1/20缩尺列车-隧道模型,研究列车穿过隧道以及两车交会等工况,并以流体力学基本控制方程为理论基础,基于三维非定常可压缩的流体理论进行了一系列的推导,使此条件下的列车与隧道相对运动数值计算难题得以有效解决,最后经与试验结果比对,发现结果吻合较好。

王英学等[27]在建立高速列车模型试验相似准则的基础上,利用压缩空气式高速列车模型发射系统对高速列车突入隧道的过程进行了一系列模型试验，得出了一些有关压缩波产生、传播的规律。

此外，余南阳等[28,29]利用自建的浅水槽拖动模型成功地研制了实时检测系统，对隧道压力波的试验研究具有重要的应用价值，之后又用该试验装置对高速列车进入隧道时引起的压力波动进行了研究，其最终的测试结果对于校核结构更为复杂的隧道压力波的数值模拟结果有一定帮助。

和实车试验一样，模型试验也有其不足之处。如模型试验成本较高、因模型缩尺可能导致最终结果与现场实测试验结果偏差较大以及模型制作等前期准备工作较烦琐等。

3. 数值模拟

随着计算机技术以及数值模拟计算理论的快速发展，国内外学者也开始将数值模拟方法广泛运用于高速铁路隧道空气动力学效应研究中。尤其是近十年来，在列车-隧道-空气相互作用问题的研究中，有限差分法、有限元方法以及有限体积法都得到广泛应用。目前，国内外学者普遍采用 Fluent、CFX、STAR-CD 等比较成熟的商业流体力学计算软件，研究高速列车进出隧道的空气动力学效应问题。

在国外，日本最早运用数值模拟方法进行研究。Ogawa 等[30]通过建立三维列车-空气-隧道数值模型，研究高速列车突入隧道时的气动效应，并揭示了隧道内压力波的产生机理及车体所受气动载荷的时程波动规律。Zeng 等[31,32]也通过数值模拟研究了单列车通过短隧道以及隧道内列车内交会等工况下的车体附近流场结构特性。瑞典学者 Krajnovic[33]通过分离涡模拟数值技术对阵风影响下 ICE2 高速列车出隧道过程进行研究，发现当车体大约 1/3 到 1/2 的长度驶出隧道时，导致列车脱轨或倾覆的偏航力矩和倾覆力矩将达到最大。Shin 等[34]通过建立相应数值模型，模拟了列车突入隧道和隧道内运行的过程，通过分析列车车身周围流场特性和隧道内压缩波、膨胀波的强度及其传播过程发现，当列车高速突入隧道时，气动力将发生剧烈变化，车体稳定性相关指标将明显偏离设计值。

在国内，梅元贵等[35]、朱克勤等[36]采用各类方法编制程序，对隧道的压力波波动规律进行了相应研究。Li 等[37]采用了非定常、黏性、可压缩的纳维-斯托克斯(Navier-Stokes)方程和滑动网格技术的 RNG k-ε 湍流模型对高速铁路隧道内双线会车工况进行模拟，得到压力的变化特性最高达 80.58 kPa/s。王一伟等[38]采用相同方法建立包括车体和走行部的三维非结构化列车表面离散网格模型和列车与隧道、列车与明线空间的组合计算网格模型，研究了高速列车通过隧道时气动阻力的时变特性和规律。

此外，黄莎等[39]为探明隧道群效应对车体和隧道结构气动安全的影响，采用数值模拟的方法研究高速磁浮列车通过不同间距隧道群时的压力波特性，并与通过短隧道和长隧道时的压力波特性进行比较。Deng 等[40]基于延迟分离涡模拟湍流模型和多孔介质理论，建立了列车-隧道-桥梁-风屏障的三维计算流体动力学数值模型，研究了高速列车在桥隧相连段的峡谷环境中运行时，风屏障对横风作用下高速列车的气动系数、流场结构和运行安全性的影响。

以上研究结果表明，国内外关于高速铁路隧道空气动力学效应问题进行了大量研究，但目前研究主要集中于隧道内压力波和洞口微气压波等问题，尚没有考虑气动荷载对附属设施的影响，而高速铁路隧道气动荷载作用下接触网和轨旁附属设施可能会产生气固耦合振动等不良影响，当前的研究方法尚显不足。

1.3.2 高速铁路隧道内列车风研究

列车以较高速度运行时，由于车头阻力和车身摩擦力的存在，会带动列车周围的空气随之运动，在一定范围内形成一种非定常的流场，通常把这个流场叫作“列车风”。列车风的存在为列车运行带来很多问题，例如使列车行车阻力加大，对列车周围人员的安全性造成影响等。列车风的形态和分布范围与多种因素有关，如列车速度、车头形状、列车表面粗糙度、列车长度以及列车周围流场边界、自然风风向、风速等。

列车由明线进入隧道后，列车周围环境发生剧烈变化，列车风形态也与明线上有较大区别。列车周围空间急剧减小，车头前方空气不能像明线上那样被及时排开，因此在列车头部形成增压作用；列车壁面的摩擦，会带动车身周围空气随列车一起向前运动；列车运行会导致列车尾部形成负压区，吸引列车后方的空气朝列车尾部流动。因此，列车头部和尾部之间形成了压差，可以将列车视为一个可移动的压源，在这个压源作用下，隧道内空气会沿着纵向流动。这种流动类似于活塞在细长的一维管道中运动形成的流场，因此，国内外文献习惯将隧道内这种空气流动称为“活塞风”[41,42]。隧道活塞风，即隧道内列车前后方空气与列车同向的一维流动，列车整个车体与隧道之间的环隙空间内空气流动则称为环隙流场。本书所研究的隧道内列车风，指环隙流场和列车前后方活塞风流场的总和，如图 1-13 所示。

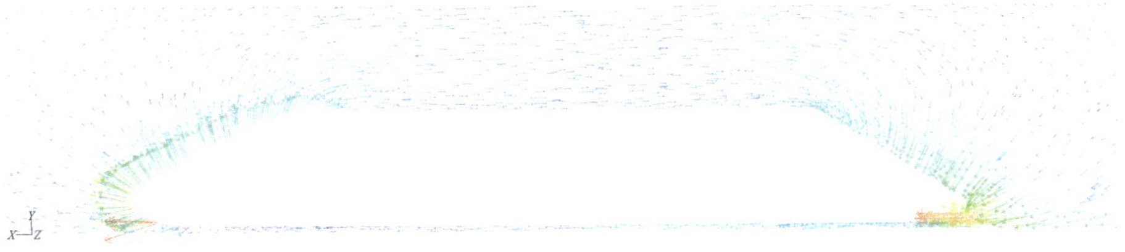

图 1-13 隧道内列车风流场示意

活塞风压力的大小，直接影响活塞风风速的大小及环隙空间内流场的分布形态。影响活塞风压力的因素很多，从隧道的角度讲，有隧道长度、隧道壁面摩擦系数等；从列车的角度讲，有阻塞比、列车速度、列车长度、列车头部形状（列车头部绕流系数）以及列车表面当量粗糙高度等。

目前，国内外针对隧道内列车活塞风的研究侧重于列车行车阻力及隧道内人员安全，而针对活塞风的研究侧重于隧道通风及环控节能。研究方法同样包括理论研究、现场实测、模型试验、数值计算等，这些方法各有特点，在实践中研究者往往将多种方法组合使用，获得了较好的效果。

1. 理论研究

确定列车在隧道内运行时的空气阻力是研究活塞风的重要内容。Gawthorpe 等[43]采用一维不可压缩稳态流动模型，运用流体力学基本方程，根据隧道总压平衡来计算活塞风风速，进而确定列车在隧道内的空气阻力。

Maeda 等[44]仍然采用一维不可压缩稳态流动模型，根据列车进洞到车尾通过产生压力波的这段时间内压力升高值得到压力梯度，再由此梯度估算出列车侧面产生的表面摩阻力。

Pope[45]采用的一维可压缩稳态流动模型，直接利用公式计算确定隧道内静压差，进一步得到空气阻力。此外还采用非稳态流动模型[46]，提出一维有摩擦等熵流假说，通过数值计算对隧道中空气动力学问题进行预测，包括隧道压力波和活塞风风速。这类流动模型其特点是适用性较广，对于存在通风竖井、横通道和若干列车等隧道状况都可进行计算。

我国对活塞风的研究始于 20 世纪 80 年代。史力生采用理论分析和现场实测的方法，通过对活塞风衰减规律进行分析得到了双线铁路隧道内沿程阻力系数[47]。长期以来，我国在隧道通风工程中均采用“活塞作用系数 K_m”法计算活塞风速度[48]。

文献[49,50]中，通过理论分析的方法，建立隧道内流场的连续性方程、能量方程和动量方程，确定了单线、无竖井、横通道及斜井的隧道内活塞风风压的基本控制方程。

2. 现场实测

Pope 曾先后于 20 世纪 70 年代和 80 年代在英国的 Patchway 隧道和法国的 Rilly-La-Montagne 隧道（均为单线，无竖井）内进行了隧道压力波和活塞风的现场实测[51,52]。Patchway 隧道长 1 140 m，断面面积 22.61 m^2，阻塞比 $\alpha=0.402\,9$，列车以 $v_0=35$ m/s 速度运行时，活塞风风速 $v_1=15.80$ m/s；Rilly-La-Montagne 隧道长 3 440 m，断面面积 38.00 m^2，阻塞比 $\alpha=0.257\,9$，列车速度 $v_0=38.89$ m/s，当列车长度为 225 m 时，活塞风风速 $v_1=7.78$ m/s。

在国内，铁道部曾于 1963 年组织铁路隧道通风工作组，在宝成线沿线、东北老爷岭、第一北老岭等四座隧道内进行了自然通风的现场调查与观测[53]，根据现场实测资料统计整理出列车活塞作用系数 K_m 值，并将列车活塞风计算公式改用美国道格提在莫法隧道计算中所用的公式形式[54]。王树刚等[55]曾于 1996 年对北京地铁前门车站及附近区间内的活塞风进行了实测，得到了列车从起动、加速、等速、减速到停止等不同运行状态下活塞风时程曲线，据此总结出地铁区间活塞风以及车站行人入口处的风速变化规律。

3. 模型试验

在国内，一些研究者还采用风洞和水洞试验手段来研究列车的气动效应。

西南交通大学对列车气动阻力和横风下的气动特性做了大量的试验工作[56]，在水洞中研究了机车车头流态变化以及与试验技术有关的问题，取得了许多成果。

黄志祥等[57]通过风洞试验，对比研究了采用不同减小空气阻力措施时高速列车模型空气阻力特性，得到了不同减小空气阻力措施的减阻效果。

李必雄等[58]对高速铁路隧道预分支防火电缆进行了节段型风洞测力试验，利用试验所得的电缆气动力系数计算出不同风速条件下电缆的气动力。

杨伟超等[59]针对、动列车在隧-桥-隧段的气动性能差异，展开了相应的风洞试验研究，发现在隧-桥-隧段采用静列车模型得到的气动力结果偏于保守。

Zhang 等[60]利用风洞试验对比了路基-隧道和路堑-隧道两种过渡段对列车气动荷载的影响差异，发现路堑-隧道过渡段影响范围高于路基-隧道过渡段。

4. 环隙空间流场研究

针对列车与隧道壁之间环隙流场特性的研究，国外从 20 世纪 70 年代已经开始。Nayak 等[61]认为，环隙流动是稳定不可压缩充分发展的湍流，气流在列车与隧道壁之间的流动，可近似地看作在两个同心圆柱间隙中的轴对称流动，即把列车壁和隧道壁看作是两个同心圆柱面，沿环隙流动方向建立动量方程，同时考虑到列车壁与隧道壁表面粗糙度不同，将隧道壁设为光滑壁，列车壁为粗糙壁。在此基础之上，提出了考虑环状空间速度分布特点的空气阻力计算方法。

Reichardt[62]认为环隙流动为无压科特流，在计算过程中将隧道壁和列车壁都设为光滑。Eder[63]认为环隙流场为稳定不可压充分发展的二维湍流，考虑壁面的粗糙特性，提出 k-ε-$\overline{uv}$模型，环隙空间断面上各点速度按照对数分布考虑。

英国学者 Baker 等[64,65]基于 PIV 图像测试系统，分析了高速列车运行通过隧道时的流场结构特性。

我国学者也进行了研究。荣深涛教授等对于列车与隧道环隙空间有较深入的研究[66-68]，他采用有压科特流，从列车阻力出发来研究环隙流场速度风速及列车风风速。认为环隙气流是在列车首尾压差和车体拖动的双重作用下流动，在环隙压力梯度 $\partial p/\partial x \geqslant 0$，流速分布存在三种情况，判别条件是科特数 P。

综合既有文献可知，列车风对隧道内空气交换率和行车阻力等方面具有重要影响，国内外基于理论研究和现场测试和模型试验对活塞风流场特征进行了一定的研究。但是，当前对隧道内瞬时风速的研究相对较少，少量关于风速的研究也主要集中于早期低速铁路隧道，对于高速铁路和流线型列车条件下隧道风速研究尚显得比较薄弱，而隧道内列车风对接触网等悬挂设施服役的可靠性具有重要的不良影响，有必要对此进行深入研究。

1.3.3 高速铁路隧道内压力波研究

1. 压力波的形成和演化机制

压力波的形成和演化机制对隧道内瞬变压力的分布特性、波系形成和隧道洞口微气压波的影响显著。

比利时学者 Ricco 等[69]通过数值模拟和动模型实验的方法，研究列车进入隧道时初始压缩波的形成过程，分析列车在隧道内运行过程中流场结构的变化特性。

我国学者对隧道内压力波的形成和演化机制进行了大量研究[70,71]。Zhou 等[72,73]研究了环境风对隧道内压力波传播机制的影响规律。研究表明，随着环境风的增大，隧道内瞬变压力峰值不断增加。骆建军[74]针对高海拔地区低温和低气压条件，研究了隧道内压力波的传播机制，分析高海拔地区隧道空气动力学效应随海拔高度的变化规律。

2. 列车因素对压力波的影响

针对列车因素对隧道内压力波影响的研究较多，列车因素主要包括列车车头形状、列车型号和车速等方面。

日本学者 Miyachi 等[75]和韩国学者 Choi 等[76]针对高速列车的车头形状和长度，采用室内模型实验和数值模拟相结合的方法，分析了车头形状对压力梯度和空气阻力的影响规律，研究不同车头长度下隧道内压力波的变化特性。研究表明，圆锥形车头产生的压力梯度峰值最大，抛物面形状车头产生的最小。

对于车头形状和长度，Chen 等[77]采用三维定常可压缩纳维-斯托克斯（Navier-Stokes）方程和 k-ε 湍流模型，研究列车在隧道内等速交会时，车头鼻尖长度对压力和流场结构的影响。研究表明，随着车头鼻尖长度的增加，初始压缩波正峰值不断降低。Niu 等[78,79]采用滑移网格技术，研究不同比例（全比例、1/8、1/20 和 1/32）和不同长度列车高速运行通过隧道时，分析压力波峰值和车体表面压力的分布特性的影响。

对于不同型号列车，中国科学院 Sun 等[80]以 CRH3 型高速列车为研究对象，分析不同车速下空气动力荷载和列车表面压力的变化情况，探讨其变化的形成机理；此外，还对比了有、无转向架两种情况下流场的差异情况。文献[81-84]中以磁悬浮列车为研究对象，采用一维非定常不等熵流动模型，研究磁悬浮列车单车和交会通过隧道时，隧道内瞬变压力分布情况和流场结构。

对于车速，文献[85,86]中采用现场实车实验的方法，针对列车单车和会车通过隧道两种情况，分析列车编组、车速、阻塞比、隧道长度和交会位置等因素，对车体表面瞬变压力和隧道壁面瞬变压力的影响。推导得到隧道的最不利单线、双线长度，最不利编组长度等因素。Zhang 等[87]基于 1/20 室内动模型实验装置，针对列车以不同速度运行通过隧道时，隧道内瞬变压力的分布情况。

3. 隧道因素对压力波的影响

针对隧道因素对隧道内压力波影响的研究也较多，主要包括洞口缓冲结构、阻塞比、隧道长度和其他因素方面。

法国学者 Bellenoue 等[88]通过 1/140 的动模型实验装置，研究列车高速通过带有缓冲结构的隧道时，隧道内瞬变压力和压力梯度的变化情况。研究表明，对于固定列车和隧道，存在唯一的最优缓冲结构，使压力梯度最小。法国学者 David[89] 对缓冲结构的形状、长度和面积等参数进行了优化。

对于堵塞比，文献[90-92]中采用数值模拟和动模型实验相结合的方法，分析不同阻塞比下隧道内瞬变压力的变化情况，研究表明：随着阻塞比的增大，隧道内压力会出现明显增大的现象。胡啸等[93]基于重叠网格技术，采用 SST k-ω 湍流模型，分析列车以不同线间距(4.6 m、4.8 m 和 5 m)在隧道内等速交会时，车体表面压力和隧道壁面压力等的变化情况。

对于隧道长度，文献[94-96]中采用现场实测和数值模拟的方法，研究列车单车和会车两种情况通过不同长度隧道时，隧道壁面和车体表面瞬变压力的变化情况。研究表明，隧道内瞬变压力随隧道长度的增加并不是线性增加，而是存在最不利隧道长度。Li 等[97]针对列车高速通过有、无间隙隧道时的流场结构，分析车体表面和隧道壁面瞬变压力的变化特征。研究表明：当列车通过带有间隙的隧道时，隧道的气动性能发生了明显改善。文献[98-100]中研究了隧道群和特长隧道的空气动力学效应。

针对其他因素，我国学者也进行了大量研究。文献[101,102]中针对地铁隧道内的压力变化情况，采用现场实测的方法，分析隧道入口位置、竖井和车速等因素对地铁列车内外压力的影响规律，在此基础上进一步研究了压力变化对乘客舒适度的影响。文献[103,104]中研究者针对隧道壁面温度对隧道内压力波的影响特性，采用动模型实验和数值模拟相结合的方式，分析加热区长度对初始压缩波的影响。研究表明，当加热区长度小于列车长度时，随着加热区长度的增加，初始压缩波峰值出现明显降低的现象。文献[105,106]中针对带有联络通道的隧道，采用滑移网格技术，分析联络通道面积和间距等因素对隧道内流场结构的影响规律。研究表明，当高速列车运行通过带有联络通道的隧道时，其气动性能发生明显改善。

可以看出，国内外学者对高速铁路隧道内压力波的形成机制和影响因素进行了大量的研究，但现有研究结果对于隧道内的压力波峰值相对比较缺乏，而压力波的峰值对于面状附属设施(如隧道内配电箱、防护门和信号灯具等)具有不良影响。因此，针对不同行车速度、行车方式和隧道断面型式，分析高速铁路隧道内压力波峰值的变化规律，并提出最不利条件下高速铁路隧道内压力波的验算标准，对高速铁路隧道内附属设施结构安全验算具有迫切的应用价值。

1.3.4 高速铁路隧道内附属设施研究

1. 隧道接触网风致振动特性研究

高速移动的受电弓与接触网接触时会产生振荡，在这样的情况下，接触力不够稳定，接触网与受电弓之间强烈振动甚至可能会二者丢失联系，影响受电特性和受电效率。近年来，随着风洞试验设备及数据采集、处理系统的快速发展，越来越多的风致响应及其疲劳问题均采用理论分析与风洞实验相结合的方法来进行研究。我国许多学者也对高速铁路隧道接触网的风致振动进行了比较深入细致的研究。这些成果为高速铁路隧道内牵引供电技术的可靠性和安全性提供了有力的支撑。

唐荣[107]研究了隧道阻塞比、长度和缓冲结构等对列车受电弓气动荷载的影响规律，并对隧道内列车交会情况下受电弓气动性能进行了探讨。

李瑞平等[108]计算了列车速度为 350 km/h 通过隧道时受电弓的气动抬升力，对考虑和未考虑列车通过隧道产生的受电弓气动抬升力作用时的弓网动力学响应进行了对比分析。结果表明，隧道内受电弓的气动抬升力比明线上大，并且在列车经过隧道入口和出口时出现峰值。

陈荣[109]探讨了列车车型对降低隧道活塞风的作用效果，但是活塞风对接触线造成的偏移量并不大。

徐冲[110]对隧道接触网混凝土工作性能进行了研究，认为混凝土强度等级不应小于 C20，亦不宜大于 C40，同时混凝土基材内应配置构造钢筋。

施成华等[111]认为在列车风作用下隧道内采用螺栓锚固型接触网悬挂件时，应当采取衬砌加强措施，隧道内采用滑道槽式接触网悬挂件是安全的。

王国志等[112]通过数值仿真分析了列车风的影响因素并得到了接触网最大正向偏移量为 2.92 mm。

杨伟超等[113]通过数值分析，对隧道内接触网的风致振动特性进行了研究，并得到了其以前后摆动为主，左右摆动和扭转为辅。

高睿[114]通过现场实测对气动影响下隧道洞口接触网的偏移量进行了记录，得到了当隧道长度为 800 m 时，弓网运行环境最为不利。

王照伟[115]对隧道内接触网及水沟盖板等附属设施的受力情况和稳定性进行了研究，并提出了相应的验算标准。

2. 气动效应对铁路隧道各类设备的影响研究

高速铁路隧道内锚固型附属设施基本采用后锚固技术进行安装。所谓后锚固技术，即在混凝土基材（二次衬砌）上进行钻孔，或者通过其他特殊工具处理后，利用锚固件（如锚栓等）将待锚固件（附属设施）置于准确位置。锚固技术兴起于 19 世纪 60 年代[116]，在 20 世纪 90 年代，锚固技术由国外公司引入我国，随后我国各类科研机构和公司对此进行了相应的研究[117]。目前我国的《混凝土结构后锚固技术规程》(JGJ 145—2013)[118]对锚栓的设计与应用都做出了一定的规定。

国外学者及公司针对锚栓的锚固性能研究起步较早，通过实验分析、数值模拟等方法对锚栓的锚固性能进行了针对性分析，给出了多种工况下各类锚栓的设计建议，对实际工程具有较好的指导意义。Delhomme 等[119,120]针对多种类型锚栓，考虑不同群锚数量、不同锚固深度的因素，进行了锚固性能对比研究，并针对实验结果提出了锚栓的弹簧模型。Sonoda

等[121]运用平滑粒子流动力学的方法，模拟了受拉极限承载力作用下混凝土的破坏形态。Hariyadi 等[122]认为规范中对锚栓抗拉强度理论所基于破坏形式的考虑有一定局限性，并通过在混凝土砂浆中对锚栓进行拉拔实验，得到其破坏形式与破坏机理。

我国对于锚固技术的研究起步较晚，20 世纪 90 年代，部分公司开始大力发展锚固技术，在短短几十年中，我国关于锚固技术的研究取得了一定成果。

艾文超等[123]进行了 5 组锚栓连接件受剪实验，得到了锚栓连接件受剪实验的荷载-位移曲线近似分为弹性阶段、滑移阶段和强化阶段，并以实验结果的第一转折点提出了锚栓连接件的极限承载力公式。

蒋铁柱等[124]对膨胀锚栓、扩底锚栓及化学锚栓进行了拉拔破坏实验，得到了锚栓的拉拔破坏形式主要有锚栓拉断破坏及混凝土基材倒椎体破坏。

唐潮等[125]通过分析锚栓受力极限及多种锚栓-混凝土破坏模式，提出了锚栓锚固长度的计算公式并给出了锚栓设计时的构造要求。

刘华东等[126]基于锚杆在混凝土中的锚固与钢筋在混凝土中锚固的相似性，通过研究锚固机理和锚栓受力特点，推导出了高强锚栓锚固长度的计算公式。

龙帮云等[127]为探究后锚固群锚试件在纯弯作用下锚板刚性性能的发挥，对 9 个不同锚板厚度与锚栓间距的后锚固试件进行实验研究。结果表明，当锚板厚度大于 18 mm 且锚栓间距小于 10 倍锚板厚度时，锚板的强度利用率较高，能达到 70%左右。

熊朝晖等[128]对比我国与欧美的锚栓抗震设计方法发现我国计算结果存在一定的安全隐患，需要对锚栓抗震设计的标准进一步分析与细化。

臧凡等[129]针对模扩底锚栓、特殊倒锥形化学锚栓以及自攻锚栓分别进行了抗震性能测试，得到了模扩底锚栓与特殊倒锥形化学锚栓受震动影响较小，而自攻锚栓受震动影响较大。

董军锋等[130]通过对多种锚固于砌体上的锚栓进行拉拔实验，得到了抗拉承载力的影响因素，并对砌体上锚栓的锚固深度给出建议值。

Liu 等[131]利用室内实验和数值模拟对锚栓松动过程进行了分析，得到了高预紧力可以减缓锚栓的松动速率，但过高的预紧力可能使螺杆发生塑性变形。

为保障高速铁路隧道内附属设施在气动荷载作用下的安全性，相关学者进行了一定研究。

耿义光[132]通过数值模拟与实车实验相结合的方法对高速铁路隧道内馈线与夹具受到的气动冲击进行了研究，得到了馈线与夹具所受到的气动冲击与车速、位置、馈线长度等因素的相关规律。

李凯[133]通过三维数值模拟得到了不同区域中风压对锚固型线缆支架的影响大小，其中锚栓所承受拉力最大为 7.74 kN，剪力最大为 7.42 kN。

高睿[134]通过现场实测对气动影响下隧道洞口接触网的偏移量进行了记录，得到了当隧道长度为 800 m 时，弓网运行环境最为不利。

夏熙童等[135]针对 500 km/h 高速铁路隧道内线缆夹具进行了静力学分析和模态分析，得到了隧道线缆夹具在强活塞风的作用下，其结构受力满足材料的强度要求。

综上所述，国内外对高速铁路隧道内附属设施的气动效应研究相对较薄弱，有限的研究对接触网的振动效应和轨旁附属设施进行了初步探讨，但对于隧道衬砌-锚栓-附属设施结构体系的力学响应和影响规律等方面的研究尚显不足。接触网等附属设施是电气化铁路的生命线工程，因此，针对隧道衬砌-锚栓-附属设施结构体系，综合考虑隧道衬砌结构的受力状态和不同附属设施的破坏模式，分析气动荷载作用下附属设施的力学响应、潜在破坏模式和影响规律，提出相应的安装方式和锚固控制标准，对增强高速铁路服役的可靠性具有重要的指导意义。

1.4 本书主要内容和特色

1.4.1 主要内容

采用计算流体力学数值模拟和结构力学理论分析相结合的方法，深入研究了高速铁路隧道内接触网、配电箱等附属设施在列车风作用下的气动效应和安全性。主要内容有：

(1)介绍了应用于研究高速铁路隧道空气动力学效应的计算流体力学的基本理论和方法。包括基于质量守恒、动量守恒及能量守恒理论的控制方程，隧道-列车-空气三维流固耦合数值仿真建模方法，常用的流体力学分析软件 Fluent，以及滑移网格计算方法等。

(2)运用三维流固耦合数值仿真模型，研究了高速铁路隧道交叉结构段列车风的时程变化规律和空间分布特点。分析了竖井的多种因素对高速铁路隧道内接触网风致振动响应的影响特征。得到了作用于牵引供电接触网设施支持结构上的列车风荷载时程曲线。在此基础上，探讨了三维湍流非定常流场条件下高速铁路隧道接触网系统的振动特性，并对接触网吊柱锚栓和隧道拱顶衬砌的受力性能进行了安全性评价。

(3)运用三维数值仿真模型，研究了高速铁路隧道内的压力波和冲击力的变化规律和空分布特性，得出了不同列车时速条件下隧道附属设施所受气动荷载的变化规律及峰值大小。并通过与已有压力和压力梯度峰值有关的理论和半经验公式进行对比，分析了计算结果的可靠性。

(4)以高速铁路隧道内典型锚固型附属设施——配电箱为研究对象，建立配电箱-锚栓-锚固区衬砌计算模型，研究了在气动荷载-列车-配电箱自重振动联合作用下，附属设施-锚栓-衬砌结构体系的应力时空分布特性，得到了该结构体系的安全影响因素及潜在破坏区域。进一步，通过考虑气动荷载-重力-列车振动最不利荷载组合方式，研究比选了隧道内几种典型锚固型附属设施的锚固设计参数。

(5)基于列车风所产生的负压数值计算结果,按照我国现行的高速铁路隧道修建技术标准,采用理论分析方法检算了隧道内水沟盖板的稳定性。

1.4.2 本书特色

(1)采用高速列车-空气-隧道结构耦合的滑移网格数值仿真模型,分析了高速铁路隧道内压力波和列车风的气动荷载特征及其影响规律,据此提出了高速铁路隧道内气动荷载的取值标准。

(2)基于三维湍流非定常流场条件下接触网的风致振动特性的分析,对接触网吊柱锚栓和隧道拱顶衬砌的受拉力和受剪力进行了安全评价,提出了接触网吊柱锚栓的安全截面面积和安全锚固深度。

(3)研究了高速铁路隧道内典型锚固型附属设施——配电箱在气动荷载-列车-配电箱自重振动联合作用下,配电箱锚固区的安全性,提出了隧道内几种典型锚固型附属设施的紧固锚栓的安装标准。

以上部分研究成果已应用于我国高速铁路设计中,已被最新的高速铁路设计规范采用。

第2章 高速铁路隧道空气动力学分析方法

研究列车空气动力学效应问题属于计算流体动力学(computational fluid dynamics,CFD)的范畴。列车驶入隧道的时段,由于流场边界突然发生变化,列车与隧道进口的相对位置也在不断变化,流场流动形态就会随之变化,故此时流动比较复杂。根据动量定理,列车头部由洞口突入隧道后,使头部空间的气体动量发生骤然改变,促使这一变化的外力正是列车施加的作用力,并且这种动量变化和相应的作用力是随着环隙流动的发展而变化的,呈现出显著的非定常性。当列车进入洞内长度达某个值时,这一动量变化率达最大值,相应的作用力也达到最高值。列车在车体完全进入隧道后,活塞风已经充分发展并逐渐稳定,如果把隧道看成无限长的柱状空间,从理论上讲此时可以认为是定常流动。但是隧道模型的长度非常有限,因此仍然采用非定常模型,更加接近实际情况。列车在驶出隧道的过程中,其情况和列车进入隧道的过程类似。因此,本书在建立隧道气动效应计算模型时采用非定常模型。

流体压缩性通常采用等温压缩系数表示。空气的压缩系数比一般液体都要大很多,根据其定义,当作用于空气的压力不大时,其压缩效应不明显。衡量气体可压缩性的另一指标是马赫数(Ma),即车速与当地声速之比。当 $Ma \leqslant 0.3$ 时,气体通常被认为是不可压的[115]。列车速度在 350 km/h 以内时,相应的马赫数小于 0.3,因此建模时使用不可压空气材料模型。

2.1 隧道内列车风分析理论

2.1.1 活塞风控制方程

1. 连续性条件

流体中存在两类流动参数,一类与观察坐标系的选取无关,例如温度、压强、密度等;另一类与观察坐标系的选取有关,例如加速度、速度等。根据相对性原理,在惯性参照系下,不同坐标系的选取不影响力的作用结果。列车在完全进入隧道以后,相对于隧道参照系,隧道内流场仍是非稳态流动,而如果把观察坐标系放在运行的列车上,则可以把这一流动看成是空气在列车与隧道环隙空间内的流动,其速度转换关系如图 2-1 所示。图 2-1 中,v_0、v_1、v_2

分别为隧道参照系下列车速度、活塞风风速、环隙空间内空气流速。

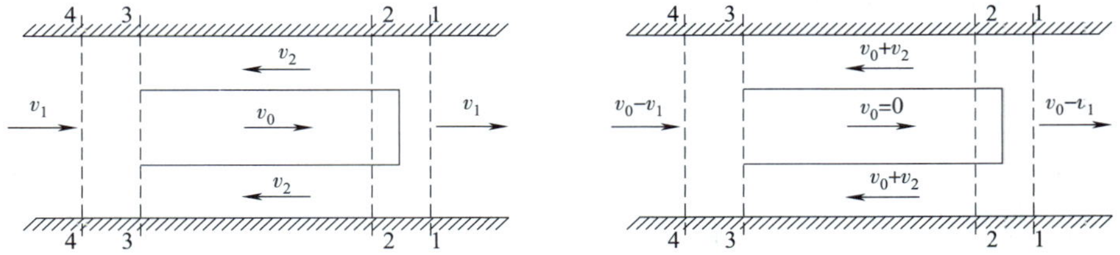

(a)隧道参照系　　(b)列车参照系

图 2-1　隧道内空气流动相对性示意

根据流动连续性条件,可得活塞风控制方程一。

$$v_0A_0=v_1A_t+v_2(A_t-A_0) \tag{2-1}$$

式中　A_t——隧道断面面积;

A_0——列车断面面积。

α 为阻塞比,令 $\alpha=\dfrac{A_0}{A_t}$,式(2-1)可化为

$$v_2=\frac{\alpha v_0-v_1}{1-\alpha} \tag{2-2}$$

2. 能量方程

根据图 2-1 中的关系,建立 1～2 和 3～4 之间的能量方程为

$$p_1+\frac{1}{2}\rho(v_0-v_1)^2=p_2+\frac{1}{2}\rho(v_0+v_2)^2+\Delta p_s \tag{2-3}$$

$$p_3+\frac{1}{2}\rho(v_0+v_2)^2=p_4+\frac{1}{2}\rho(v_0-v_1)^2+\Delta p_c \tag{2-4}$$

式(2-3)与式(2-4)相加得活塞风控制方程二。

$$p_1-p_4=p_2-p_3+\Delta p_s+\Delta p_c=p_0 \tag{2-5}$$

式中　p_i——断面 i-i 上的静压,$i=1、2、3、4$;

ρ——气体密度;

Δp_s——压强损失;

Δp_c——牵引力增压;

p_0——活塞风风压。

列车位于隧道内某一位置时,列车前方活塞风流动为正压流动,后方活塞风流动为负压流动。假设隧道进口和出口的活塞风风速均为 0,隧道内流场如图 2-2 所示,ξ_{in}、λ_t 和 d_{et}分别为隧道进口阻力系数、沿程阻力系数、

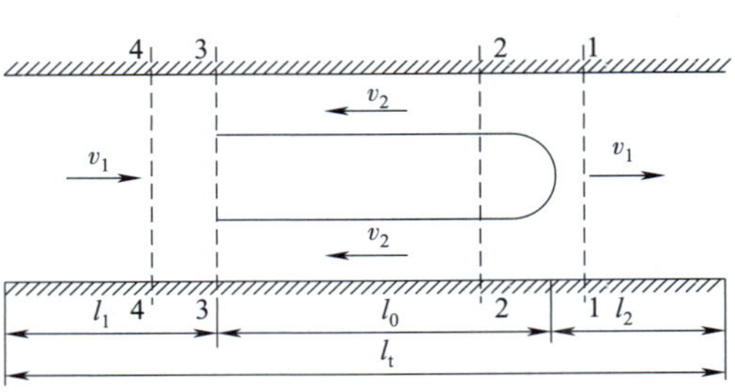

图 2-2　隧道内流场示意

隧道当量直径。

两流段能量控制方程为

$$p_1=\left(\xi_{in}+\lambda_t\frac{l_1}{d_{et}}\right)\frac{1}{2}\rho v_1^2 \tag{2-6}$$

$$p_2=\left(1+\lambda_t\frac{l_2}{d_{et}}\right)\frac{1}{2}\rho v_1^2 \tag{2-7}$$

由于 $l_1+l_2=l_t-l_0$，将式(2-6)和式(2-7)代入式(2-5)，可得

$$p_0=\left(\xi_{in}+\lambda_t\frac{l_t-l_0}{d_{et}}+1\right)\frac{1}{2}\rho v_1^2 \tag{2-8}$$

式中 l_0——隧道长度；

l_t——列车长度；

l_1——列车尾部至隧道进口的长度；

l_2——列车头部至隧道出口的长度。

式(2-8)是活塞风的第三个控制方程。

2.1.2 活塞风增压理论

列车在隧道内运行时产生的空气流动，主要是由隧道活塞风压力导致的。隧道活塞风压力由列车头部推动力增压、环隙剪切力增压、列车尾部牵引力增压[49]三部分构成。

列车在进入隧道以后，根据相对性原理，将运行列车作为参照系，隧道参照系中的非定常流动则转换为定常流动。列车头部作用区域即为环隙进口流段，是一个特殊的受限空间内流体绕无限长柱体的绕流运动，如图 2-3 所示。由于隧道周界的限制和列车的排挤作用，使流段过流断面突然改变，其间流动是一种急变流。同时，对于隧道参照系来说，列车与隧道的相对位置在随时间变化，列车头部绕流也随之不断变化，因此这又是一种非定常流动。环隙进口段流动的这两个基本特征，决定了活塞风增压的分析方法。

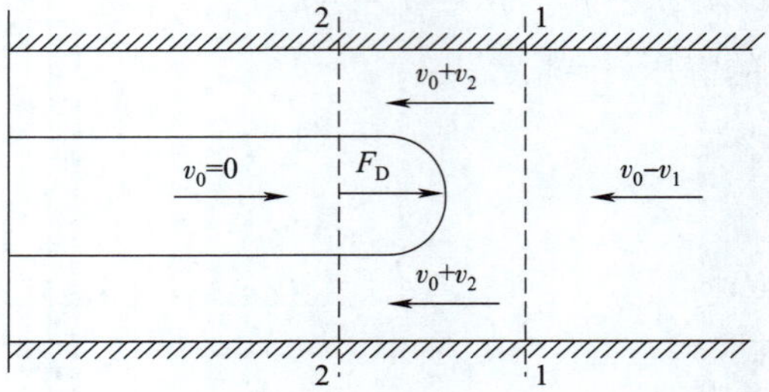

图 2-3 车头增压示意

$$F_D=c_{dn}\frac{\rho}{2}(v_0-v_1)^2A_0 \tag{2-9}$$

$$\Delta p_s=\frac{1}{2}\rho(v_0-v_1)^2\left[c_{dn}-\frac{\alpha}{(1-\alpha)^2}\right]\alpha \tag{2-10}$$

式中　F_D——车头绕流阻力；

c_{dn}——车头绕流阻力系数。

环隙空间的剪切力增压是重要的活塞风压源之一。对环隙空间流场进行研究，首先要确定其流动形式。列车周围流场的雷诺数(Re)一般大于 1.2×10^6[115]，隧道表面摩擦因数一般取 $\lambda_t=0.02$[40,49]，根据工程中广泛使用的莫迪图[136]，隧道内气流已进入或者接近阻力平方区，因此可作为湍流流动处理。列车表面的曳力流动及隧道壁附近的压力流动，均按照阻力平方区流动进行处理。其次，可以采用管道湍流的理论来分析环隙空间流场的流速分布。

环隙增压示意如图 2-4 所示。

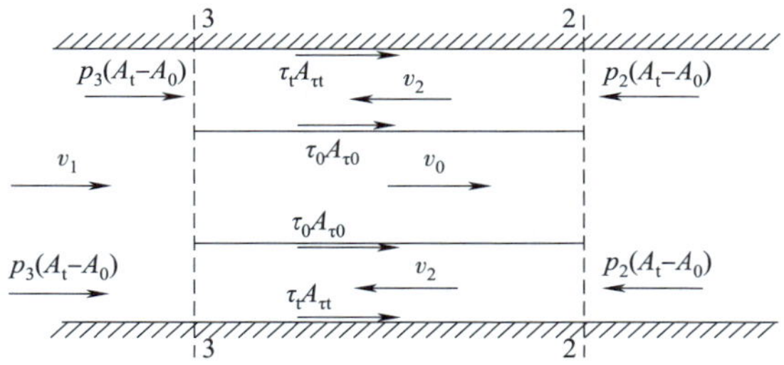

图 2-4　环隙增压示意

环隙剪切力增压为

$$p_2-p_3=\frac{\tau_0 A_{\tau 0}\pm\tau_t A_{\tau t}}{A_t-A_0}\tag{2-11}$$

式中　τ_0——动壁(列车壁)切应力，由式(2-12)计算；

τ_t——静壁(隧道壁)切应力，由式(2-13)计算；

$A_{\tau 0}$——列车外表面面积(动壁)；

$A_{\tau t}$——隧道内表面面积(静壁)。

$$\tau_0=\rho v_0^{*2}=\rho\left[\frac{v_0}{5.75\lg\dfrac{2h_e}{k_{s0}}+8.5}\right]^2\tag{2-12}$$

式中　v_0^*——动壁表面摩擦速度；

k_{s0}——列车表面当量粗糙高度；

h_e——隧道特征尺寸。

$$\tau_t=\rho v_t^{*2}=\rho\left[\frac{v_2}{5.75\lg\dfrac{h_e}{k_{st}}+4.75}\right]^2\tag{2-13}$$

式中　v_t^*——静壁表面摩擦速度；

k_{st}——隧道表面当量粗糙高度。

列车在明线上运行时，车尾由于负压会出现回流，列车在向前运行时，空气从左右两侧以较大的速度流向列车尾部，形成一对向内卷的强涡流。因此，列车尾部气流具有很强的湍流特性。车尾增压示意如图 2-5 所示。在隧道中，由于径向空间狭小，使其流场分布更加复杂。在车尾下游存在流动分离，且会延伸一段距离，一般认为车尾压力的恢复是在距离车尾 1～2 倍的列车水力直径处。

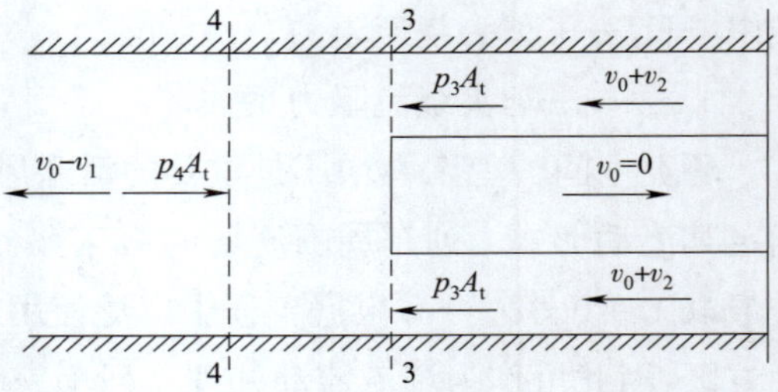

图 2-5　车尾增压示意

车尾段牵引力增压 Δp_c 的表达式为

$$\Delta p_c=\frac{1}{2}\rho(v_0-v_1)^2\left(\frac{\alpha}{1-\alpha}\right)^2 \tag{2-14}$$

联立活塞风控制方程(2-1)、式(2-5)、式(2-8)，以及活塞风压力计算公式(2-10)、式(2-11)、式(2-14)，即可得活塞风风速的理论计算公式。但是该公式仅适用于单线隧道，且只能计算列车车身完全在隧道内时隧道断面活塞风的平均风速。在列车进入隧道以及列车驶出隧道的过程中，列车周围流场速度无法得出。

2.1.3　列车风影响因素

影响隧道内列车风的因素有很多，列车形状、列车长度、列车壁面粗糙特性、阻塞比、隧道断面面积、道床类型、隧道壁面粗糙特性、洞口自然风风向及速度等，都对隧道内列车风的形态有着不同程度的影响，这些影响因素交错在一起，互相影响，对研究隧道列车风特性造成很大的困难。目前，已经有研究者从理论上对隧道内列车风的影响因素做了系统的归纳分析[49]。

根据对列车风影响程度的不同，将以上因素划分为两类。一类是列车风主要影响因素，包括阻塞比 α、隧道长度、列车运行速度、列车长度；一类是列车和表面当量粗糙高度、隧道壁面摩擦系数、列车头部绕流系数以及隧道特征尺寸。第一类因素直接对隧道内活塞风压力大小产生影响，第二类因素对活塞风风压影响较小，但对环隙空间流场流速分布曲线有较大影响。

2.2　隧道内压力波计算理论与方法

2.2.1　基本理论

1. 控制方程

列车属于近地载运工具。根据 2.1 节中的分析，列车通过隧道时引起的空气流动被认为是三维不可压非定常湍流流动。对隧道内流场进行描述时，控制方程包括质量守恒、动量守恒及能量守恒方程。

在笛卡儿坐标系下，对空间任意控制体 V，采用有限体积进行离散后，其积分形式的三维不可压缩性的纳维-斯托克斯(Navier-Stokes)方程可写为[136,137]

$$\frac{\partial}{\partial t}\int_V \boldsymbol{w}\,\mathrm{d}V+\oint(\boldsymbol{f}-\boldsymbol{g})\,\mathrm{d}A=\int_V \boldsymbol{h}\,\mathrm{d}V \tag{2-15}$$

其中，矢量 $\boldsymbol{w}$、$\boldsymbol{f}$ 和 $\boldsymbol{g}$ 分别定义为

$$\boldsymbol{w}=\begin{pmatrix}\rho\\ \rho u\\ \rho v\\ \rho w\\ \rho E\end{pmatrix},\qquad \boldsymbol{f}=\begin{pmatrix}\rho\nu_{\mathrm{a}}\\ \rho\nu_{\mathrm{a}}u+p\boldsymbol{i}\\ \rho\nu_{\mathrm{a}}v+p\boldsymbol{j}\\ \rho\nu_{\mathrm{a}}w+p\boldsymbol{k}\\ \rho\nu_{\mathrm{a}}E+p\nu_{\mathrm{a}}\end{pmatrix},\qquad \boldsymbol{g}=\begin{pmatrix}0\\ \tau_{xi}\\ \tau_{yi}\\ \tau_{zi}\\ \tau_{ij}v_j+\boldsymbol{q}\end{pmatrix}$$

式中 u,v,w——气体在 x、y 和 z 方向的速度分量；

E——气体单位质量的总能量；

p——气体压力；

τ——黏性应力张量；

ν_{a}——气体的运动黏度系数；

$\boldsymbol{q}$——热流通量。

矢量 $\boldsymbol{h}$ 包含体积力、能量等源项。

热流通量 $\boldsymbol{q}$ 可按式(2-16)计算。

$$\boldsymbol{q}=(q_x,q_y,q_z)$$
$$\begin{cases}q_x=-k\dfrac{\partial T}{\partial x}\\ q_y=-k\dfrac{\partial T}{\partial y}\\ q_z=-k\dfrac{\partial T}{\partial z}\end{cases} \tag{2-16}$$

式中 k——导热系数；

T——气体热力学温度。

为了封闭方程组(2-15)，需要引进理想气体的状态方程。

$$p=\rho RT \tag{2-17}$$
$$p=(\gamma-1)\left[E-\frac{\rho(v^2+u^2+w^2)}{2}\right]$$
$$E=H_{\mathrm{e}}-p/\rho$$
$$H_{\mathrm{e}}=h+|v|^2/2$$

$$h=cT$$

式中 R——普适气体常数；

γ——气体的绝热指数；

c——气体的比热。

在方程(2-15)中所表示的纳维-斯托克斯(Navier-Stokes)方程在低马赫数下会非常具有刚性，这主要是因为流体速度 v 和声速 c 相差太大，对于不可压缩流来说这种情况尤其真实。不管流体速度有多大，不可压流体中的声速都是无穷大。在这些情况下，方程的数值刚性会导致较差的收敛速度。在相应的数值计算软件中，采用耦合求解器中的一种被称为(时间导数)预处理的方法可以解决这种困难，完成列车车身周围亚声速不可压缩流的计算。

2. 湍流模型

湍流是一种在空间上不规则、时间上无序的非线性流动。湍流流动伴随着涡体发生、发展与横向掺混。湍流流动中每一个单独的涡体均经历着形成、发展与衰亡三个不同阶段，在总流中存在无数个这样的涡体，在宏观上处于动平衡状态。湍流有随机性、扩散性、涡性和耗散性。与列车相关的流动现象，绝大多数是湍流流动。

1968 年，Harlow、Nakayama 提出 k-ε 模型，自诞生以来，该模型在计算流体力学领域得到了广泛使用，并在后来逐渐演变出标准 k-ε 模型、RNG k-ε 模型、Realizable k-ε 模型[138-140]。本书采用 RNG k-ε 模型，该湍流模型在高速铁路隧道空气动力学的研究中被广泛应用[73,141,142]。

RNG k-ε 湍流模型全称为重正化群 k-ε 两方程模型(renormalization group k-ε model)，其是对瞬时的纳维-斯托克斯(Navier-Stokes)方程用 RNG 法推导出来的模型。模型中的常数与标准 k-ε 模型不同，而且方程中也出现了新的函数或者项。RNG k-ε 两方程湍流模型具有如下特点：

(1)在 ε 方程中增加了一项附加项 R_ε，对高速流动模拟具有更高的准确性；

(2)考虑了涡流对湍流的影响，提高了漩涡流动模拟精度；

(3)提供了湍流普朗特数的解析公式，不再使用用户自定义常数值；

(4)标准 k-ε 模型是一个高雷诺数模型，而 RNG k-ε 模型在对近壁区进行适当处理后，可以计算低雷诺数模型[96]。

RNG k-ε 两方程模型的方程为

$$\frac{\partial}{\partial t}(\rho k)+\frac{\partial}{\partial x_i}(\rho k u_i)=\frac{\partial}{\partial x_j}\left(\alpha_{\mathrm{k}}\mu_{\mathrm{eff}}\frac{\partial k}{\partial x_j}\right)+G_{\mathrm{k}}+G_{\mathrm{b}}-\rho\varepsilon-Y_{\mathrm{M}}+S_{\mathrm{k}} \tag{2-18}$$

$$\frac{\partial}{\partial t}(\rho\varepsilon)+\frac{\partial}{\partial x_i}(\rho\varepsilon u_i)=\frac{\partial}{\partial x_j}\left(\alpha_{\varepsilon}\mu_{\mathrm{eff}}\frac{\partial\varepsilon}{\partial x_j}\right)+C_{1\varepsilon}\frac{\varepsilon}{k}(G_{\mathrm{k}}+C_{3\varepsilon}G_{\mathrm{b}})-C_{2\varepsilon}\rho\frac{\varepsilon^2}{k}-R_\varepsilon+S_\varepsilon \tag{2-19}$$

式中 k——湍动能；

ε——湍动能耗散率；

α_k、α_ε——k 和 ε 有效普朗特数的倒数；

μ_{eff}——有效湍流黏度；

G_k——平均速度梯度造成的湍动能生成项；

G_b——由浮升力造成的湍动能生成项；

Y_M——湍流脉动膨胀对总耗散率的影响量；

S_k、S_ε——用户定义的源项；

$C_{1\varepsilon}$、$C_{2\varepsilon}$、$C_{3\varepsilon}$——经验常数；

R_ε——RNG 特有的附加项。

公式(2-18)与公式(2-19)中，G_k、G_b、Y_M与标准 k-ε 模型中相应参数相同，而 R_ε 为 RNG k-ε 模型中特有的附加项，可按式(2-20)计算：

$$R_\varepsilon=\frac{C_\mu\rho\eta^3(1-\eta/\eta_0)}{1+\beta\eta^3}\frac{\varepsilon^2}{k} \tag{2-20}$$

$$\eta=\frac{S_k}{\varepsilon} \tag{2-21}$$

式中　C_μ——经验常数，取 $C_\mu=0.084\ 5$；

η_0——经验常数，取 $\eta_0=4.38$；

β——经验常数，取 $\beta=0.012$。

对于低雷诺数情况，湍流黏性可按式(2-22)计算：

$$\mathrm{d}\left(\frac{\rho^2 k}{\sqrt{\varepsilon\mu_t}}\right)=1.72\frac{\tilde{v}}{\sqrt{\tilde{v}-1-C_v}}\mathrm{d}\tilde{v} \tag{2-22}$$

$$\tilde{v}=\frac{\mu_{eff}}{\mu_t} \tag{2-23}$$

式中　μ_t——湍流黏度；

C_v——经验常数，约为 100。

将上述微分方程进行求解，即可获得有效湍流传输随有效雷诺数变化的准确描述，从而允许模型更好地处理低雷诺数和近壁流。

对于高雷诺数情况，湍流黏性可按式(2-24)计算：

$$\mu_t=\rho C_\mu\frac{k^2}{\varepsilon} \tag{2-24}$$

由 RNG 理论可导出该式中 $C_\mu=0.084\ 5$，此结果与标准 k-ε 模型中由半经验推导给出的 $C_\mu=0.09$ 相近。

2.2.2　空间离散

将连续的空间用离散的点来记录，称为离散化(discretization)，离散点之间用光滑曲线内插连接。有限体积法(finite volume method，FVM)是将非线性偏微分方程转变为网格单元上的线性代数方程，然后通过求解线性方程组，得出流场的解。

对于式(2-15)的方程式，对控制体 Ω 上进行空间离散：

$$\frac{\mathrm{d}\boldsymbol{w}_i}{\mathrm{d}t} = \frac{1}{Re}\frac{\int_{S_i}(\boldsymbol{f}_V \cdot \boldsymbol{n})\mathrm{d}S}{\sum_{i=1}^{mk}\Omega_i} - \frac{\int_{S_i}(\boldsymbol{f} \cdot \boldsymbol{n})\mathrm{d}S}{\sum_{i=1}^{mk}\Omega_i} \tag{2-25}$$

式中 S_i——网格单元；

Ω_i——网格单元表面边界 i 的面积；

mk——网格单元表面边界数量。

式(2-25)可以简化成一阶常微分方程的形式。

$$\frac{\mathrm{d}}{\mathrm{d}t}\boldsymbol{w}+R_{\mathrm{s}}=0 \tag{2-26}$$

式中 V——网格单元的体积；

R_{s}——方程残值，其值为：

$$R_{\mathrm{s}}=\frac{1}{V}Q$$

其中，Q——流体流出网格单元的净物理通量，由对流通量和黏性通量组成。

在网格单元 Ω_i 上可写为

$$Q_i = \sum_{k=1}^{n}(\boldsymbol{f} \cdot \boldsymbol{n}\mathrm{d}S)_k - \frac{1}{Re}\sum_{k=1}^{n}(\boldsymbol{f}_V \cdot \boldsymbol{n}\mathrm{d}S)_k \tag{2-27}$$

式中 n——单元 Ω_i 的网格面个数。

采用高斯定理对控制体 Ω_i 求 $\boldsymbol{f}_V$ 中的导数，得

$$\begin{cases} \mathrm{grad}(u) = \sum_{m=1}^{6} u_m \bar{s}_m \\ \mathrm{grad}(v) = \sum_{m=1}^{6} v_m \bar{s}_m \\ \mathrm{grad}(w) = \sum_{m=1}^{6} w_m \bar{s}_m \end{cases} \tag{2-28}$$

式中 $\bar{s}_m$——控制体 Ω_i 的第 m 个表面等效面积。

在控制方程被离散以后，就可以对其进行求解了。

2.2.3 边界条件

1. 隧道壁面

在隧道壁面和地面采用固定壁面边界条件，给定壁温 $t_{\mathrm{w}}=32$ ℃，壁面法向压力梯度 $\partial p/\partial n=0$。而且，对于隧道壁面粗糙度的影响，采用标准壁面函数来模拟隧道壁面附近的

流体，可按式(2-29)计算。

$$Y^0=\frac{1}{k_0}\ln(E_x y^0) \tag{2-29}$$

$$Y^0=\frac{v_A C_\mu^{1/4}\overline{K}_A^{1/2}}{\tau/\rho};\ y^0=\frac{\rho C_\mu^{1/4}\overline{K}_A^{1/2}y_A}{\mu}$$

式中　Y^0——壁面函数；

k_0——卡门常数，取 0.42；

E_x——经验常数，取 9.81；

y_0——无量纲壁面距离；

v_A——A 点的平均速度；

$\overline{K}_A$——A 点的涡流动能；

μ——流体的动态黏性系数；

y_A——A 点到隧道壁面的距离，这是当 $y^0>11.225$ 时的情况，而当 $y^0<11.225$ 时，则有 $Y^0=y^0$。

2. 列车壁面

假定列车模型为一个绝热的实心体，首先在列车的侧壁表面气流的法向速度为零，即 $u_n=0$。在用动量方程计算列车表面上流体的切向速度时，假定列车壁面法向压力梯度的法向分量为零，即 $\partial p/\partial n=0$。假定列车壁面不发生热传递，即列车壁面绝热，则有 $\partial t/\partial n=0$。在求解过程中，黏性通量 u 的计算，其关键是对各物理量的导数求解。导数值是利用高斯定理转化的方法来进行的。以各项导数为例，对某一单元体，有

$$\text{grad}\ u=\frac{1}{V_i}\iiint_\Omega(\text{grad}\ u)\text{d}\Omega=\frac{1}{V_i}\sum_{k=1}^{N_f}u_k A_k \tag{2-30}$$

式中　N_f——第 N 个网格单元的网格面数。

3. 压力出口边界条件

对于隧道的进、出口的外边界范围的出口范围的大气假定为压力出口，即压力等于初始大气压，压力波在该边界处根据黎曼不变量原理进行反射和扩散。

4. 初始边界条件

在计算开始时，应当对计算区域给定初始计算值。列车模型应当远离隧道，但那样一来，计算区域增大，网格单元增多，需要花费很多的计算时间。事实上，因为重点是在隧道入口处，因此，首先在隧道入口处，列车进入隧道前可以对列车周围的流场进行稳定流的计算，当稳定流的计算收敛时，此时的流场即可作为非定场流场的初始条件。

时间步长 $\Delta t=0.000\ 5$ s，这个时间步长对于非定常流场来说足够小，因为压缩波的波前时间尺度是非常大的。

2.3 流体分析软件与计算过程

2.3.1 流体分析软件 Fluent 简介

美国 Fluent 公司在 1983 年开发了一款基于有限体积法的计算流体动力学软件[143]，即 Fluent。在此之前，该公司曾经投放过一款名为 PHOENICS 的同类型软件，因此拥有较深厚的计算流体力学底蕴。Fluent 推出以后即受到了广大用户的一致好评。同其他同类型软件相比，Fluent 最大的特点是功能全面、适用性广，因而迅速在全球范围内普及。

Fluent 在使用时具有很强的处理能力及灵活性，这是因为它是由 C 语言编写的，能够实现动态内存分配及高效的数据结构。交互式的界面是用 Scheme 语言编写的，高级用户可以通过编写菜单宏及菜单函数自定义及优化界面。Fluent 还提供基于 C 语言的用户自定义函数功能，通过该功能用户可以实现对 Fluent 的功能扩展和二次开发。

Fluent 可以用于计算工程中遇到的流体流动、传热等复杂问题。它具有非结构网格生成程序，专门用于非结构化网格生成，因而在处理有复杂几何结构的流体力学问题方面具有独特优势。对于平面问题，可生成三角形和四边形网格；对于三维空间问题，可生成四面体、六面体及混合网格。Fluent 另一大特点是具有网格自适应技术，即根据中间计算结果即时调整局部网格，以保证计算连续性及精度。且由于网格自适应和调整只针对用户定义的需要加密的某些流动区域，而并非整个计算域，因此可以大大缩短计算时间。具有以上诸多计算优势，因而 Fluent 软件的应用范围非常广泛，如可压缩与不可压缩流动问题、多相流动问题、稳态传热问题、瞬态流动问题及移动物体引起的气动效应问题。

Fluent 中的“滑移网格技术”能实现模拟计算不同形状、不同速度相对运动物体引发的空气动力问题，并且已被多次的试验数据所验证。采用滑移网格模拟高速列车由地面空旷区域进入隧道所引发的空气动力学问题，和列车在隧道内实际运行情况非常相似。

2.3.2 滑移网格技术

1. 理论基础

滑移网格技术用于模拟流场形状由于边界运动而随时间改变的问题。通常计算域的边界都是静止的，或做刚体运动的，当流场形状随时间不断变化时，常规的计算方法就不能解决问题，例如子弹由空气进入水中、发动机气缸的往复运动、列车在隧道内行驶等。滑移网格技术则可以计算这类边界发生形变的问题。边界的形变过程可以是已知的，也可以是取决于内部流场变化的。在计算的过程中，动壁附近的网格在不断地发生变化。因此，只要在计算之前设定一定的参数来约束体网格的更新过程，流场形状随时间变化的过程在仿真模拟中就可以实现。边界发生形变后，其内部网格的重新划分是在 Fluent 内部自动完成的。

边界的形变过程既可以用边界函数来定义，也可以用 UDF 函数来定义。

滑移网格守恒方程如下，在任意一个控制体中，广义标量 Φ 的积分守恒方程为

$$\frac{\mathrm{d}}{\mathrm{d}t}\int_{V}\rho\Phi \mathrm{d}V+\int_{\partial V}\rho\Phi(\boldsymbol{u}-\boldsymbol{u}_{\mathrm{g}})g\mathrm{d}\boldsymbol{A}=\int_{\partial V}\varepsilon\,\boldsymbol{\nabla}\Phi g\,\mathrm{d}\boldsymbol{A}+\int_{V}S_{\Phi}\mathrm{d}V \tag{2-31}$$

式中　Φ——指不表示方向的物理量，在不同的地方表示不同的物理含义；

$\boldsymbol{u}$——速度向量；

$\boldsymbol{u}_{\mathrm{g}}$——移动网格的网格速度向量；

ε——扩散系数；

$\boldsymbol{\nabla}$——梯度；

S_{Φ}——源项，积分方程中流体含有广义自重、电磁力等各种外力；

∂V——控制体的边界。

方程中第一项为时间倒数项，可用一阶向后差分的格式写为

$$\frac{\mathrm{d}}{\mathrm{d}t}\int_{V}\rho\Phi\mathrm{d}V=\frac{(\rho\Phi V)^{n+1}-(\rho\Phi V)^{n}}{\Delta t} \tag{2-32}$$

式中　n、$n+1$——不同的时间层。

$n+1$ 上的 V^{n+1} 按式(2-33)计算：

$$V^{n+1}=V^{n}+\frac{\mathrm{d}V}{\mathrm{d}t}\Delta t \tag{2-33}$$

式中　$\frac{\mathrm{d}V}{\mathrm{d}t}$——控制体的时间导数。

为满足网格守恒，该时间导数按式(2-34)计算：

$$\frac{\mathrm{d}V}{\mathrm{d}t}=\int_{\partial V}\boldsymbol{u}_{\mathrm{g}}g\mathrm{d}\boldsymbol{A}=\sum_{j}^{n_{\mathrm{f}}}\boldsymbol{u}_{\mathrm{g}j}g\boldsymbol{A}_{j} \tag{2-34}$$

式中　n_{f}——控制体积的面网格数量；

$\boldsymbol{A}_{j}$——面 j 的面积向量。

$\boldsymbol{u}_{\mathrm{gf}}g\boldsymbol{A}_{j}$ 由式(2-35)计算：

$$\boldsymbol{u}_{\mathrm{gf}}g\boldsymbol{A}_{j}=\frac{\delta V_{j}}{\Delta t} \tag{2-35}$$

式中　δV_{j}——控制体积面 j 在时间间隔 Δt 扫过的空间体积。

2. 滑移网格更新方法

滑移网格使用中遇到的两个主要问题是体网格的再生和边界运动或变形的指定。对此，滑移网格更新方法有三种，即弹性光顺法（spring-base smoothing）、动态层技术(dynamic layering)和局部网格重划法(local remeshing)。三种方法有各自的特点及适用范围[143]。

弹性光顺法的核心思想是将网格的边理想化连接节点的弹簧，移动前的边长相当于弹

簧的平衡状态。节点位移时会产生相应大小的力,这个力根据胡克定律进行计算。此时弹簧系统原来的平衡状态虽然被打破,但是在外力作用下将会达到新的平衡。弹性光顺法对于结构化网格和非结构化网格都能适用,但是为了保证计算稳定性,当网格为非四面体(或者非三角形)网格时,需要满足边界的移动为单方向的,以及移动方向与边界垂直两个条件。

动态层模型仅适用于六面体和或者楔形网格区域,其核心思想是根据紧邻运动边界网格层高度的变化,添加或者减少动态层。边界发生运动时,与之相邻的边界网格高度会发生变化。首先设置最大和最小网格高度,当紧邻运动边界层的网格高度逐渐增大,超过设定的网格高度上限时,就将该网格划分为两层;当紧邻运动边界层的网格高度逐渐减小,超过设定的网格高度下限时,就将相邻的两层网格合并为一层。动态层模型的使用存在诸多限制,如紧邻运动边界的网格必须为六面体、楔形或者四边形,移滑移网格交界面之外的网格必须被单面网格包围,包含周期性区域时只能用串行版 Fluent 求解等。在实际工程中,往往由于空间的不规则性导致不能划出较好的六面体网格,例如列车头部为复杂的三维形状,列车从隧道外驶入隧道内时又存在边界条件的巨大变化,因此在建模过程中不可能使用动态层模型。

一般来讲,在非结构网格区域都会采用弹簧光顺模型。但是当网格尺寸远远小于运动边界的位移时,仅仅采用弹簧光顺模型会造成网格质量下降,可能会因为网格畸变过率大而导致计算不收敛,甚至会有负体积网格出现,导致计算无法进行。此时,则需要另外一种滑移网格划分模型及局部网格重划模型。在计算过程中,Fluent 会识别出质量较差的网格,并将其集中进行重新划分,这就是局部网格重划模型的核心思想。Fluent 根据两个指标来识别不合要求的网格,即网格畸变率和网格尺寸,这两个参数均可在软件的滑移网格参数中进行设置,局部网格重划模型也有其使用范围,它仅对四面体和三角形网格使用。

通过对相关参数进行设置以后,滑移网格更新由软件自动完成。一般情况下会将弹簧光顺模型和局部网格重划模型同时使用,以求得到质量最好的重划网格。

滑移网格问题中描述固体运动,先定义固体重心,再以相对于重心的线速度和角速度进行定义。定义固体运动的这两个参数有两种方法,即型函数和 UDF 语句。

3. 滑移网格技术的实现

对于隧道流场的整个模拟多采用分区重叠网格法,单元采用六面体结构网格,这样在隧道的轴线方向可以采用较大的比例。与对接分区相比,重叠分区因其内边界享有较高自由度,所以构造网格较为灵活。重叠分区计算的关键是网格的内边界。一方面,内边界像一般边界一样对稳定性有影响。另一方面,因其存在于区域内部,对守恒性也会产生影响。根据流场的性质及网格形状的选择,将整个计算区域分割成多个子区域,不同子区域间分别采用滑移面、接网格边界条件和三线插值法来交换信息。

隧道流场滑移网格技术一般实施方法如图 2-6 所示,分界面区域由 *A-B* 面和 *B-C* 面以

及 D-E 面和 E-F 面组成，交叉处产生 a-d 面、d-b 面和 b-e 面等。在两个单元区域重叠处产生 d-b 面、b-e 面和 e-c 面而组成内部区域，剩余的 a-d 和 c-f 面成对形成周期性区域。例如，计算分界面流入Ⅳ单元的流量时，用 d-b 面和 b-e 面代替 D-E 面，并从Ⅰ单元和Ⅲ单元各自传递信息到Ⅳ单元。

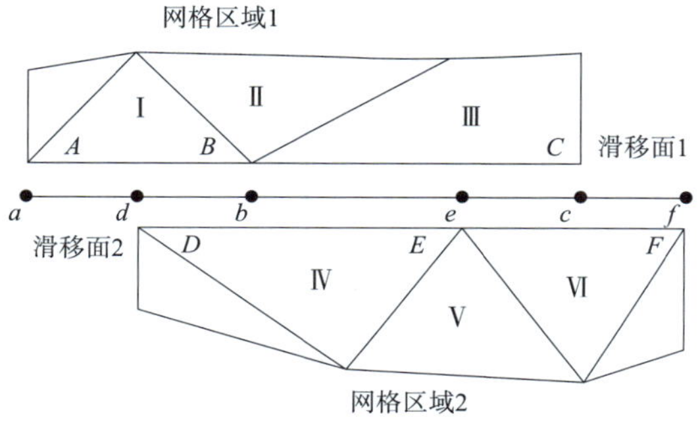

图 2-6　滑移网格交界面示意

当图 2-6 所示上下两个区域的交接面，具有大小重合与否两种情况。当两个交接面的大小完全重合时，则在图中不存在面 a-d，如果当两个交接面的大小不完全重合时，则在图中存在面 a-d 或其他面。因此，在设置边界条件时，应当将 a-d 设置为相应的边界条件。

2.3.3　求解过程

Fluent 提供两种数值求解方法：分离解法（Segregated Method）和耦合解法（Coupled Method）。两种解法都可以求解守恒型积分方程，其中包括动量、能量、质量以及其他标量，如湍流和化学组分的守恒。

两种数值方法采用相似的离散过程——有限体积法，但线性化的方法以及离散方程的解法是不同的。分离式求解法是顺序地、逐个地求解各变量代数方程组（如关于速度 u、v、w、压力 p、温度 T 等）。而耦合求解法同时求解连续性、动量、能量以及组分输运的控制方程（即耦合在一起）。本书采用分离式求解方法。分离解法中应用广泛的是压力修正法，其求解基本过程如下：

（1）假定初始压力场；

（2）利用压力场求解动量方程，得到速度场；

（3）利用速度场求解连续方程，使压力场得到修正；

（4）根据需要，求解湍流方程及其他标量方程；

（5）判断当前时间步上的计算是否收敛，若不收敛，返回第二步，迭代计算；若收敛，重复上述步骤，计算下一时间步的物理量。

2.4 列车气动荷载下流固耦合计算

流固耦合问题可以理解为既涉及固体求解又涉及流体求解，而两者又都不能被忽略的模拟问题。因为同时考虑流体和结构特性，流固耦合可以有效节约分析时间和成本，同时保证结果更接近于物理现象本身的规律。因此，近年来流固耦合分析在工程设计，特别是虚拟设计和仿真中的应用越来越广泛和深入。

2.4.1 计算理论

随着数值计算分析方法的不断发展，流固耦合研究已成为流体力学与固体力学交叉而生成的一门重要力学分支，同时也是多学科或多物理场研究的一个重要分支，它是研究可变形固体在流场作用下的各种行为以及固体变形对流体影响这二者相互作用的一门科学[144]。

1. 流体控制方程

流体流动要遵循物理守恒定律，基本的守恒定律包括质量守恒定律、动量守恒定律、能量守恒定律。如果流体中包括混合的其他不同成分，系统还要遵循组分守恒定律。对于一般的可压缩牛顿流体来说，守恒定律通过如下控制方程描述[136]。

质量守恒方程：

$$\frac{\partial \rho_{\mathrm{f}}}{\partial t}+\boldsymbol{\nabla}(\rho_{\mathrm{f}}\boldsymbol{v})=\mathbf{0} \tag{2-36}$$

动量守恒方程：

$$\frac{\partial \rho_{\mathrm{f}}\boldsymbol{v}}{\partial t}+\boldsymbol{\nabla}(\rho_{\mathrm{f}}\boldsymbol{v}\boldsymbol{v}-\boldsymbol{\tau}_{\mathrm{f}})=\boldsymbol{f}_{\mathrm{f}} \tag{2-37}$$

式中 ρ_{f}——流体密度；

t——时间；

$\boldsymbol{v}$——流体速度矢量；

$\boldsymbol{\tau}_{\mathrm{f}}$——剪切力张量，计算公式为

$$\boldsymbol{\tau}_{\mathrm{f}}=(-p+\mu\,\boldsymbol{\nabla}\boldsymbol{v})I+2\mu e$$

其中 p——流体压力；

μ——动力黏度；

$\boldsymbol{e}$——速度应力张量，计算公式为

$$\boldsymbol{e}=\frac{1}{2}(\boldsymbol{\nabla}\boldsymbol{v}+\nabla\boldsymbol{v}^{\mathrm{T}})；$$

$\boldsymbol{f}_{\mathrm{t}}$——流体体积力矢量。

2. 固体控制方程

固体部分的守恒方程可以由牛顿第二定律导出。

$$\rho_{\mathrm{s}}\ddot{\boldsymbol{d}}_{\mathrm{s}}=\nabla\boldsymbol{\sigma}_{\mathrm{s}}+\boldsymbol{f}_{\mathrm{s}} \tag{2-38}$$

式中　ρ_{s}——固体密度；

$\boldsymbol{\sigma}_{\mathrm{s}}$——柯西应力张量；

$\boldsymbol{f}_{\mathrm{s}}$——固体体积力矢量；

$\ddot{\boldsymbol{d}}_{\mathrm{s}}$——固体域当地加速度矢量。

上述流体和固体控制方程中都没有考虑能量方程，若考虑流体、固体的能量传递，需要添加能量方程，对于流体部分总焓(h_{tot})形式的能量方程可以写为

$$\frac{\partial(\rho h_{\mathrm{tot}})}{\partial t}-\frac{\partial p}{\partial t}+\nabla(\rho_{\mathrm{f}}\boldsymbol{v}h_{\mathrm{tot}})=\nabla(\lambda\nabla T)+\nabla(\boldsymbol{v}\cdot\boldsymbol{\tau})+\boldsymbol{v}\rho\boldsymbol{f}_{\mathrm{f}}+S_{\mathrm{E}} \tag{2-39}$$

式中　λ——导热系数；

S_{E}——能量源项。

对于固体部分，增加了由温差引起的热变形项。

$$f_{\mathrm{T}}=\alpha_{\mathrm{T}}\nabla T \tag{2-40}$$

式中　α_{T}——与温度相关的热膨胀系数。

3. 流固耦合方程

流固耦合遵循最基本的守恒原则，所以在流固耦合交接面处，应满足流体与固体应力 τ、位移 d、热流量 q、温度 T 等变量的相等或守恒，即满足式(2-41)。

$$\begin{cases}\tau_{\mathrm{f}}n_{\mathrm{f}}=\tau_{\mathrm{s}}n_{\mathrm{s}}\\ d_{\mathrm{f}}=d_{\mathrm{s}}\\ q_{\mathrm{f}}=q_{\mathrm{s}}\\ T_{\mathrm{f}}=T_{\mathrm{s}}\end{cases} \tag{2-41}$$

式中　f——下标，表示流体；

s——下标，表示固体。

为便于分析，可以建立流固耦合控制方程的通用形式，然后给定各参数以及适当的初始条件和边界条件，统一求解。

2.4.2　求解过程

流固耦合力学的重要特征是两相介质之间的相互作用，变形固体在流体载荷作用下会产生变形或运动。变形或运动又反过来影响流体运动，从而改变流体载荷的分布和大小，正

是这种相互作用将在不同条件下产生形形色色的流固耦合现象。现在由于数值计算方法的发展，整个流固耦合的求解趋向于综合求解纳维-斯托克斯(Navier-Stokes)方程与非线性结构动力学方程。一般使用迭代求解，也就是在流场、结构场上分别求解，在各个时间步之间耦合迭代，收敛后再向前推进。

具体求解过程目前可基于 ANSYS Workbench 平台进行[145]。流体部分采用流体动力学模块 Fluid Flow(Fluent)计算。固体部分采用结构动力学模块 Transient Structural 计算。两个计算模块通过 System Coupling 进行耦合，流体的非定常计算和结构的瞬态计算需要采用相同的时间步长，时间步长需要设置得足够小，且能满足固体瞬态响应分析及流体非定常分析的计算需求。

时间步长设置为 0. 01 s，流体部分和固体部分的时间步数应该一致，求解方式为顺序求解。首先求解流体部分，将流体荷载施加于固体部分，然后求解固体部分，将固体变形施加于流体部分。收敛之后，再继续求解流体和固体部分，完成流固耦合计算后，即可得到流体部分和固体部分的分析结果。基于 ANSYS Workbench 双向流固耦合的分析过程如图 2-7 所示。

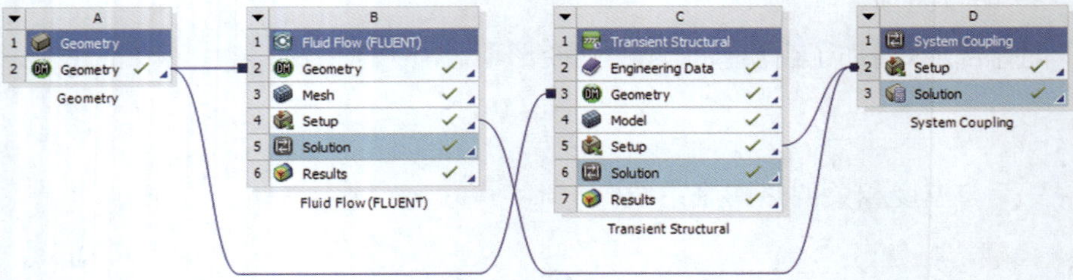

图 2-7 ANSYS Workbench 双向流固耦合分析过程

第3章 高速铁路隧道内列车风变化规律

高速列车在隧道内运行时，前方空气逐渐被挤压，列车风速度逐渐增大，初始压缩波到达接触网支持结构后，其表面承受的正向列车风逐渐增大。列车车头经过接触网支持结构时，其表面承受的列车风急剧变化，短时间内由正向变为负向。由于车头附近空气处于高压状态，车尾附近空气处于低压状态，故列车车身经过接触网支持结构时，隧道环隙空间尤其是列车车身上部的空气向列车后方低压区流动，列车风保持负向。列车车尾处于低压状态的空气将持续吸引后方处于常压状态的空气跟随列车向前运动，故列车车尾经过接触网支持结构时，列车风由负向变成正向，其速度先增大，之后逐渐恢复到环境风速。急剧变化的压力波和列车风可能对隧道内接触网系统造成反复冲击作用，而接触网是整条铁路的生命线工程，一旦发生故障停电，线路将中断行车，因此研究高速铁路隧道列车风对接触网系统的影响具有重要的工程现实意义。

有关学者针对竖井对高速铁路隧道空气动力效应影响进行了大量研究[146,147]，普遍认为竖井可以缓解高速铁路隧道空气动力学效应，但这些都是分析竖井对隧道内压力波和隧道出口微气压波的影响，进而分析其对车体表面压力和隧道壁面压力的影响，但是关于竖井对隧道内列车风影响的研究却很少。

本章根据第2章数值分析理论建立计算模型，分析高速铁路隧道交叉结构段列车风的时程变化规律和空间分布特点，在此基础上分别研究单线隧道和双线隧道交叉结构段的列车风最不利情况，并得到最不利情况下的列车风荷载时程，为研究列车风作用下接触网的振动响应提供激励荷载。

3.1 计算模型

3.1.1 列车模型及计算参数

根据研究经验，列车外形对列车空气动力效应影响较大。列车外形按照实际情况建模，列车长度按3节编组设置，全长76 m，列车外形建模主要采用流线型列车，按照CRH3型列车进行1∶1建模，其外形条件如图3-1所示，具体参数见表3-1。

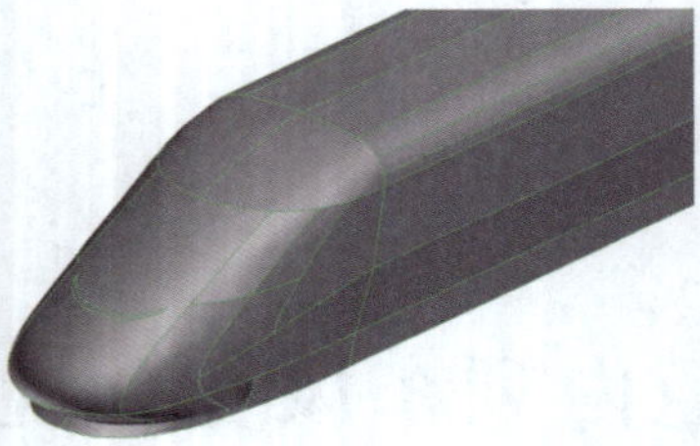

(a)车头模型侧向视图

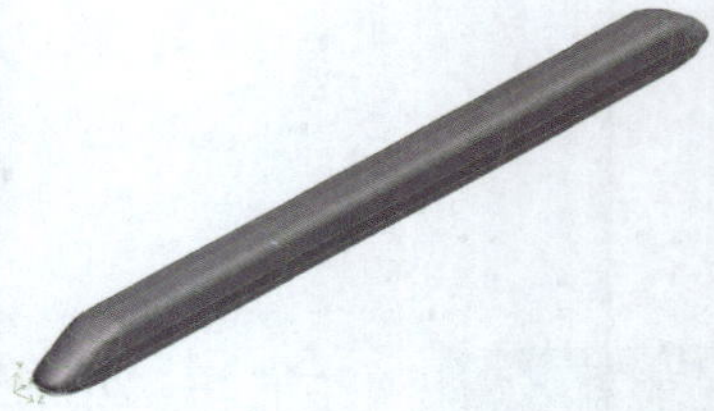

(b)列车模型空间视图

图 3-1 CRH3 型列车模型图

表 3-1 CRH3 型列车基本参数 mm

头车长度	中间车长度	尾车长度	车辆高度	车辆宽度	轨距
25 675	24 775	25 675	3 890	2 950	1 435

3.1.2 隧道模型及计算参数

根据研究经验,隧道阻塞比对隧道空气动力效应影响较大,隧道轮廓的相对影响较小,因此选择阻塞比较大的隧道进行建模。

时速 250 km 单线隧道横截面积 58 m^2,阻塞比 0.258;时速 300 km、350 km 单线隧道横截面积 70 m^2,阻塞比 0.149,但是后者的列车运行速度较高,这将加剧隧道空气动力效应。因此,350 km/h 双线隧道的空气动力效应远强于 250 km/h 双线隧道。选择高速铁路 70 m^2 单线隧道和 100 m^2 双线隧道进行 1∶1 建模,其外形条件及具体参数如图 3-2 和图 3-3 所示。

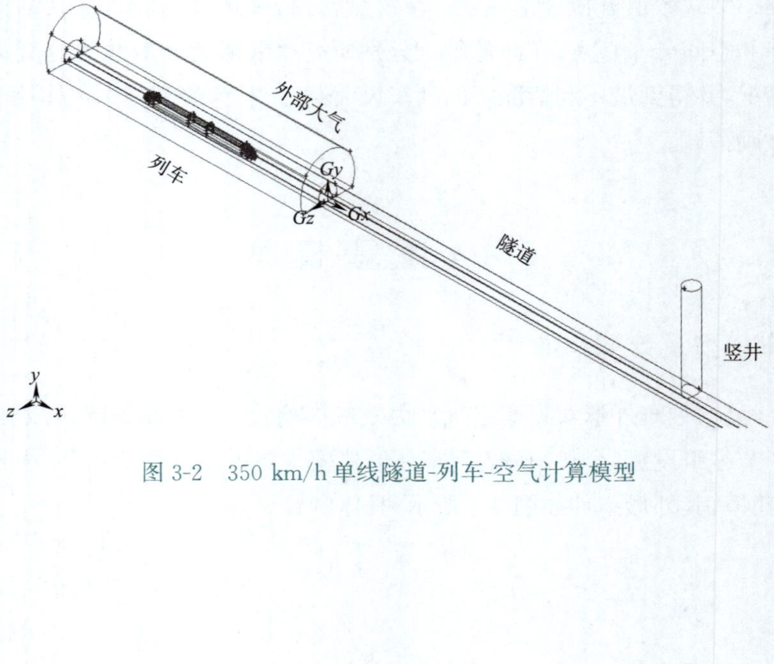

图 3-2 350 km/h 单线隧道-列车-空气计算模型

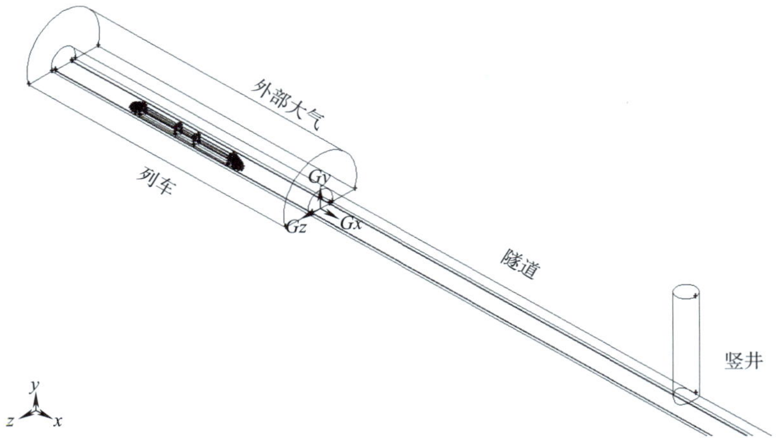

图 3-3　350 km/h 双线隧道-列车-空气计算模型

3.1.3　计算工况

1. 单线隧道

当列车运行速度为 350 km/h 时，影响单线隧道交叉结构段接触网风致振动的因素主要有两方面，包括竖井的面积、高度和交叉角度，横通道的面积、长度和交叉角度。单线隧道交叉结构段列车风计算工况见表 3-2。

表 3-2　时速 350 km 高速铁路单线隧道交叉结构段列车风计算工况

工　况	计算条件		备　注
dxsd1-1	竖井面积/m²	10	单个竖井，竖井高度 50 m，竖井与隧道纵向交叉角度 90°
dxsd1-2		30	
dxsd1-3		50	
dxsd1-4		70	
dxsd2-1	竖井高度/m	25	单个竖井，竖井面积 50 m²，竖井与隧道纵向交叉角度 90°
dxsd2-2		50	
dxsd2-3		75	
dxsd2-4		100	
dxsd3-1	竖井与隧道纵向交叉角度/°	45	单个竖井，竖井面积 50 m²，竖井高度 50 m
dxsd3-2		60	
dxsd3-3		75	
dxsd3-4		90	
dxsd3-5		105	
dxsd3-6		120	
dxsd3-7		135	

续上表

工　况	计算条件		备　注
dxsd4-1	横通道面积/m²	10	单车运行,单个横通道,横通道长度 50 m,横通道与隧道交叉角度 90°
dxsd4-2		30	
dxsd4-3		50	
dxsd4-4		70	

2. 双线隧道

由于双线隧道不存在横通道,当列车运行速度为 350 km/h 时,影响其交叉结构段接触网风致振动的两方面因素主要包括竖井的面积、高度和交叉角度,单车正常运行、双车交会运行和一车停靠一车运行。双线隧道交叉结构段列车风计算工况见表 3-3。

表 3-3　时速 350 km 高速铁路双线隧道交叉结构段列车风计算工况

工　况	计算条件			备　注
sxsd1-1	单车运行	竖井面积/m²	40	单个竖井,竖井高度 50 m,竖井与隧道纵向交叉角度 90°
sxsd1-2			60	
sxsd1-3			80	
sxsd1-4			100	
sxsd2-1		竖井高度/m	25	单个竖井,竖井面积 80 m²,竖井与隧道纵向交叉角度 90°
sxsd2-2			50	
sxsd2-3			75	
sxsd2-4			100	
sxsd3-1		竖井与隧道纵向交叉角度/(°)	45	单个竖井,竖井面积 80 m²,竖井高度 50 m
sxsd3-2			60	
sxsd3-3			75	
sxsd3-4			90	
sxsd3-5			105	
sxsd3-6			120	
sxsd3-7			135	
sxsd3-1	双车运行	双车交会位置	一般结构段	单个竖井,竖井面积 80 m²,竖井高度 50 m,两车交会运行,竖井与隧道纵向交叉角度 90°
sxsd3-2			竖井位置处	
sxsd3-3			竖井前 40 m	
sxsd3-4			竖井后 40 m	
sxsd4-1		单车停靠位置	一般结构段	单个竖井,竖井面积 80 m²,竖井高度 50 m,一车因事故停靠,一车正常运行,竖井与隧道纵向交叉角度 90°
sxsd4-2			竖井位置处	
sxsd4-3			竖井前 40 m	
sxsd4-4			竖井后 40 m	

3.2　列车风时空变化特性

3.2.1　列车风不利影响范围

为研究隧道交叉结构段列车风的不利影响范围，沿隧道方向设置 10 个特征点，这些特征点分别位于竖井（横通道）前方 50 m、40 m、30 m、20 m、10 m 和竖井（横通道）后方 10 m、20 m、30 m、40 m、50 m 的接触网定位点高度处，特征点的位置如图 3-4 所示。

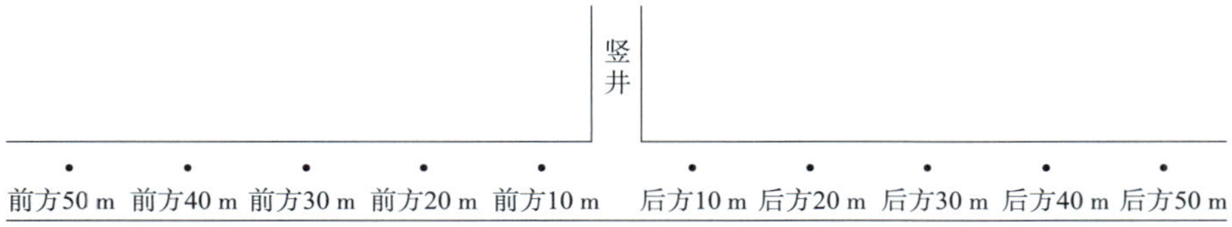

图 3-4　隧道交叉结构段特征点示意

列车以 350 km/h 的速度通过高速铁路单线隧道交叉结构段，以列车前进方向为正向，对特征点处的列车风速度峰值进行监测，列车风的不利影响范围如图 3-5 所示。

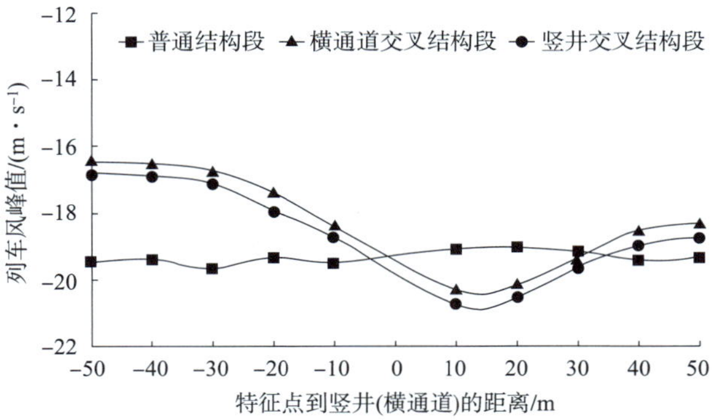

图 3-5　隧道交叉结构段列车风的不利影响范围

由图 3-5 可知：隧道普通结构段、横通道交叉结构段和竖井交叉结构段特征点处的列车风峰值均为负向，这表明负向列车风对接触网的不利影响更大；对于竖井和横通道前方特征点，与隧道普通结构段相比，该处列车风负峰值变小，即列车风的不利影响变小；对于竖井和横通道后方 30 m 以内特征点，与隧道普通结构段相比，该处列车风负峰值变大，即列车风的不利影响变大；对于竖井和横通道后方 30 m 以外特征点，与隧道普通结构段相比，该处列车风负峰值变小，即列车风的不利影响变小；竖井和横通道对交叉结构段较大范围内的列车风具有减小作用，但是对交叉结构段 30 m 范围内的列车风具有增大作用，竖井和横通道前后方 30 m 内为交叉结构对列车风的不利影响范围；与横通道交叉结构段相比，竖井交叉结构段列车风的不利影响更大。

为了更好地理解列车在隧道内经过竖井时的流场状态，如果竖井的面积足够大，可以认为竖井将一个长隧道分割成两个短隧道，那么列车经过竖井的过程就相当于列车从 A 隧道出口运行到 B 隧道入口，如图 3-6 所示。

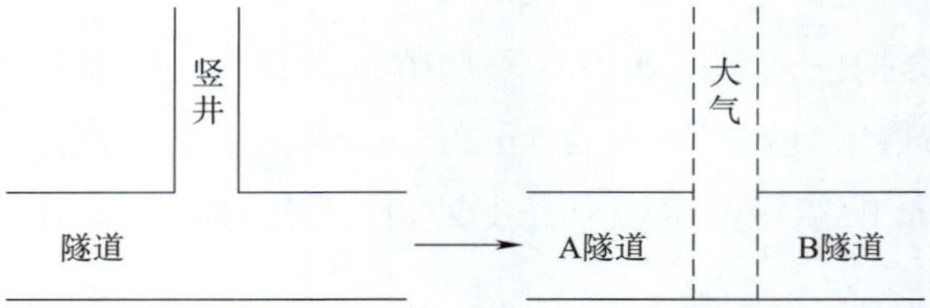

图 3-6 竖井将一个长隧道分割成两个短隧道的等效图

列车逐渐驶出 A 隧道出口的过程中，列车车头附近的空气从竖井和 B 隧道入口排出，故列车车头附近压缩波的压力逐渐变小。当列车逐渐驶入 B 隧道入口时，列车车头附近的空气再次被迅速压缩，故列车车头附近压缩波的压力迅速增大，而此时列车车尾仍然处于 A 隧道内，由于列车车体排开空气的体积并未发生变化，故列车车尾附近膨胀波的压力保持不变。简言之，列车驶过竖井交叉结构段时，列车车头附近压缩波的压力迅速增大，而列车车尾附近膨胀波的压力并未变化，两者的压力差变大。因此，列车车头刚刚经过竖井时会产生更大的负向列车风。

费瑞振[148]研究了高速铁路隧道列车风峰值的纵向分布，研究结果表明，隧道入口附近的列车风峰值最大，隧道中部的列车风峰值趋于稳定并逐渐减弱，隧道出口处的列车风峰值逐渐增大，但小于入口处的列车风峰值。假设竖井位于隧道中部，则竖井将该长隧道分割成两个长度一致的短隧道，那么 A 隧道出口处的列车风峰值将小于 B 隧道入口处的列车风峰值，这进一步验证了上述分析的准确性。

3.2.2 列车风时程变化规律

为研究隧道横断面接触网处的列车风特性，在横断面上设置 10 个特征点，这些特征点分布在接触网支持结构的平腕臂、斜腕臂、定位管、腕臂支撑和吊柱等部位。数值计算中，对特征处的纵向 x（列车行进方向）、横向 z（水平面上与列车行进方向垂直的方向）和竖向 y（垂直于地面方向）列车风风速进行分析。特征点及三个方向如图 3-7 所示。由于交叉结构段列车风的不利影响范围是竖井（横通道）前后方 30 m 之间，在隧道纵向设置 8 个特征点，这些特征点分别位于竖井（横通道）前方 40 m、30 m、20 m、10 m 和竖井（横通道）后方 10 m、20 m、30 m、40 m 接触网定位点高度处，如图 3-8 所示。

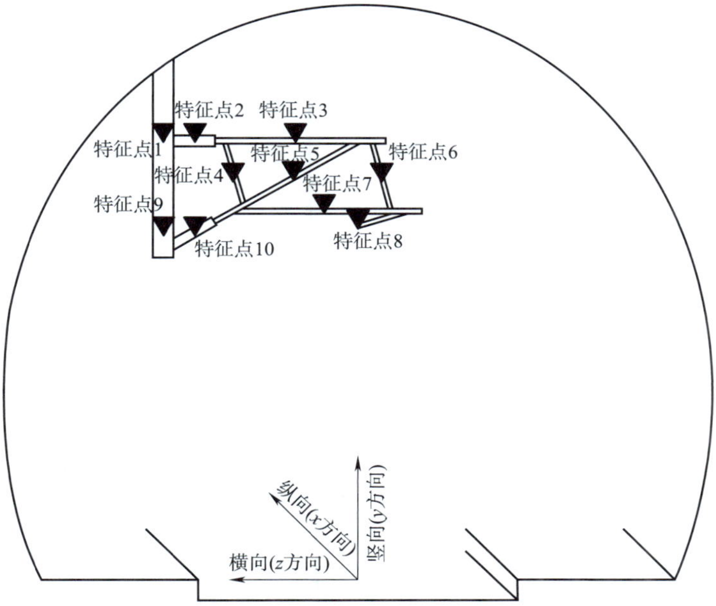

图 3-7　隧道横断面列车风特征点示意

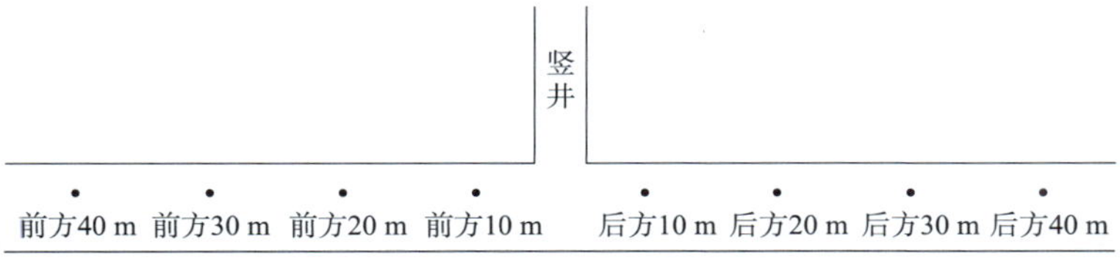

图 3-8　隧道纵断面列车风特征点示意

列车以 350 km/h 通过单线隧道时，接触网支持结构上 10 个特征点处的纵向列车风、竖向列车风和横向列车风的速度变化时程曲线如图 3-9 所示，纵向以列车前进方向为正方向，竖向以竖直向上为正方向，横向以水平面内列车前进右方为正方向。

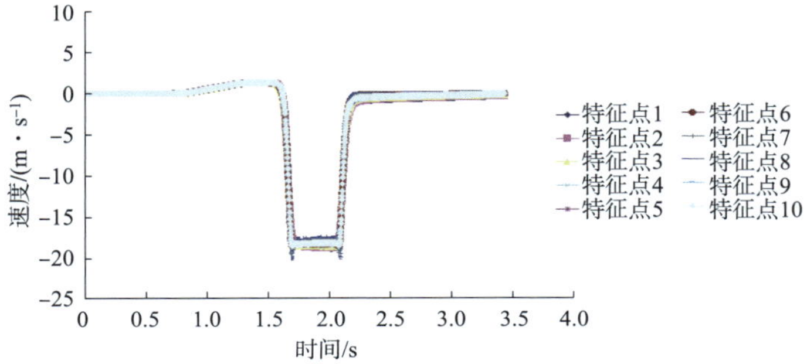

(a)纵向列车风

图　3-9

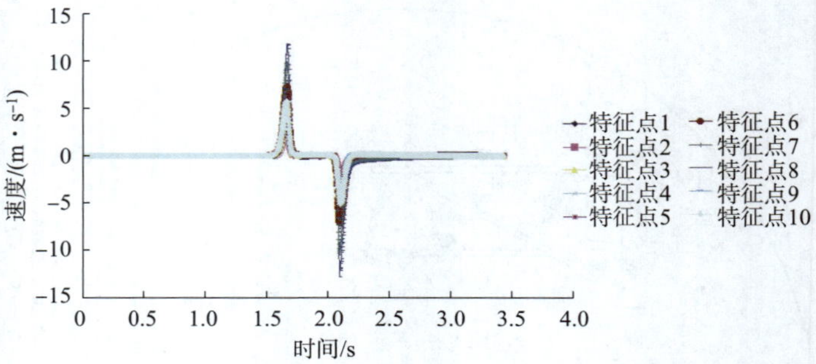

(b)竖向列车风

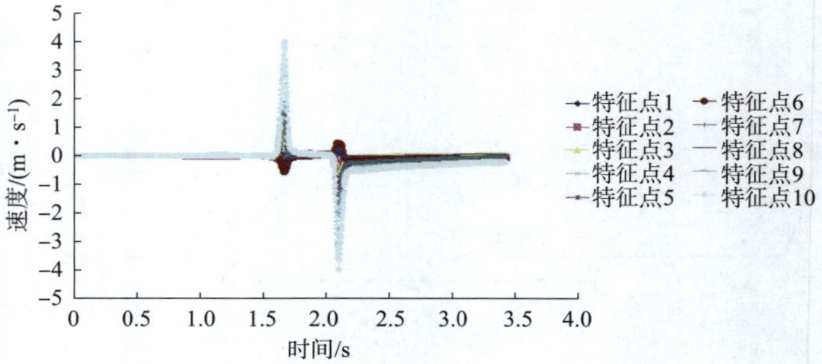

(c)横向列车风

图 3-9　接触网支持结构特征点处列车风速度时程曲线

由图 3-9 可以看出，接触网支持结构各特征点处纵向列车风、竖向列车风和横向列车风的时程变化规律一致，速度大小基本一致，距离列车越近的特征点，其竖向和横向列车风的速度略微增大。

下面重点针对接触网特征点 8(即定位点)处列车风的时程变化规律进行研究。

1. 纵向列车风

列车以 350 km/h 的速度通过单线隧道竖井交叉结构段时，纵向列车风速度变化时程曲线如图 3-10 所示，以列车前进方向为正方向。

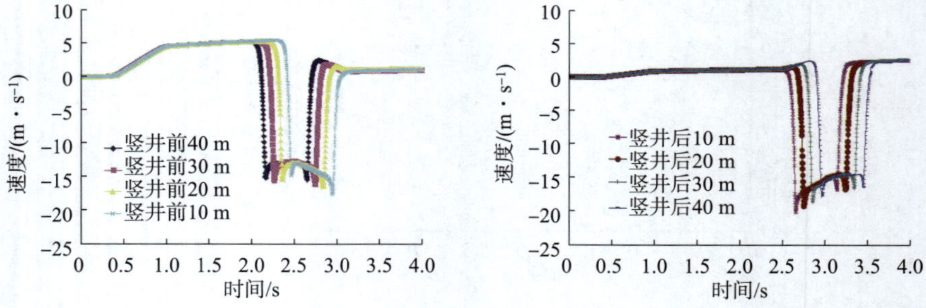

(a)竖井前　　(b)竖井后

图 3-10　竖井交叉结构段纵向列车风速度时程曲线

由图 3-10 可以看出，纵向列车风速度在列车经过时有较大变化，其余时段速度较小，纵向列车风方向在列车经过时为负向（与列车运行方向相反），其余时段为正向，列车经过后会形成活塞风时段。接下来对纵向列车风进行时段和峰值分析。

（1）纵向列车风的时段分析

将列车经过的过程划分为 5 个时段，如图 3-11 所示：①时段为列车到达之前，为 0～2.0 s；②时段为列车车头经过时段，为 2.0～2.15 s；③时段为列车车身经过时段，为 2.15～2.65 s；④时段为列车车尾经过时段，为 2.65～2.80 s；⑤时段为列车经过之后，为 2.80～3.5 s。

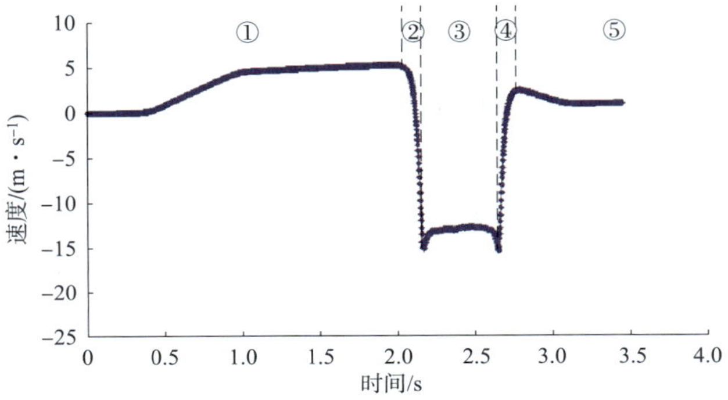

图 3-11　纵向列车风时段分析示意

由图 3-11 可以看出：

①时段，列车到达之前，纵向列车风为正向，速度由环境风速逐渐增大，车头鼻尖到达时达到正峰值；

②时段，列车车头经过时，纵向列车风由正向变为负向，速度迅速下降，之后达到第一个负峰值；

③时段，列车车身经过时，纵向列车风为负向，速度维持在－16 m/s 附近；

④时段，列车车尾经过时，纵向列车风达到第二个负峰值，由负向变为正向，直到车尾完全经过时速度停止上升；

⑤时段，列车经过之后，纵向列车风速度维持正向，并略微增大。

（2）纵向列车风的峰值分析

竖井前方，列车车尾经过时产生纵向列车风负峰值，距离竖井越近位置，其处的纵向列车风负峰值越大；竖井后方，列车车头经过时产生纵向列车风负峰值，距离竖井越近位置，其处的纵向列车风负峰值越大。

2. 竖向列车风

列车以 350 km/h 的速度通过单线隧道竖井交叉结构段时，纵向列车风速度变化时程曲线如图 3-12 所示，以竖直向上为正方向。

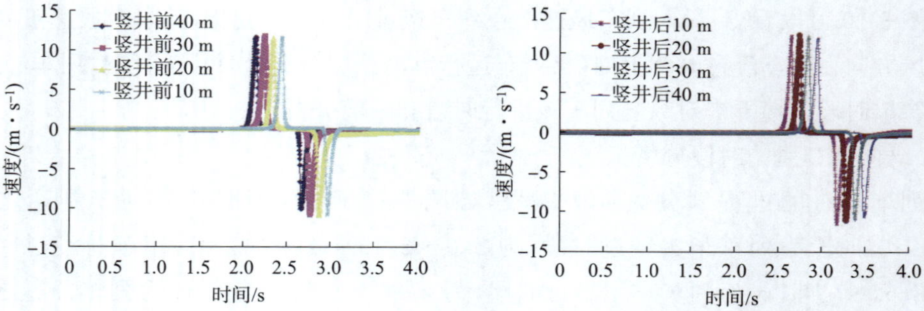

(a)竖井前　　(b)竖井后

图 3-12　竖井交叉结构段竖向列车风速度时程曲线

由图 3-12 可以看出，竖向列车风主要在列车经过时有较大变化，其他时段风速为环境风速。以下对纵向列车风进行时段和峰值分析。

(1)竖向列车风的时段分析

①列车到达之前，竖向列车风速度为环境风速；

②列车车头经过时，竖向列车风速度先迅速上升后迅速下降，方向为正向，直到车头完全经过时风速开始维持在环境风速附近；

③列车车身经过时，竖向列车风速度维持在环境风速附近；

④列车车尾经过时，竖向列车风速度先迅速下降后迅速上升，方向为负向，直到车尾完全经过时速度开始维持在环境风速附近；

⑤列车经过之后，竖向列车风的风速趋近于环境风速。

(2)竖向列车风的峰值分析

列车车头经过时，产生竖向列车风正峰值，列车车尾经过时，产生竖向列车风负峰值，两者的大小基本一致，但方向相反。

3. 横向列车风

列车以 350 km/h 的速度通过单线隧道竖井交叉结构段时，横向列车风速度变化时程曲线如图 3-13 所示，以水平面内列车前进右方为正方向。

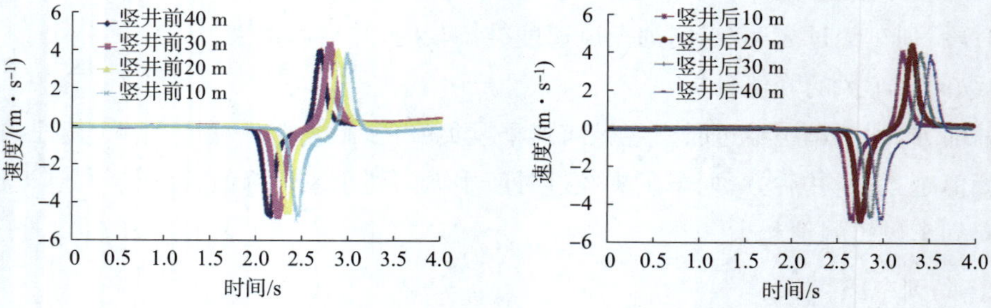

(a)竖井前　　(b)竖井后

图 3-13　竖井交叉结构段横向列车风速度时程曲线

由图 3-13 可以看出，隧道内横向列车风主要在列车经过时有较大变化，其他时段风速基本为 0 m/s。接下来对横向列车风进行时段和峰值分析。

(1)横向列车风的时段分析

①列车到达之前，横向列车风的风速为环境风速；

②列车车头经过时，横向列车风的风速先迅速上升后迅速下降，列车右方列车风的方向为正向，列车左方列车风的方向为负向，直到车头完全经过时风速开始维持在环境风速附近；

③列车车身经过时，横向列车风的风速维持在环境风速附近；

④列车车尾经过时，横向列车风的风速先迅速下降后迅速上升，列车右方列车风的方向为负向，列车左方列车风的方向为正向，直到车尾完全经过时风速开始维持在环境风速附近；

⑤列车经过之后，横向列车风的风速迅速恢复为环境风速。

(2)横向列车风的峰值分析

列车车头经过时，产生横向列车风负峰值，列车车尾经过测点时，产生横向列车风正峰值，两者的大小基本一致，但方向相反。

3.2.3　列车风空间分布特点

由前面的分析结果可知，列车车头和车尾经过时段，接触网处会产生很大的列车风，如图 3-14 所示。比较三个方向的风速可知，纵向列车风峰值>竖向列车风峰值>横向列车风峰值。

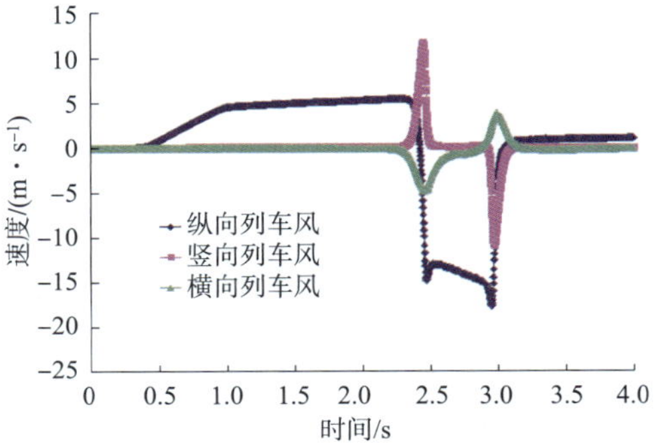

图 3-14　列车经过时三个方向列车风的速度对比

第 3.2.2 节从时程变化规律角度对列车风进行了研究，本节重点分析列车风的空间分布特点，尤其是接触网处列车风的空间分布特点。

1. 纵向列车风

列车以 350 km/h 的速度经过特征横断面(竖井后方 10 m)时，该横断面内纵向列车风的速度分布情况如图 3-15 所示。

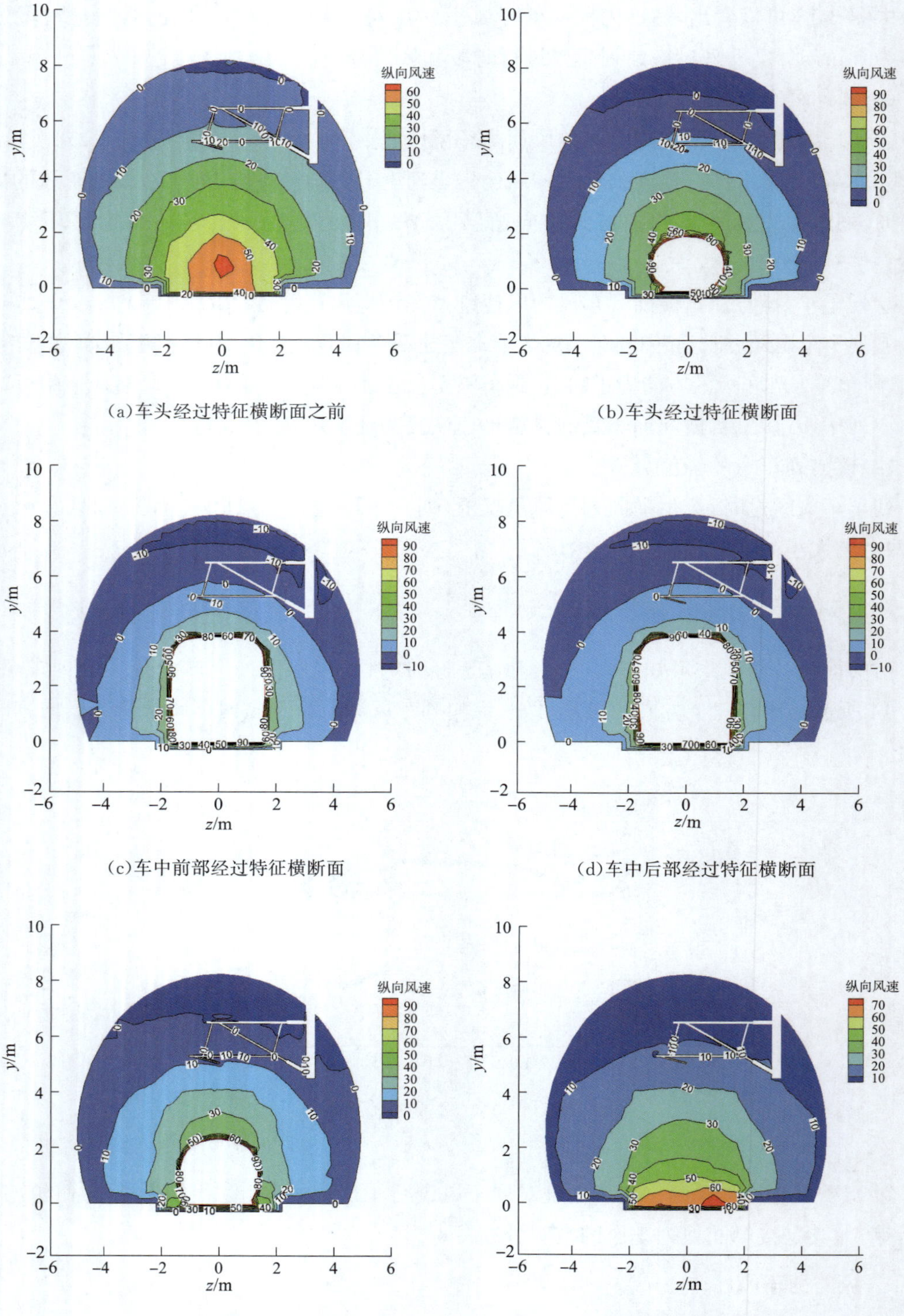

(a)车头经过特征横断面之前

(b)车头经过特征横断面

(c)车中前部经过特征横断面

(d)车中后部经过特征横断面

(e)车尾经过特征横断面

(f)车尾经过特征横断面之后

图 3-15　列车经过时纵向列车风的空间分布特点(单位:m/s)

由图 3-15 可以看出：

(1)列车车头经过之前，纵向列车风呈层状分布特性，列车车头鼻尖位置的纵向列车风速度最大，为 60 m/s 左右，距离隧道壁面越近，其速度越小；

(2)列车车头经过时，车头表面的纵向列车风速度与列车运行速度相同，约为 97.22 m/s；车头周围 4 m 范围内，纵向列车风速度由 97.22 m/s 逐渐减小为 0 m/s；车头周围 4 m 范围外，纵向列车风速度与列车运行速度相反；

(3)列车车身经过时，车头表面的纵向列车风速度与列车运行速度相同，约为 97.22 m/s；车头周围 1 m 范围内，纵向列车风速度由 97.22 m/s 逐渐减小为 0 m/s；车头周围 1 m 范围外，纵向列车风速度为负值，整个环隙空间内的纵向列车风速度等值线变化较小，速度范围为－15～10 m/s；

(4)列车车尾经过时，车尾表面的纵向列车风速度与列车运行速度相同，约为 97.22 m/s；车尾周围 4 m 范围内，纵向列车风速度由 97.22 m/s 逐渐减小为 0 m/s；车头周围 4 m 范围外，纵向列车风速度与列车运行速度相反；

(5)列车车尾经过之后，纵向列车风呈层状分布特性，隧道底部的纵向列车风速度最大，为 70 m/s 左右，距离隧道壁面越近，其速度越小。

2. 竖向列车风

列车以 350 km/h 的速度经过特征横断面(竖井后方 10 m)时，该横断面内竖向列车风的速度分布情况如图 3-16 所示。

由图 3-16 可以看出：

(1)列车车头经过之前，竖向列车风呈现出层状分布特性，横断面中部速度正峰值为 7 m/s 左右，速度负峰值为－2 m/s 左右，横断面上部和下部速度逐渐减小，在隧道壁面处竖向列车风速度逐渐下降为 0 m/s；

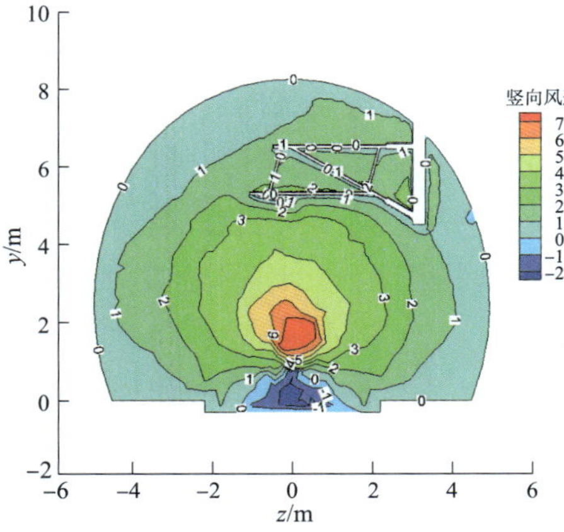

(a)车头经过特征横断面之前

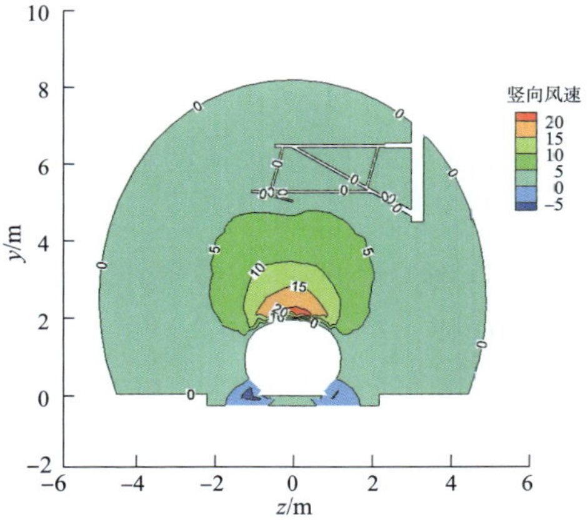

(b)车头经过特征横断面

图　3-16

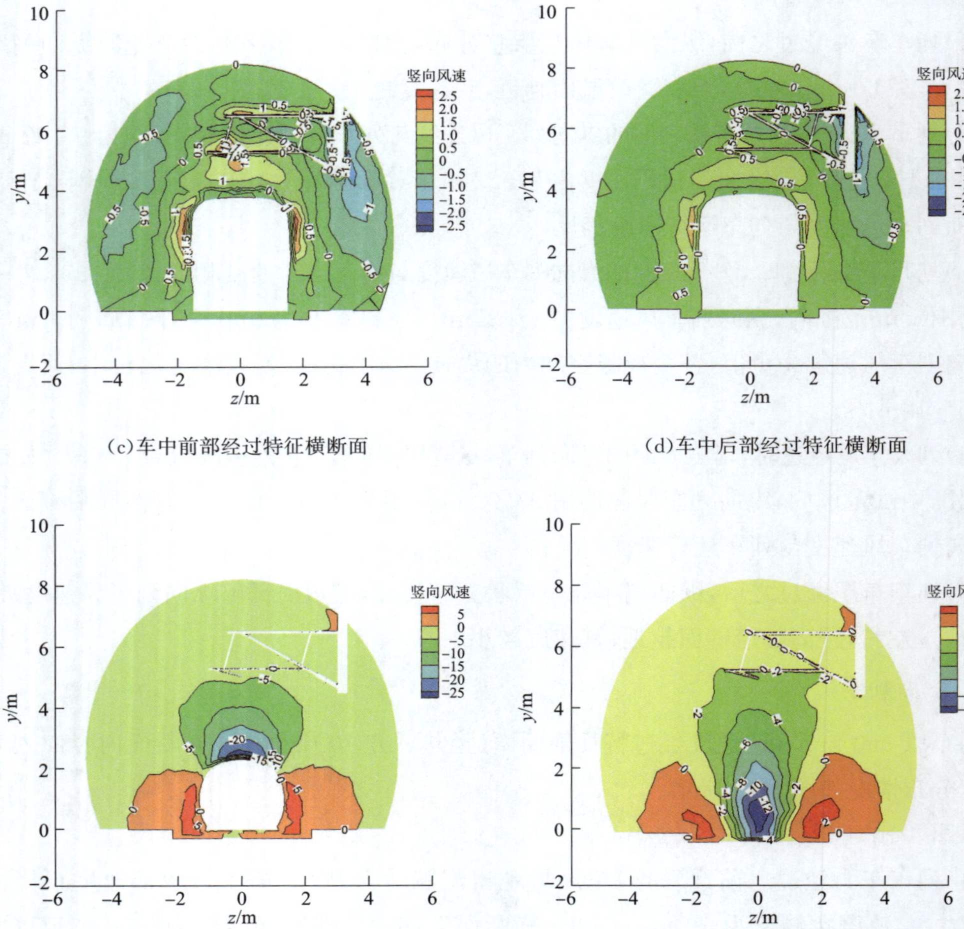

(c)车中前部经过特征横断面

(d)车中后部经过特征横断面

(e)车尾经过特征横断面

(f)车尾经过特征横断面之后

图 3-16　列车经过时竖向列车风的空间分布特点(单位:m/s)

(2)列车车头经过时，由于车头对空气的排挤作用，车头上方空气向上运动，最大竖向列车风出现在车头的上表面，速度为 25.3 m/s，距离车头的上表面越远，竖向列车风速度越小；

(3)列车车身经过时，对隧道环隙空间空气的扰动很小，竖向列车风速度维持在－3～3 m/s 的范围；

(4)列车车尾经过时，增大了隧道环隙空间，车尾上方空气向下运动，竖向列车风速度负峰值出现在车尾的上表面，为－25.2 m/s，距离车尾表面越远，竖向列车风的速度绝对值越小；

(5)列车车尾经过之后，竖向列车风呈现出涡状分布特性，空气由隧道中部向下流动，并沿隧道底部向左右流动，竖向列车风速度范围为－13～3 m/s。

3. 横向列车风

列车以 350 km/h 的速度经过特征横断面(竖井后方 10 m)时,该横断面内横向列车风的速度分布情况如图 3-17 所示。

由图 3-17 可以看出:

(1)列车车头经过之前,横向列车风呈现出左右分布特性,左方列车风向左流动,速度负峰值为−6.5 m/s,右方列车风向右流动,速度正峰值为−6.5 m/s,横断面中部偏下处的列车风速度最大,周围的列车风速度逐渐减小,在隧道壁面处横向列车风速度下降为 0 m/s;

(2)列车车头经过时,由于车头对空气的排挤作用,车头左方空气向左运动,车头右方空气向右运动,最大横向列车风出现在车头表面,速度峰值为±20.3 m/s,距离车头的表面越远,横向列车风速度绝对值越小;

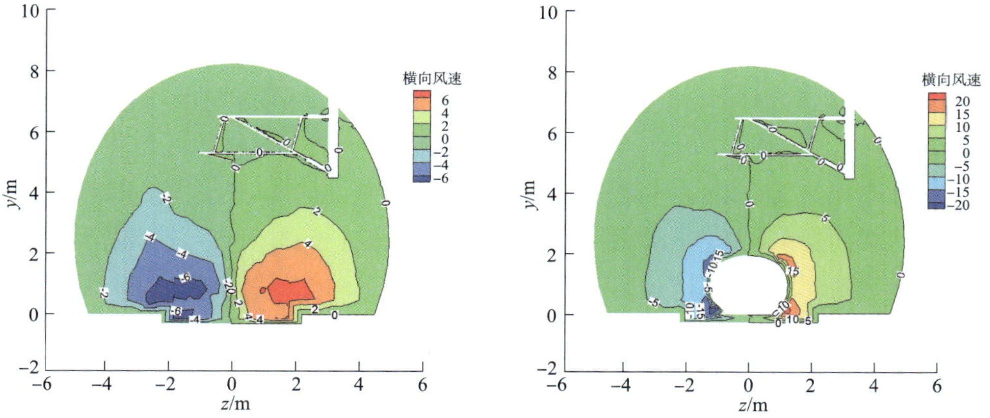

(a)车头经过特征横断面之前　　(b)车头经过特征横断面

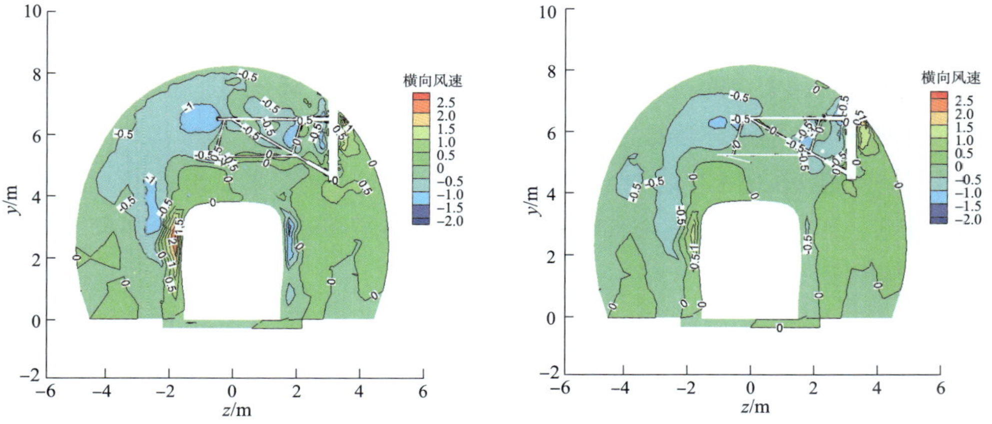

(c)车中前部经过特征横断面　　(d)车中后部经过特征横断面

图 3-17

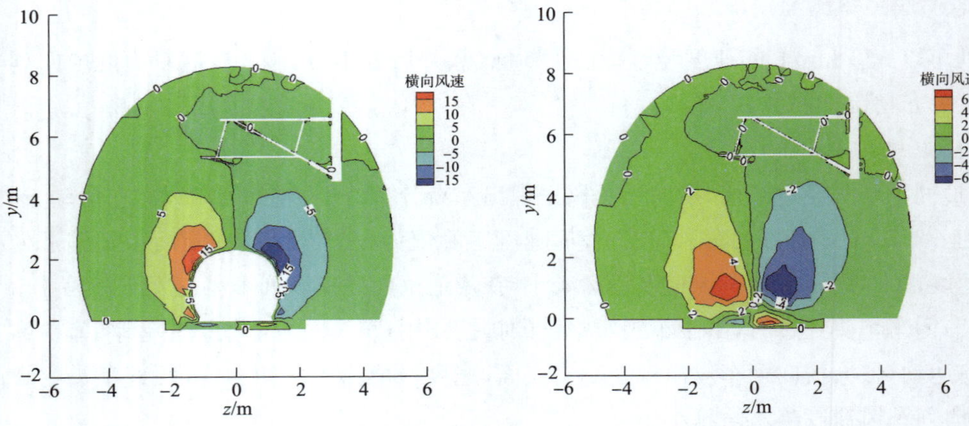

(e)车尾经过特征横断面　　(f)车尾经过特征横断面之后

图 3-17　列车经过时横向列车风的空间分布特点(单位:m/s)

(3)列车车身经过时,对隧道环隙空间空气的扰动很小,横向列车风速度维持在−3～3 m/s 的范围;

(4)列车车尾经过时,隧道环隙空间逐渐增大,车尾左方空气向右运动,车尾右方空气向左运动,最大横向列车风速度出现在车尾表面,速度峰值为±15.3 m/s,距离车尾的表面越远,横向列车风速度绝对值越小;

(5)列车车尾经过之后,横向列车风呈涡状分布特性,空气由隧道两侧向中间流动,横向列车风速度分布在−7～7 m/s 的范围。

3.3　单线隧道交叉结构段列车风速度峰值

列车风的速度越大,对接触网的不利影响也越大。因此,研究高速铁路单、双线隧道交叉结构段的列车风峰值十分必要。

其中,高速铁路单线隧道交叉结构分为竖井和横通道两种交叉形式,而列车的运行方式只有单车运行。因此,单线隧道交叉结构段列车风峰值的分析,重点在于比较竖井和横通道两种交叉结构段列车风峰值的大小。

3.3.1　竖井交叉结构段

竖井高度为 50 m,横断面积为 50 m^2,与单线隧道在竖直面内的交叉角度为 90°(表 3-2 中的 dxsd1-3 工况),在竖井前方和后方 10 m、20 m、30 m、40 m 设置特征点,这 8 个特征点处的纵向列车风峰值分布如图 3-18 所示,列车前进方向为正方向。

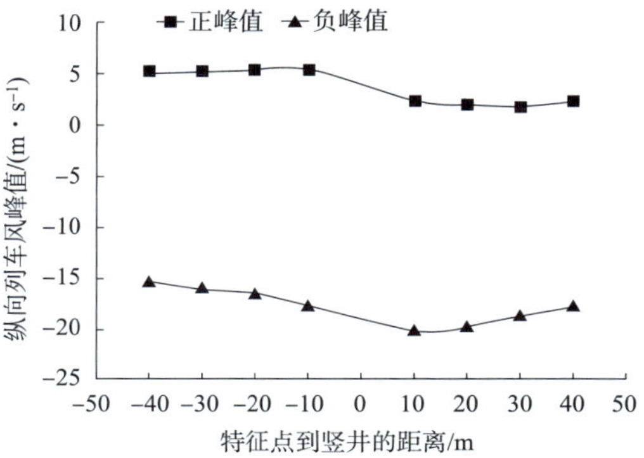

图 3-18　竖井交叉结构段纵向列车风峰值分布

由图 3-18 可以看出：

(1)高速列车经过单线隧道竖井交叉结构段时，纵向列车风正峰值维持在 3～8 m/s 的范围，纵向列车风负峰值维持在－21～－15 m/s 的范围，负方向的纵向列车风对结构的不利影响更大；

(2)竖井前方 10 m 特征点处的负峰值为－17.68 m/s，前方 40 m 特征点处的负峰值为－15.36 m/s，前方 10 m 特征点处负峰值增大 15.10%；

(3)竖井后方 10 m 特征点处的负峰值为－20.16 m/s，后方 40 m 特征点处的正峰值为－17.84 m/s，后方 10 m 特征点处的负峰值提高 13.01%；

(4)高速列车经过单线隧道竖井交叉结构段时，最危险位置为竖井后方 10 m 处，纵向列车风风速为－20.16 m/s。

3.3.2　横通道交叉结构段

横通道长度为 50 m，横通道截面积为 50 m^2，与单线隧道在竖直面内的交叉角度为 90°(表 3-2 中的 dxsd4-3 工况)，在横通道前方和后方 10 m、20 m、30 m、40 m 设置特征点，这 8 个特征点处的纵向列车风峰值分布如图 3-19 所示，列车前进方向为正方向。

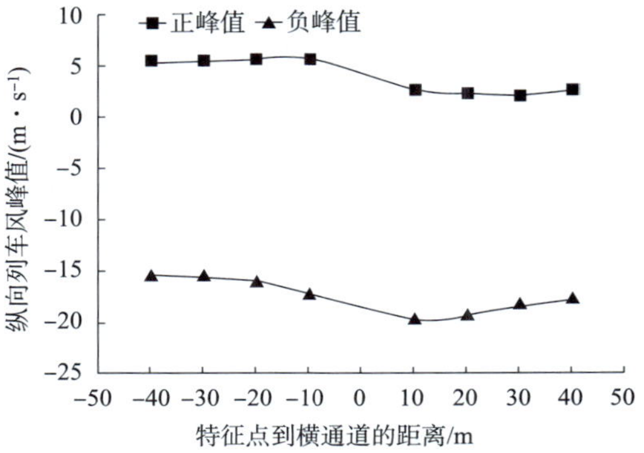

图 3-19　横通道交叉结构段纵向列车风峰值分布

由图 3-19 可以看出：

(1)高速列车经过单线隧道横通道交叉结构段时，纵向列车风正峰值维持在 2～7 m/s 的范围，纵向列车风负峰值维持在－19～－14 m/s 的范围，负方向的纵向列车风对结构的不利影响更大；

(2)横通道前方 10 m 特征点处的负峰值为－17.40 m/s,前方 40 m 特征点处的负峰值为－15.46 m/s,前方 10 m 特征点处的负峰值增大 12.55%;

(3)横通道后方 10 m 特征点处的负峰值为－19.75 m/s,后方 40 m 处特征点处的正峰值为－17.87 m/s,后方 10 m 特征点处的负峰值提高 10.52%;

(4)高速列车经过单线隧道横通道交叉结构段时,最危险位置为横通道后方 10 m 处,纵向列车风风速为－19.75 m/s。

3.3.3 单线隧道列车风最不利情况判断

为了研究高速铁路单线隧道列车风最不利情况,将隧道普通结构段、竖井交叉结构段和横通道交叉结构段三种情况进行比较研究,通过计算得出三者的纵向列车风负峰值,如图 3-20 所示。

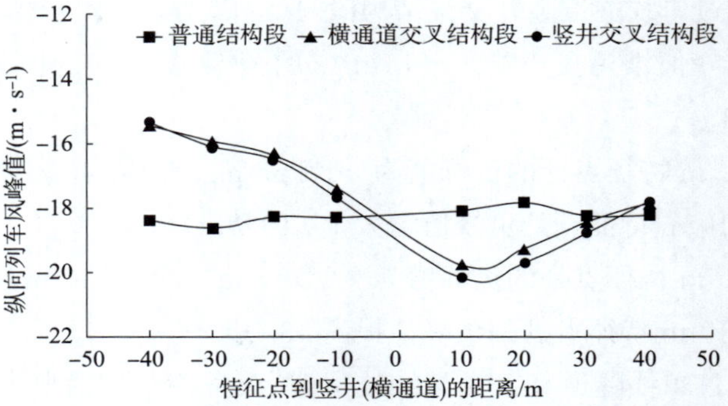

图 3-20 单线隧道交叉结构段纵向列车风峰值比较

由图 3-20 可以看出:高速列车经过单线隧道普通结构段时,纵向列车风负峰值维持在－18 m/s 左右,并在这一速度峰值处上下波动;普通结构段、横通道交叉结构段和竖井交叉结构段的纵向列车风最大负峰值分别为－18.61 m/s、－19.75 m/s、－20.16 m/s,即单线隧道列车风最不利情况为竖井交叉结构段后 10 m 处。对于单线隧道而言,竖井交叉结构段的列车风峰值,较横通道交叉结构段和普通结构段分别增加 8.33%和 2.08%,最不利位置为竖井后方 10 m 处。

3.4 双线隧道交叉结构段列车风速度峰值

对于高速铁路双线隧道,两条线路设置在同一隧道中,一般不设置横通道,故双线隧道只有竖井交叉结构段,而无横通道交叉结构段。列车在双线隧道内有三种运行方式:单车正常运行、双车交会运行和一车停靠一车运行。因此,双线隧道交叉结构段列车风峰值分析的重点,在于比较三种列车运行方式下列车风峰值的大小。

3.4.1 单车正常运行

竖井高度为 50 m,横断面积为 80 m^2,与双线隧道在竖直面内的交叉角度为 90°(表 3-3 中的 sxsd1-3 工况),在竖井前方和后方 10 m、20 m、30 m、40 m 设置特征点,当高速列车以 350 km/h 的速度经过该隧道时,这 8 个特征点处的纵向列车风峰值分布如图 3-21 所示,列车前进方向为正方向。

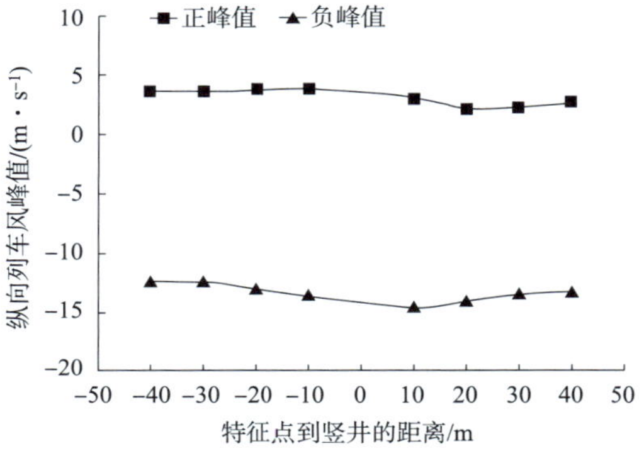

图 3-21　单车正常运行时纵向列车风峰值分布

由图 3-21 可以看出:

(1)高速列车经过双线隧道竖井交叉结构段时,纵向列车风正峰值维持在 2～4 m/s 的范围,纵向列车风负峰值维持在－15～－12 m/s 的范围,负方向的纵向列车风对结构的不利影响更大;

(2)竖井前方 10 m 特征点处的负峰值为－13.66 m/s,前方 40 m 特征点处的负峰值为－12.54 m/s,前方 10 m 特征点处的负峰值增大 8.93%;

(3)竖井后方 10 m 特征点处的负峰值为－14.64 m/s,后方 40 m 特征点处的正峰值为－13.39 m/s,后方 10 m 特征点处的负峰值提高 9.34%;

(4)高速列车经过双线隧道竖井交叉结构段时,最危险位置为竖井后方 10 m 处,纵向列车风风速为－14.64 m/s。

3.4.2 双车交会运行

竖井高度为 50 m,横断面积为 80 m^2,与双线隧道在竖直面内的交叉角度为 90°(表 3-2 中的 sxsd3-1～sxsd3-4 工况),在隧道右线竖井前方和后方 10 m、20 m、30 m、40 m 设置特征点,当两辆高速列车以 350 km/h 的速度在该隧道内交会时,这 8 个特征点处的纵向列车风峰值分布如图 3-22 所示,列车前进方向为正方向。

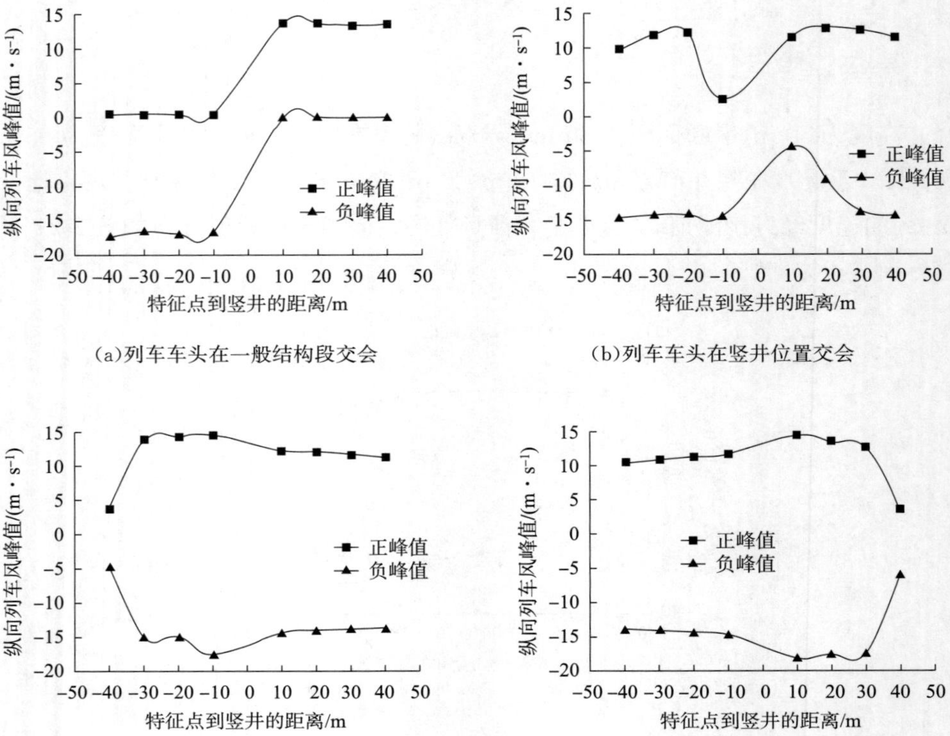

(a)列车车头在一般结构段交会
(b)列车车头在竖井位置交会
(c)列车车头在竖井前方 40 m 交会
(d)列车车头在竖井后方 40 m 交会

图 3-22　双车交会运行时纵向列车风峰值分布

由图 3-22 可以看出：

(1)当两辆列车车头在一般结构段交会时，竖井前方特征点处的纵向列车风正峰值在 0 m/s 左右，纵向列车风负峰值在－18 m/s 左右，竖井后方特征点处的纵向列车风正峰值在 14 m/s 左右，纵向列车风负峰值在－3 m/s 左右；

(2)当两辆列车车头在竖井与隧道交叉位置交会时，竖井前方特征点处的纵向列车风正峰值分布在 2～13 m/s 范围，纵向列车风负峰值在－14 m/s 左右，竖井后方特征点处的纵向列车风正峰值在 12 m/s 左右，纵向列车风负峰值分布在－15～－5 m/s 范围；

(3)当两辆列车车头在竖井前方 40 m 处交会时，竖井附近特征点处的纵向列车风正峰值和负峰值的最大值均出现在竖井前 10 m 处，该处的纵向列车风正峰值为 14.71 m/s，负峰值为－17.37 m/s；

(4)当两辆列车车头在竖井后方 40 m 处交会时，竖井附近特征点处的纵向列车风正峰值和负峰值的最大值均出现在竖井后 10 m 处，该处的纵向列车风正峰值为 14.64 m/s，负峰值为－18.20 m/s。

3.4.3　一车停靠一车运行

竖井高度为 50 m，横断面积为 80 m^2，与双线隧道在竖直面内的交叉角度为 90°（表 3-2 中的 sxsd4-1～sxsd4-4 工况），在竖井前方和后方 10 m、20 m、30 m、40 m 设置特征点，当一辆高速列车因故障停靠在竖井附近，另一辆高速列车以 350 km/h 的速度经过该隧道时，这 8 个特征点处的纵向列车风峰值分布如图 3-23 所示，列车前进方向为正方向。

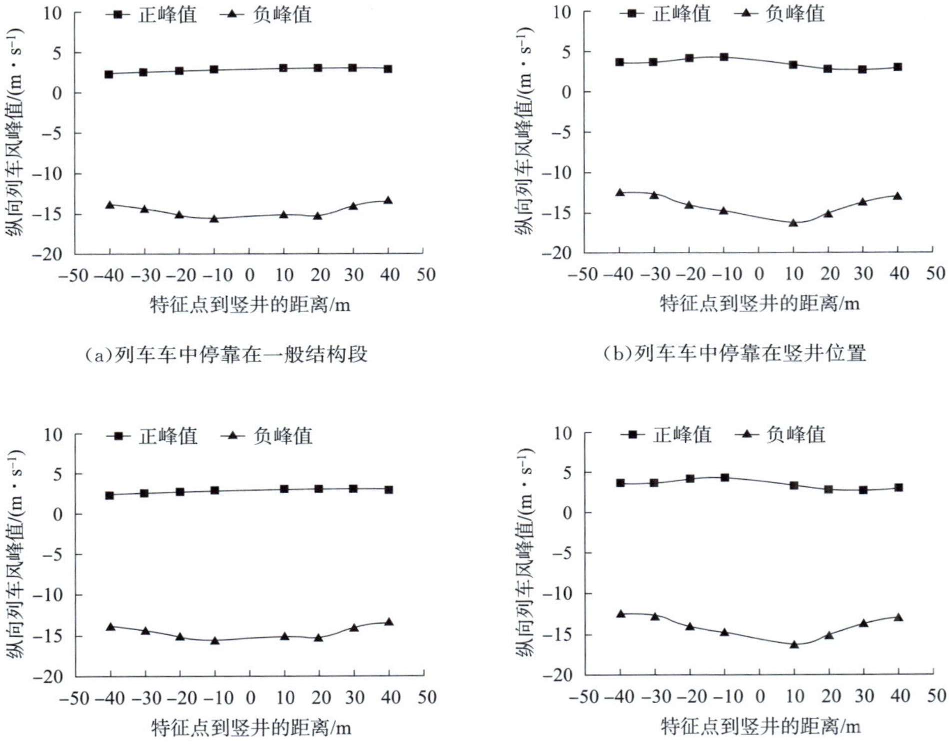

（a）列车车中停靠在一般结构段　（b）列车车中停靠在竖井位置

（c）列车车中停靠在竖井前方 40 m　（d）列车车中停靠在竖井后方 40 m

图 3-23　一车停靠一车运行时纵向列车风峰值分布

由图 3-23 可以看出：

（1）当事故列车车中停靠在一般结构段时，竖井附近特征点处的纵向列车风正峰值在 3 m/s 左右，纵向列车风负峰值在－15 m/s 左右；

（2）当事故列车车中停靠在竖井与隧道交叉位置时，竖井附近特征点处的纵向列车风正峰值在 3 m/s 左右，纵向列车风负峰值分布在－18～－13 m/s 范围；

（3）当事故列车车中停靠在竖井前方 40 m 时，竖井附近特征点处的纵向列车风正峰值和负峰值的最大值均出现在竖井前 20 m 处，该处的纵向列车风正峰值为 4.24 m/s，负峰值为－14.41 m/s；

(4)当两辆列车车头在竖井后方 40 m 处交会时，竖井附近特征点处的纵向列车风正峰值和负峰值的最大值均出现在竖井后 10 m 处，该处的纵向列车风正峰值为 3.72 m/s，负峰值为－15.73 m/s。

3.4.4 双线隧道列车风最不利情况判断

为了研究高速铁路双线隧道列车风最不利情况，将单车正常运行、双车交会运行和一车停靠一车运行三种情况进行比较研究，通过计算得出三者的纵向列车风负峰值，如图 3-24 所示。

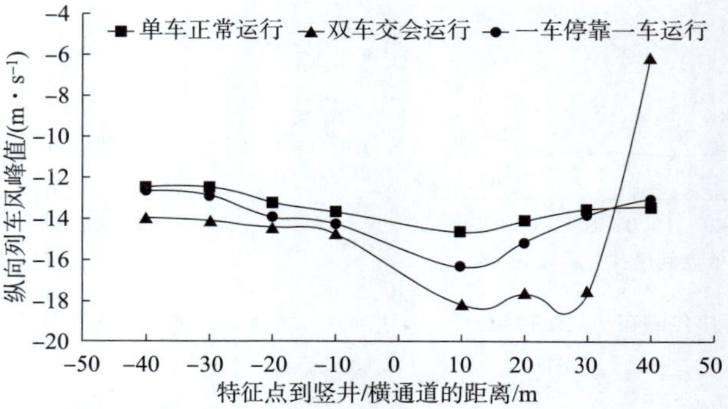

图 3-24 双线隧道交叉结构段纵向列车风峰值比较

由图 3-24 可以看出：高速列车经过双线隧道交叉结构段时，纵向列车风负峰值的最大值均出现在竖井后方 10 m 处，单车正常运行时负峰值最大值为－14.64 m/s，双车交会运行时负峰值最大值为－18.20 m/s，一车停靠一车运行时负峰值最大值为－15.73 m/s。对于双线隧道而言，最不利情况为双车在竖井附近交会。

3.5 竖井因素对列车风的影响

分析可知，在高速铁路隧道竖井交叉结构段，列车风速度峰值比横通道交叉结构段列车风速度峰值更大。在隧道长度、隧道横断面积、列车长度、列车车型和列车车速保持不变的情况下，竖井面积、高度和交叉角度的改变将影响隧道交叉结构段的列车风速度，进而影响该处接触网支持结构的振动响应。本节进一步探讨竖井因素对高速铁路隧道列车风的影响。

3.5.1 竖井面积对列车风风速的影响

为研究竖井面积对隧道交叉结构段列车风的影响，在单线隧道距洞口 200 m 处设置一高度为 50 m 的竖井，采用 10 m²、30 m²、50 m² 和 70 m² 四种竖井面积分别计算，在双线隧道距洞口 200 m 处设置一高度为 50 m 的竖井，得到不同竖井面积情况下隧道交叉结构段各特征点的纵向列车风速度峰值如图 3-25 所示。

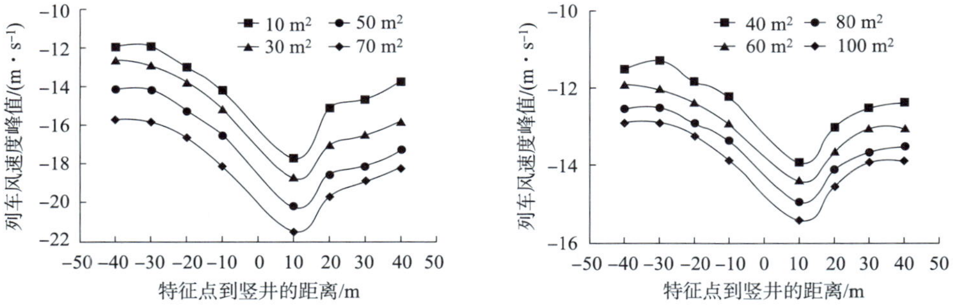

(a)单线隧道　　(b)双线隧道

图 3-25　竖井面积对隧道交叉结构段纵向列车风速度峰值的影响

由图 3-25 可以看出，减小竖井的面积，有利于降低纵向列车风负峰值。对于单线隧道，当竖井面积从 70 m² 逐渐减少至 50 m²、30 m² 和 10 m² 时，竖井后方 10 m 特征点处的纵向列车风负峰值降低了 1.5%、5.2%、9.3%。对于双线隧道，当竖井面积从 100 m² 逐渐减少至 80 m²、60 m² 和 40 m²，竖井后方 10 m 特征点处的纵向列车风负峰值降低了 1.7%、5.3%、7.4%。

3.5.2　竖井高度对列车风风速的影响

为研究竖井高度对隧道交叉结构段列车风风速的影响，在单线隧道距洞口 200 m 处设置一面积为 50 m² 的竖井，采用 25 m、50 m、75 m 和 100 m 四种竖井高度分别计算，在双线隧道距洞口 200 m 处设置一面积为 80 m² 的竖井，得到不同竖井高度情况下隧道交叉结构段各特征点的纵向列车风速度峰值如图 3-26 所示。

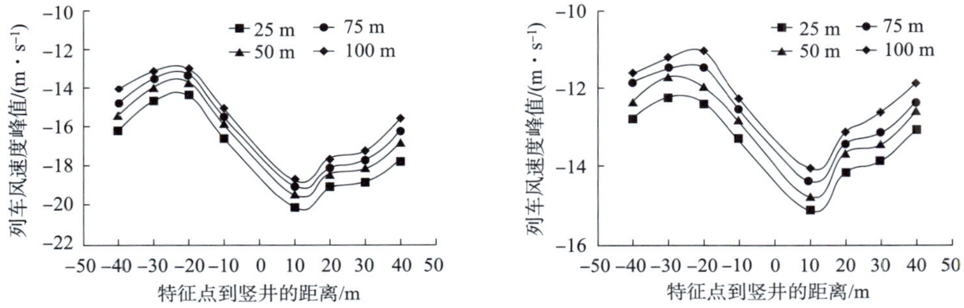

(a)单线隧道　　(b)双线隧道

图 3-26　竖井高度对隧道交叉结构段纵向列车风速度峰值的影响

由图 3-26 可以看出，增加竖井的高度，有利于降低纵向列车风负峰值。对于单线隧道，当竖井高度从 25 m 逐渐增加至 50 m、75 m 和 100 m，竖井后方 10 m 特征点处的纵向列车风负峰值降低了 1.6%、3.7%、7.5%。对于双线隧道，当竖井面积从 25 m 逐渐增加至 50 m、75 m 和 100 m，竖井后方 10 m 特征点处的纵向列车风负峰值降低了 1.5%、5.1%、7.5%。

3.5.3 竖井交叉角度对列车风风速的影响

为研究竖井交叉角度对隧道交叉结构段列车风风速的影响，在单线隧道距洞口 200 m 处设置一面积为 50 m^2、高度为 50 m 的竖井，在双线隧道距洞口 200 m 处设置一面积为 80 m^2 高度为 50 m 的竖井，竖井与隧道纵向的交叉角度分别为 60°、75°、90°、105°和 120°，如图 3-27 所示。得到不同竖井交叉角度情况下，隧道交叉结构段各特征点的纵向列车风速度峰值，如图 3-28 所示。

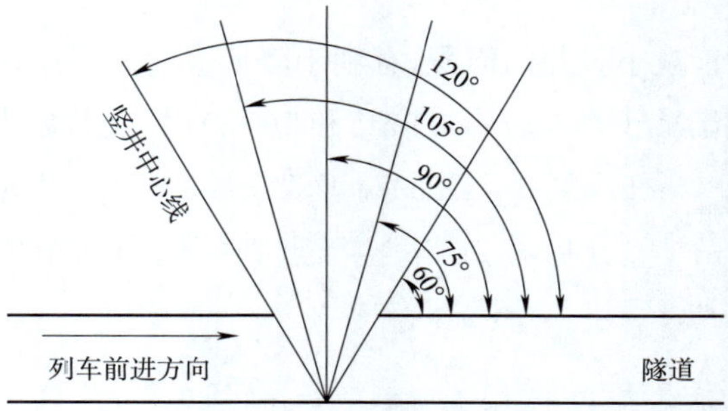

图 3-27 竖井与隧道交叉角度示意

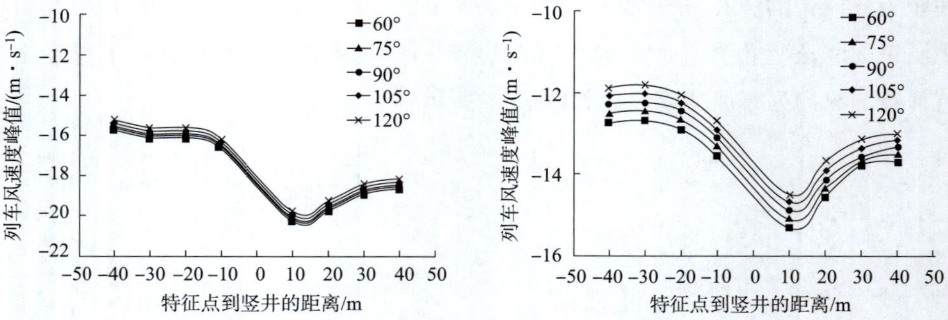

(a)单线隧道 (b)双线隧道

图 3-28 竖井交叉角度对隧道交叉结构段纵向列车风速度峰值的影响

由图 3-28 可以看出，增大竖井的交叉高度，有利于降低纵向列车风负峰值。对于单线隧道，当竖井交叉角度从 60°逐渐增加至 90°、120°，竖井后方 10 m 特征点处的纵向列车风负峰值降低了 1.0%、2.5%。对于双线隧道，当竖井交叉角度从 60°逐渐增加至 90°、120°，竖井后方 10 m 特征点处的纵向列车风负峰值降低了 2.9%、5.4%。

根据隧道-列车-空气三维数值模型，采用动网格技术进行了高速列车驶入和驶离隧道的全过程模拟，基于时速 350 km 条件下数值计算结果，分析了高速铁路隧道交叉结构段列车风的时程变化规律和空间分布特点，研究了不同条件下单、双线隧道交叉结构段列车风速度峰值特点。主要得出以下结论：

(1)高速列车通过隧道交叉结构段时，竖井会改变隧道内列车风的速度峰值，竖井交叉结构段前后 30 m 范围内列车风速度负峰值显著增大，为列车风的不利影响范围；

(2)与纵向列车风速度正峰值相比，其负峰值更大；列车到达竖井之前，隧道内纵向列车风速度在车尾经过时达到负峰值，列车经过竖井之后，隧道内纵向列车风速度在车头经过时达到负峰值；竖向列车风速度在车头和车尾经过时，分别达到正峰值和负峰值，两者绝对值基本相等；

(3)列车在隧道内运行时，前后方空气形成高压区和低压区，环隙空间内空气由车头流向车尾；列车车头和车尾附近风速变化梯度很大，纵向列车风速度峰值是横向列车风的 4.4 倍，竖向列车风速度峰值是横向列车风的 2.6 倍；

(4)高速列车经过单线隧道普通结构段时，纵向列车风速度负峰值为－18.61 m/s(负号表示与列车运行方向相反，以下相同)，横通道和竖井交叉结构段纵向列车风速度负峰值分别为－19.75 m/s 和－20.16 m/s，与横通道交叉结构段相比，竖井交叉结构段列车风速度负峰值更大；

(5)高速列车经过双线隧道交叉结构段时，纵向列车风速度负峰值为－14.64 m/s，双车交会运行时其负峰值为－18.20 m/s，一车停靠一车运行时其负峰值为－15.73 m/s，对于高速铁路双线隧道而言，两车在竖井附近交会时，交叉结构段列车风速度负峰值最大；

(6)减小竖井面积，或者增加竖井高度，可以降低列车经过竖井时的列车风峰值，而竖井与隧道斜交时也能降低列车经过竖井时的列车风峰值，竖井与列车前进方向交叉角度越大，列车经过竖井时的列车风峰值越小。

第4章　高速铁路隧道内接触网风致振动的安全性

接触网系统是高速铁路牵引供电的重要设备。高速铁路隧道内列车风风速大，行车密度高，接触网系统的风致振动及疲劳损伤将成为一个突出问题。在高速铁路长大隧道内通常会设置竖井(斜井)或横通道，作为减缓隧道内压力波的措施之一，但根据空气动力学的基本原理和相关研究可知[146-148]，列车风在此处的风速相对更大，而该部分的结构受力相对恶劣，在列车风作用下接触网等气动效应不容忽视。

本章主要以高速铁路平面交叉隧道内接触网为研究对象，基于第 2 章的流固耦合计算理论和方法，以及由第 3 章得到的高速铁路单线和双线隧道交叉结构段的列车风荷载时程，建立隧道-接触网-列车风流固耦合数值模型，研究列车风作用下隧道内接触网系统的气固耦合振动机理，分析接触网系统以及隧道衬砌结构在列车风荷载作用下的风致振动特性和衬砌结构的动力特性，确定接触网振动荷载下衬砌混凝土的主要破坏模式，并根据结构振动响应的评价标准和《混凝土结构后锚固技术规程》(JGJ 145—2013)[118]判定隧道拱顶衬砌及接触网支持结构的安全状态，为高速铁路隧道内接触网系统的设计提供理论依据。

4.1　列车风荷载下流固耦合计算模型

4.1.1　接触网计算模型及参数

铁路隧道内接触网悬挂装置的安装方式主要有两种。一种是在二次衬砌浇注完成后钻孔，采用化学黏结锚栓安装固定；另一种是在二次衬砌施工时预埋滑道，直接在滑道上安装固定，结构布置如图 4-1 所示。

接触网支持结构安装在腕臂柱、硬横梁及隧道内用吊柱上，起到承载接触悬挂荷重、固定承力索位置、连接固定接触线定位装置等作用。不论是正定位还是反定位，接触网支持结构一般由平腕臂、斜腕臂、定位管、腕臂支撑、套管单耳、管帽等组成。接触网支持结构采用实体单元建模，如图 4-2 所示，参数见表 4-1。隧道混凝土衬砌采用实体单元建模，如图 4-3 所示，参数见表 4-2。

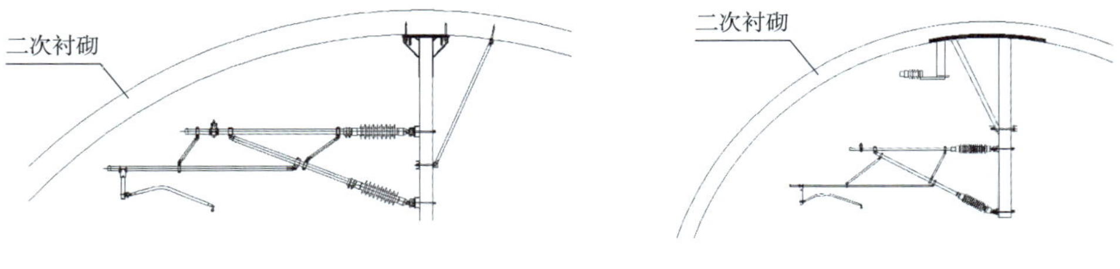

(a)锚栓锚固式　　　　(b)预埋滑道槽形式

图 4-1　接触网悬挂装置安装示意

表 4-1　接触网支持结构计算参数

名称	材料	弹性模量/GPa	泊松比	密度/($kg \cdot m^{-3}$)
平腕臂	Q235A	207	0.3	7 850
斜腕臂	Q235A	207	0.3	7 850
腕臂支撑	Q235A	207	0.3	7 850
定位器支座	Q235A	207	0.3	7 850
吊柱	Q235A	207	0.3	7 850

图 4-2　接触网支持结构

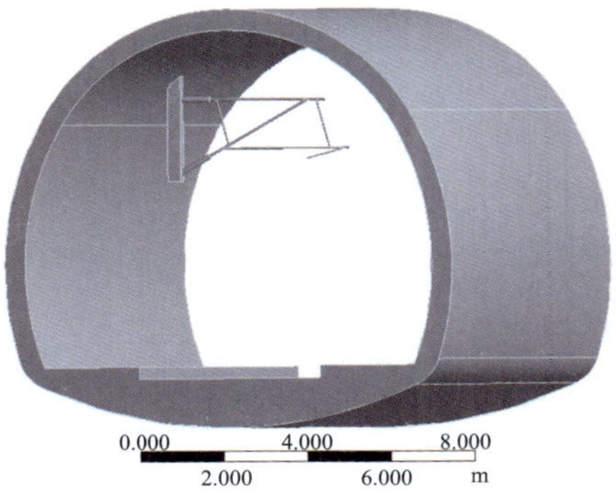

图 4-3　隧道-接触网-空气流固耦合计算模型(单位:m)

表 4-2　隧道计算参数

名称	材料	弹性模量/GPa	泊松比	容重/($kN \cdot m^{-3}$)
隧道衬砌	C30 混凝土	28	0.18	23

4.1.2　边界条件

1. 流体部分边界条件

应用 ANSYS Workbench 分析平台时,将隧道壁面和接触网壁面的边界类型设置为“wall”,隧道入口的边界类型设置为“velocity-inlet”,隧道出口的边界类型设置为“outflow”。

流体部分采用动网格方法进行计算，体网格再生方法采用铺层法（layering）、弹性光顺法（smoothing）和局部重构法（remeshing）。在动网格设置中，将接触网壁面设置为系统耦合（system coupling）区域，隧道与接触网相连部分的壁面设置为变形（deforming）区域。

松弛因子和残差收敛标准均保持默认值。

2. 固体部分边界条件

接触网与隧道相连部分的壁面设置为固定约束（fixed support），接触网与大气相连部分的壁面设置为流固耦合面（fluid solid interface）。

3. 流固耦合部分边界条件

将流体和固体中的接触网处壁面通过数据传递（data transfers）联系起来，这样流场可以将力传递给固体，而固体的变形又会影响流场。

在整个流固耦合分析中，由于流场波动引起固体变形，故先进行流场计算，后进行固体计算。

流体部分、固体部分和流固耦合部分数值计算的时间步长（step size）和总时间（end time）需要保持一致。

4.1.3 接触网荷载耦合

1. 接触网静力荷载条件

当接触网悬挂位于线路曲线内侧时，作用于隧道吊柱底部的弯矩最大，以此作为研究对象，确定接触网支持结构主要承受接触线力、承力索力、重力和空气冲击力（图 4-4），其中接触线力包括接触线曲线力 F_{j1}、接触线之字力 F_{j2} 和接触线下锚力 F_{j3}。承力索力包括承力索曲线力 F_{c1}、承力索之字力 F_{c2} 和承力索下锚力 F_{c3}。重力包括腕臂重力 G_1、吊柱重力 G_2 和悬挂重力 G_3。根据《铁路电力牵引供电设计规范》（TB 10009—2016）[149]，确定接触网初始受力条件。其中，重力按照材料属性直接施加在接触网上，接触线力和承力索力按照力边界施加在相应位置。接触网基本受力条件见表 4-3。

表 4-3 接触网基本受力条件

序号	代号	名称	数值
1	F_j	接触线力/N	3 008.77
2	F_c	承力索力/N	2 111.42
3	G	单跨接触网总重力/N	4 478.76

2. 接触网气动荷载耦合

高速列车在隧道内运行时，其环隙空间将有列车风产生，这些列车风的瞬时速度峰值可以到达 30 m/s 以上，如此大的列车风会对隧道内的接触网悬挂件产生冲击力（图 4-5）。作用在接触网悬挂件处的列车风呈现出正负交替现象，则接触网所承受的空气冲击力也是正负交替变化，这种空气冲击力必将对接触网悬挂件造成不利影响。列车长期以较高速度通过隧道时，在列车风的作用下，接触网立柱与隧道衬砌锚固端有可能产生疲劳破坏。

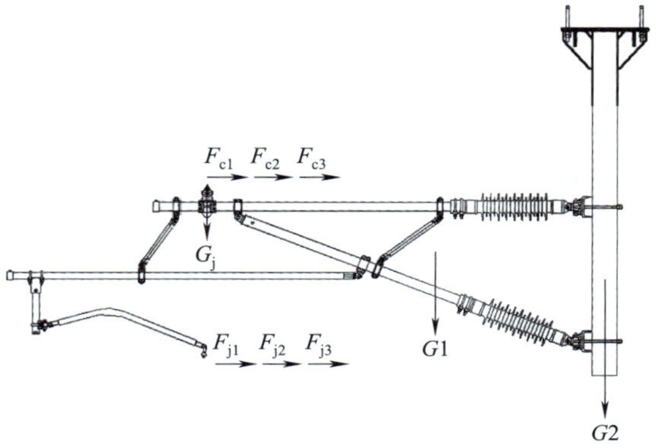

图 4-4　接触网支持结构受力

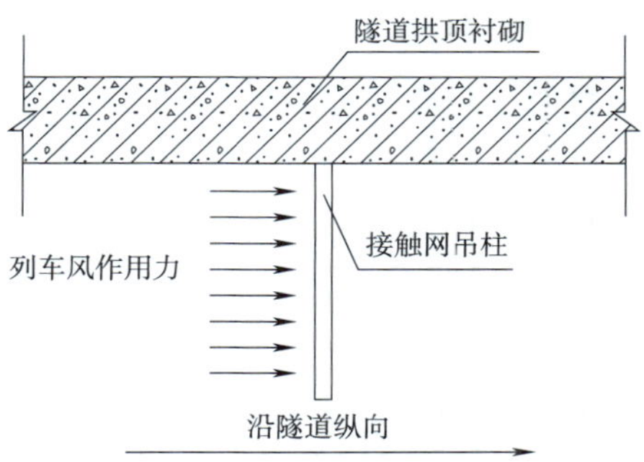

图 4-5　列车风荷载对隧道接触网的作用示意

基于高速铁路单线隧道和双线隧道交叉结构段列车风速度峰值研究，得到这两种情况下最不利的列车风时程变化曲线，然后通过 C 语言编写 Fluent 用户自定义程序，从而将列车风的速度导入 Workbench 进行双向流固耦合计算。

流固耦合计算中，将接触线力、承力索力、重力以恒载方式施加在接触网支持结构上，弓网接触力以动载方式施加在接触网支持结构上，根据第 3 章得出的列车风速度时程曲线，设定隧道内列车风的速度，进而模拟列车风对接触网支持结构的空气冲击作用。以带有竖井的高速铁路单线隧道为例，对竖井与隧道交叉段后方 10 m 处的特征点进行分析，得到接触网支持结构承受的纵向和竖向空气冲击力时程曲线，如图 4-6 所示。

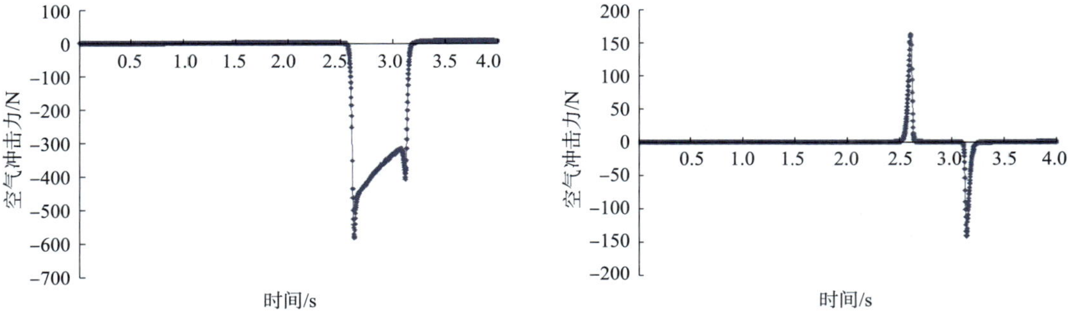

(a)纵向空气冲击力　　(b)竖向空气冲击力

图 4-6　接触网支持结构承受空气冲击力时程曲线

4.2　接触网支持结构动力响应

4.2.1　接触网振动模态与应力集中

1. 振动模态

振动模态是弹性结构固有和整体特性。通过模态分析方法，明确结构物在某一易受影响频率范围内各阶主要模态的特性，就可以预测结构在此频段内各种振源作用下产生的实际振动响应。模态分析是结构动态设计的重要方法，也是结构动力分析的主要内容，通过模态分析可以确定结构的自振频率和振型，进而了解结构的振动特性，模态分析还是谐响应分析、谱分析以及瞬态动力学分析的基础。

接触网通过受电弓将电能输送给电力机车，为电力机车提供运行动力。接触网沿铁路线架设，其定位点起固定和悬挂接触线的作用，电力机车的受电弓以一定的压力高速摩擦接触线。此外，接触网还承受拉力、电弧、大风和雨雪的作用，长期处于振动动态。对接触网进行模态分析，将有助于避免外力频率和接触网的自振频率相同而发生共振，从而保障高速铁路隧道的安全运营。

以下主要考虑接触网支持结构和隧道衬砌之间的力学关系，不考虑接触线、承力索和导线对接触网支持结构的影响，即只对接触网支持结构进行模态分析。接触网前四阶的自振频率和振型如图 4-7 所示。

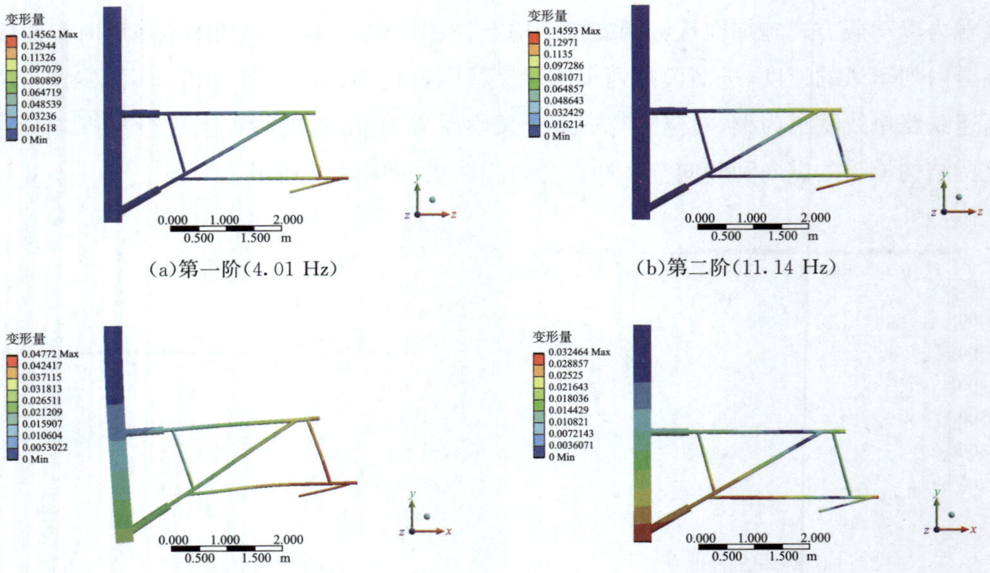

(a)第一阶(4.01 Hz)　(b)第二阶(11.14 Hz)

(c)第三阶(13.83 Hz)　(d)第四阶(15.57 Hz)

图 4-7　接触网支持结构前四阶振型(单位：m)

第一阶振型为接触网支持结构在平腕臂和定位管的带动下沿隧道纵向前后摆动，摆动时两者方向一致，频率为 4.01 Hz；第二阶振型为接触网支持结构在平腕臂和定位管的带动下沿隧道纵向前后摆动，摆动时两者方向相反，频率为 11.14 Hz；第三阶振型为接触网支持结构在吊柱的带动下沿隧道横向左右摆动，频率为 13.83 Hz；第四阶振型为接触网支持结构在吊柱的带动下沿隧道纵向前后摆动，频率为 15.57 Hz。由模态分析的结果可知：接触网支持结构的自由振型以前后振动为主，其频谱比较密集，既有对称振型，又有反对称振型。

接触网支持结构是三维机械系统，当电力机车的受电弓沿接触线运行时，将产生一系列振动。当接触网处于隧道内时，其在列车风的作用下也将产生振动。如果外力的作用频率和接触网支持结构的自振频率相近，则会破坏接触网和受电弓之间的正常受流。

2. 应力集中

接触网在隧道中沿纵向布置，接触网的位置不同，其风致振动响应也不同。假设接触网刚好处于单线隧道交叉结构段列车风最不利位置处，以该接触网支持结构为研究对象，计算得出其在接触线力、承力索力、重力、弓网接触力和空气冲击力共同作用下的应力示意图和变形示意图，如图 4-8 和图 4-9 所示。

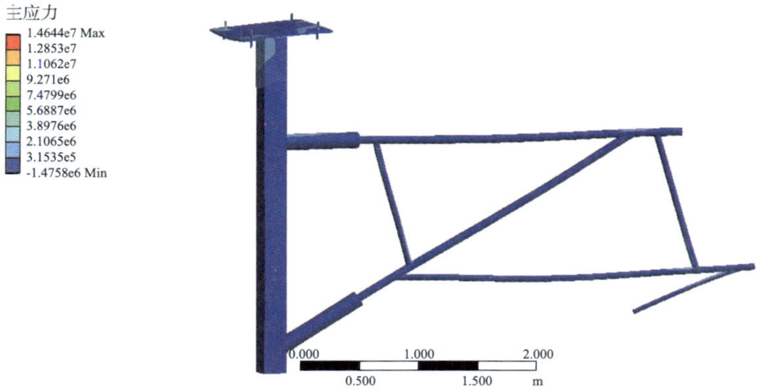

图 4-8　接触网支持结构应力云图(单位：Pa)

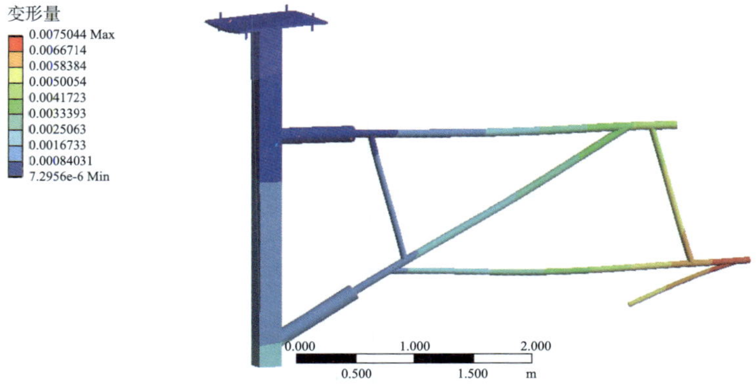

图 4-9　接触网支持结构变形云图(单位：m)

通过图 4-8 和图 4-9 可以看出，接触网吊柱端部和锚栓处均出现了应力集中现象，最大拉应力为 14.64 MPa，为接触网支持结构最薄弱位置，接触网定位管处产生了较大变形，主要沿隧道纵向，最大变形为 7.5 mm。

4.2.2 定位点动位移

高速列车通过隧道时，受电弓相比明线上的气动力会显著增加，这必将导致接触线位移增加。因此，考虑受电弓隧道空气动力学效应，对隧道内接触网定位点位移的合理设计显得十分重要。

将高速铁路单、双线隧道交叉结构段最不利情况的列车风速度时程导入流固耦合数值模型，得到接触网定位点纵向位移的时程曲线，如图 4-10 和图 4-11 所示。

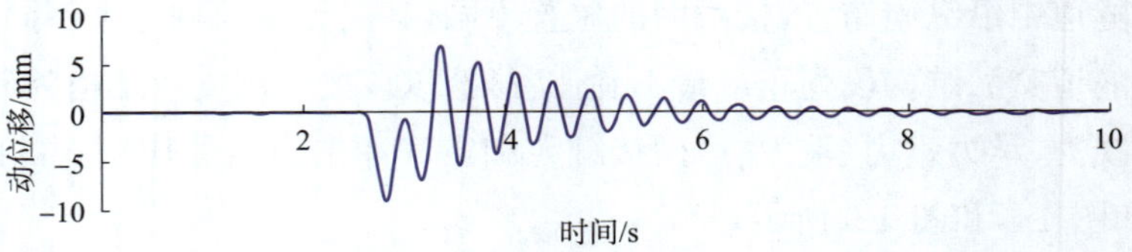

图 4-10　单线隧道接触网定位点纵向位移时程曲线

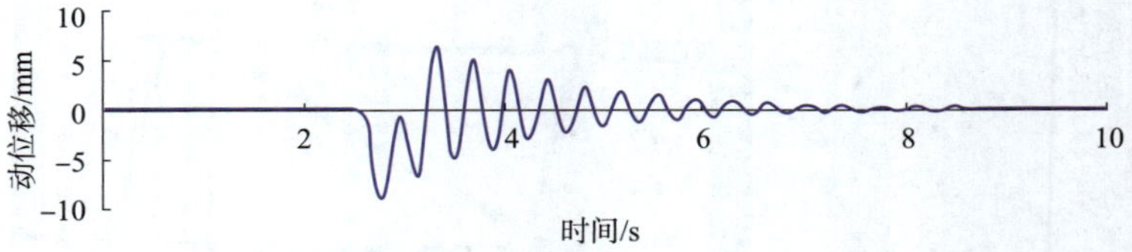

图 4-11　双线隧道接触网定位点纵向位移时程曲线

通过图 4-10 和图 4-11 可以看出，当列车尚未到达接触网时，接触网定位点的动位移基本为零。当列车车头经过接触网时，接触网开始产生负向位移，并迅速达到最大负位移，单线隧道定位点动位移峰值为−9.2 mm，双线隧道定位点动位移峰值为−8.6 mm，之后逐渐衰减，主要振动时间为 4 s 左右。

4.2.3 定位点加速度

将高速铁路单、双线隧道交叉结构段最不利情况的列车风速度时程导入流固耦合数值模型，得到接触网定位点纵向加速度的时程曲线，如图 4-12 和图 4-13 所示。

通过图 4-12 和图 4-13 可以看出，当列车尚未到达接触网时，接触网定位点的加速度基本为零，当列车车头经过接触网时，接触网开始产生负向加速度，并迅速达到最大加速度，单线隧道定位点加速度峰值为−2 015 mm/s^2，双线隧道定位点加速度峰值为−1 915 mm/s^2，之后逐渐衰减，主要振动时间为 4 s 左右。

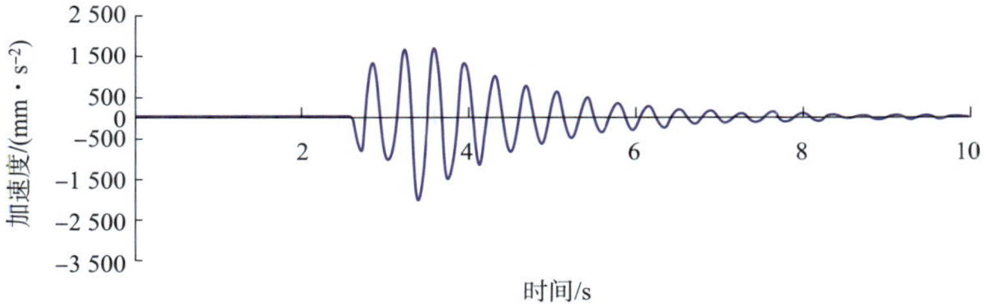

图 4-12　单线隧道接触网定位点纵向加速度时程曲线

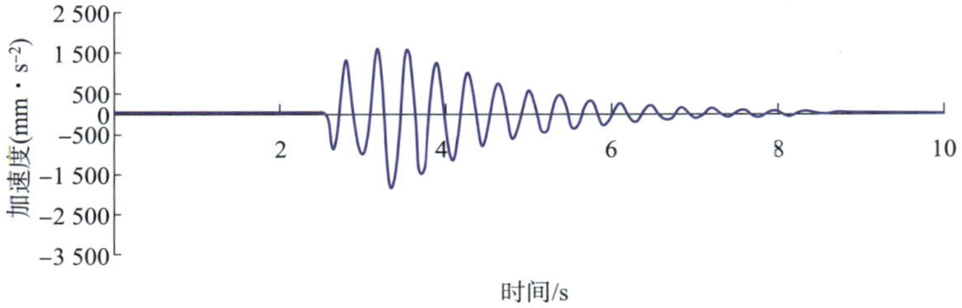

图 4-13　双线隧道接触网定位点纵向加速度时程曲线

当定位器处的实际抬升位移大于设计值时，将造成受电弓与定位器发生碰撞，从而引发弓网事故。高速列车通过隧道时，接触网风致振动主要沿线路方向(纵向)，而定位器的抬升位移及加速度均很小，故隧道列车风作用下接触网处于安全状态。

4.2.4　接触网吊柱锚栓受力分析

以上计算结果表明，列车风对接触网直接造成气动冲击，致使接触网系统出现振动，而接触网通过锚栓与隧道衬砌连接，在接触网系统振动状态下锚栓-衬砌基座混凝土体系的力学性能是影响接触网系统安全性的关键环节。下面以锚栓-衬砌基座混凝土体系为研究对象，基于静力学原理，分析接触网系统在自重和气动冲击两种荷载作用下吊柱锚栓安全性。

1. 吊柱锚栓受拉力

接触网吊柱锚板的尺寸为 460 mm×460 mm×16 mm，锚栓数量为 4 颗，间距为 290 mm，如图 4-14 所示。

锚栓在轴心拉力与弯矩共同作用下，如图 4-15 所示，弹性分析时受力最大锚栓的拉力设计值应按下列规定计算[118]：

当 $N/n - My_1/\sum y_i^2 \geqslant 0$ 时，$N_{Sd}^{h} = N/n + My_1/\sum y_i^2$　　(4-1)

当 $N/n - My_1/\sum y_i^2 < 0$ 时，$N_{Sd}^{h} = (NL + M)y'_1/\sum y'^2_i$　　(4-2)

式中　M——弯矩设计值；

N_{Sd}^{h}——群锚中受力最大锚栓的拉力设计值；

y_1，y_i——锚栓 1 及 i 至群锚形心轴的垂直距离；

y_1'，y_i'——锚栓 1 及 i 至受压一侧最外排锚栓的垂直距离；

L——轴力 N 作用点至受压一侧最外排锚栓的垂直距离。

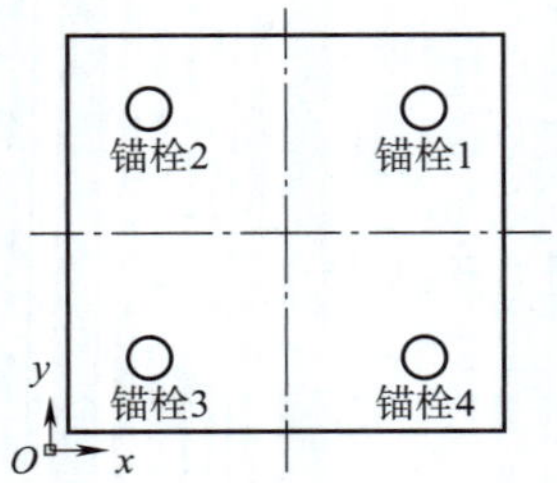

图 4-14　接触网吊柱锚栓分布

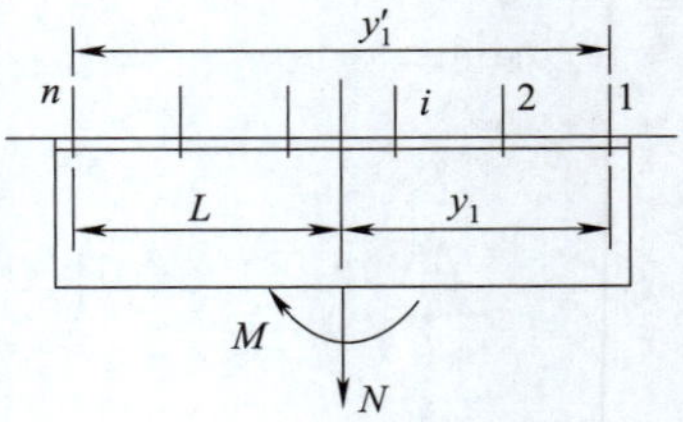

图 4-15　锚栓同时承受拉力和弯矩

根据高速铁路单、双隧道交叉结构段最不利情况的列车风速度时程，得到吊柱端部纵向力时程，同时考虑横向力和竖向力对接触网吊柱的作用效应，结合式(4-1)和式(4-2)，得到接触网吊柱锚栓受拉力的时程曲线，如图 4-16 和图 4-17 所示。

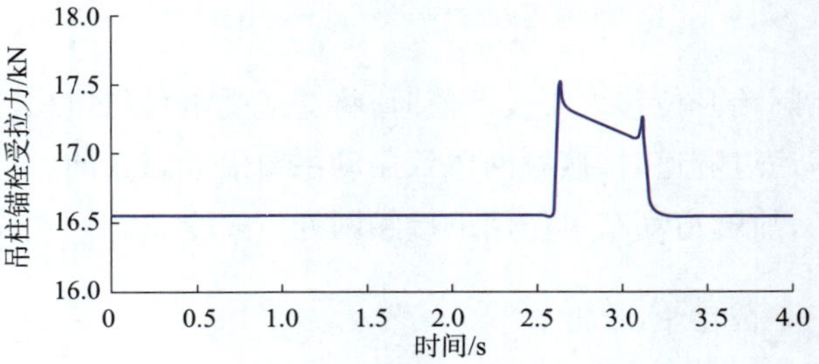

图 4-16　单线隧道接触网吊柱锚栓受拉力时程曲线

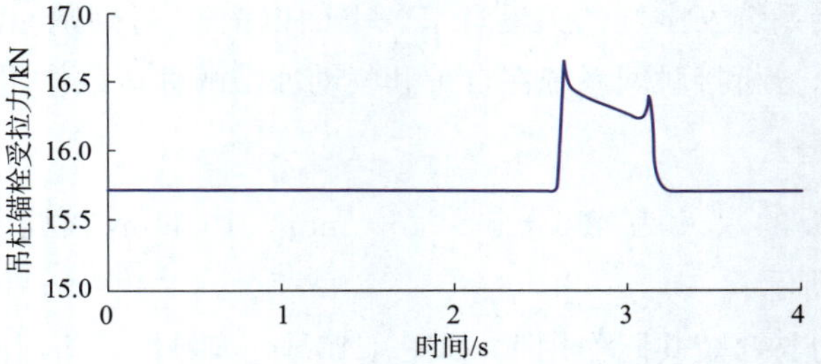

图 4-17　双线隧道接触网吊柱锚栓受拉力时程曲线

通过图 4-16 和图 4-17 可以看出，当列车尚未到达接触网时，接触网吊柱锚栓的受拉力为定值，当列车车头经过接触网时，接触网吊柱锚栓的受拉力迅速增大并达到最大值。单线隧道内接触网吊柱锚栓的受拉力峰值为 17.55 kN，双线隧道内接触网吊柱锚栓的受拉力峰值为 16.68 kN。

2. 吊柱锚栓受剪力

群锚在剪力 V 和扭矩 T 共同作用下(图 4-18)，锚栓的剪力设计值为[118]

$$V_{\mathrm{si}}=\sqrt{(V_{\mathrm{si},x}^{\mathrm{V}}+V_{\mathrm{si},x}^{\mathrm{T}})^2+(V_{\mathrm{si},y}^{\mathrm{V}}+V_{\mathrm{si},y}^{\mathrm{T}})^2} \tag{4-3}$$

$$V_{\mathrm{si},x}^{\mathrm{V}}=V_x/n_x \tag{4-4}$$

$$V_{\mathrm{si},y}^{\mathrm{V}}=V_y/n_y \tag{4-5}$$

$$V_{\mathrm{si},x}^{\mathrm{T}}=Ty_i/(\sum x_i^2+\sum y_i^2) \tag{4-6}$$

$$V_{\mathrm{si},y}^{\mathrm{T}}=Tx_i/(\sum x_i^2+\sum y_i^2) \tag{4-7}$$

$$V_{\mathrm{sd}}^{\mathrm{h}}=V_{\mathrm{si,max}} \tag{4-8}$$

式中　V_{si}——锚栓 i 的剪力设计值；

$V_{\mathrm{si},x}^{\mathrm{V}}$——剪切荷载 V 作用下锚栓 i 所受剪力的 x 方向分量；

$V_{\mathrm{si},y}^{\mathrm{V}}$——剪切荷载 V 作用下锚栓 i 所受剪力的 y 方向分量；

$V_{\mathrm{si},x}^{\mathrm{T}}$——扭矩 T 作用下锚栓 i 所受剪力的 x 方向分量；

$V_{\mathrm{si},y}^{\mathrm{T}}$——扭矩 T 作用下锚栓 i 所受剪力的 y 方向分量；

V_x——剪切荷载设计值 V 的 x 方向分量；

n_x——参与 V_x 受剪的锚栓数目；

V_y——剪切荷载设计值 V 的 y 方向分量；

n_y——参与 V_y 受剪的锚栓数目；

T——扭矩设计值；

x_i——锚栓 i 至以群锚形心为原点的 y 坐标轴的垂直距离；

y_i——锚栓 i 至以群锚形心为原点的 x 坐标轴的垂直距离。

$V_{\mathrm{sd}}^{\mathrm{h}}$——承受剪力最大锚栓的剪力设计值。

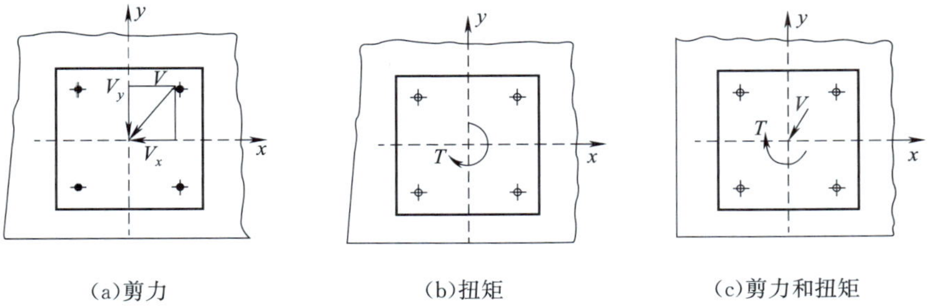

图 4-18　锚栓承受剪力和扭矩示意

根据高速铁路单、双线隧道交叉结构段最不利情况的列车风速度时程，得到吊柱端部纵向力时程，同时考虑横向力和竖向力对接触网吊柱的作用效应，结合式(4-3)～式(4-8)，得到接触网吊柱锚栓受剪力的时程曲线，如图 4-19 和图 4-20 所示。

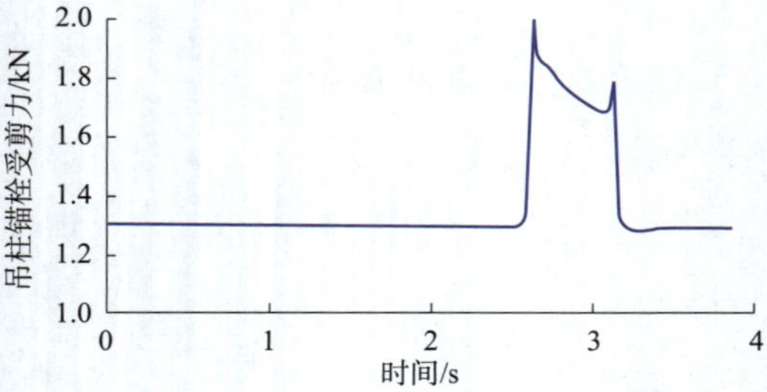

图 4-19 单线隧道接触网吊柱锚栓受剪力时程曲线

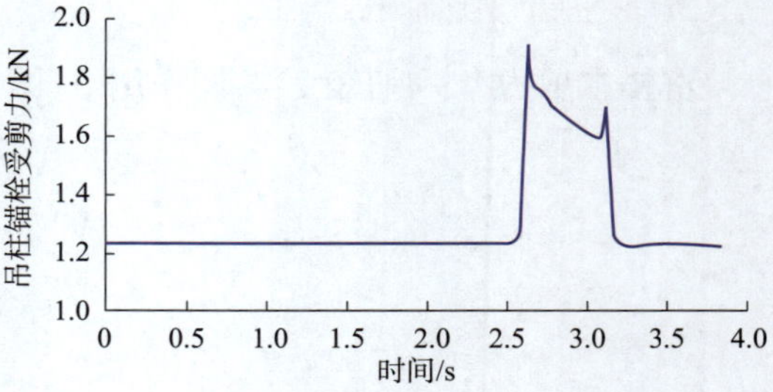

图 4-20 双线隧道接触网吊柱锚栓受剪力时程曲线

通过图 4-19 和图 4-20 可以看出，当列车尚未到达接触网时，接触网吊柱锚栓的受剪力为定值，当列车车头经过接触网时，接触网吊柱锚栓的受剪力迅速增大并达到最大值，单线隧道内接触网吊柱锚栓的受剪力峰值为 2.02 kN，双线隧道内接触网吊柱锚栓的受拉力峰值为 1.92 kN。

4.3 隧道拱顶衬砌动力响应

接触网在隧道中沿纵向布置，接触网的位置不同，其风致振动响应也不同。假设接触网刚好处于单线隧道交叉结构段列车风最不利位置处，以该接触网 M20 锚栓锚固处的 C30 拱顶衬砌为研究对象，计算得出其在接触线力、承力索力、重力、弓网接触力和空气冲击力共同作用下的应力示意图和变形示意图，如图 4-21 和图 4-22 所示。

通过图 4-21 和图 4-22 可以看出，在接触线力、承力索力、重力、弓网接触力和空气冲击力共同作用下，隧道拱顶衬砌锚栓锚固处的最大变形为 0.003 mm，该处同时出现应力集中现象，最大拉应力为 2.00 MPa，而 C30 混凝土的极限抗拉强度为 2.2 MPa。在列车风往复

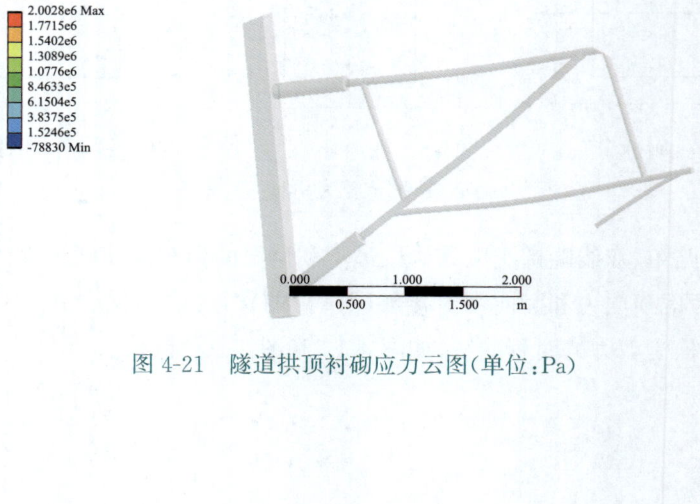

图 4-21 隧道拱顶衬砌应力云图(单位：Pa)

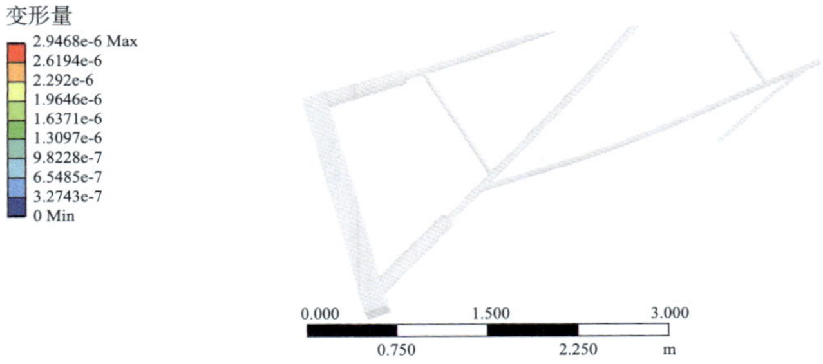

图 4-22 隧道拱顶衬砌变形云图(单位:m)

作用下,接触网锚栓锚固处混凝土基材有可能发生疲劳破坏,而混凝土基材的受力情况与接触网吊柱锚栓的截面面积和锚固深度有关,为确保接触网服役安全,有必要对吊柱锚栓的相关参数进行研究。

4.3.1 特征点动位移

将高速铁路单、双线隧道交叉结构段最不利情况的列车风速度时程导入流固耦合数值模型,得到拱顶衬砌特征点动位移的时程曲线,如图 4-23 和图 4-24 所示。

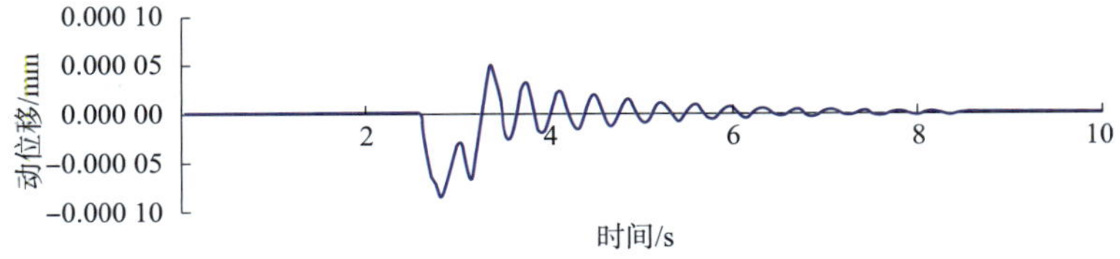

图 4-23 单线隧道拱顶衬砌特征点动位移时程曲线

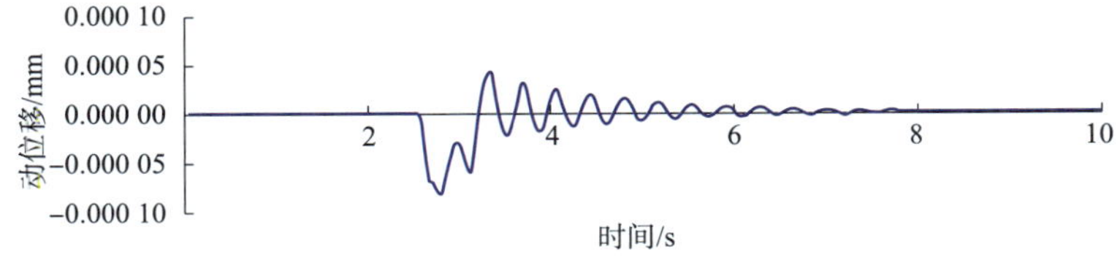

图 4-24 双线隧道拱顶衬砌特征点动位移时程曲线

通过图 4-23 和图 4-24 可以看出,当列车尚未到达接触网时,接触网处拱顶衬砌特征点的动位移基本为 0 mm。当列车车头经过接触网时,拱顶衬砌特征点开始产生负位移,并逐渐达到最大负位移,单线隧道拱顶衬砌特征点动位移峰值为-0.09×10^{-3}(-0.088×10^{-3}) mm,双线隧道拱顶衬砌特征点动位移峰值为-0.08×10^{-3} mm,之后逐渐衰减,主要振动时间为 3 s 左右。接触网处拱顶衬砌特征点的动位移很小。

拱顶衬砌振动的动位移远小于建筑物振动响应允许界限 0.5 mm,高速列车经过时接触网吊柱锚固处的隧道拱顶衬砌处于安全状态。

4.3.2 特征点加速度

将高速铁路单、双线隧道交叉结构段最不利情况的列车风速度时程导入流固耦合数值模型，得到拱顶衬砌特征点纵向加速度的时程曲线，如图 4-25 和图 4-26 所示。

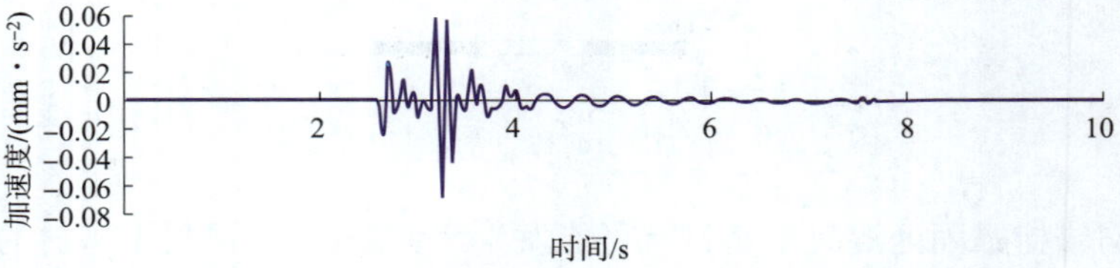

图 4-25 单线隧道拱顶衬砌特征点纵向加速度时程曲线

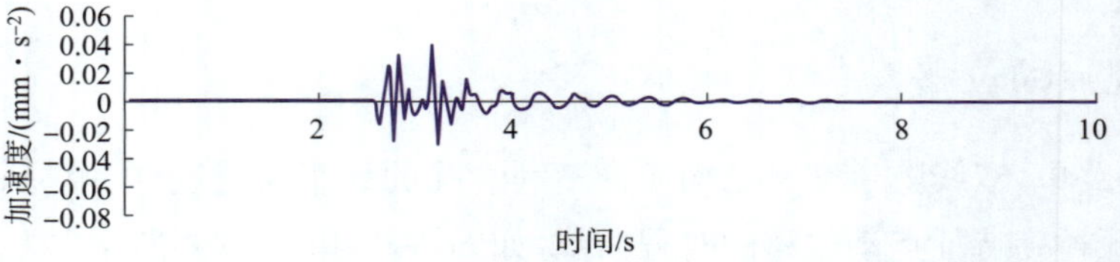

图 4-26 双线隧道拱顶衬砌特征点纵向加速度时程曲线

通过图 4-25 和图 4-26 可以看出，当列车尚未到达接触网时，接触网处拱顶衬砌特征点的加速度基本为 0 mm/s^2，当列车车头经过接触网时，拱顶衬砌特征点开始产生负向加速度，并逐渐达到最大加速度，单线隧道拱顶衬砌特征点处加速度峰值为−0.07 mm/s^2，双线隧道拱顶衬砌特征点处加速度峰值为−0.04 m/s^2，之后逐渐衰减，主要振动时间为 3 s 左右。

拱顶衬砌振动的加速度远小于建筑物振动响应允许界限 1 000 mm/s^2，高速列车经过时接触网吊柱锚固处的隧道拱顶衬砌处于安全状态。

4.3.3 混凝土基材受拉力

作用于拱顶衬砌的外荷载如果大于衬砌混凝土的设计承载能力，衬砌混凝土将发生破坏。隧道拱顶衬砌的破坏形式，主要包括混凝土锥体受拉破坏和混凝土劈裂破坏。

根据高速铁路单、双线隧道交叉结构段最不利情况的列车风速度时程，得到吊柱端部纵向力时程，同时考虑横向力和竖向力对接触网吊柱的作用效应，得到接触网吊柱锚固处混凝土基材受拉力的时程曲线，如图 4-27 和图 4-28 所示。

通过图 4-27 和图 4-28 可以看出，当列车尚未到达接触网时，接触网吊柱锚固处混凝土基材的受拉力为定值。当列车车尾经过接触网时，混凝土基材的受拉力迅速增大并达到最大值，单线隧道内接触网锚固处混凝土基材的受拉力峰值为 5.36 kN，双线隧道内接触网锚固处混凝土基材的受拉力峰值为 4.78 kN。

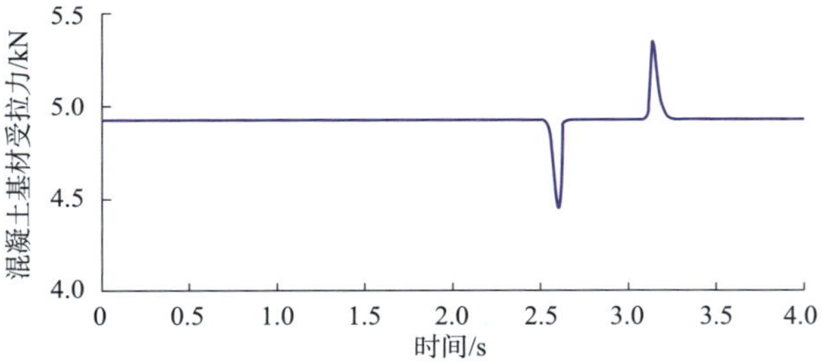

图 4-27　单线隧道接触网锚固处拱顶衬砌受拉力时程曲线

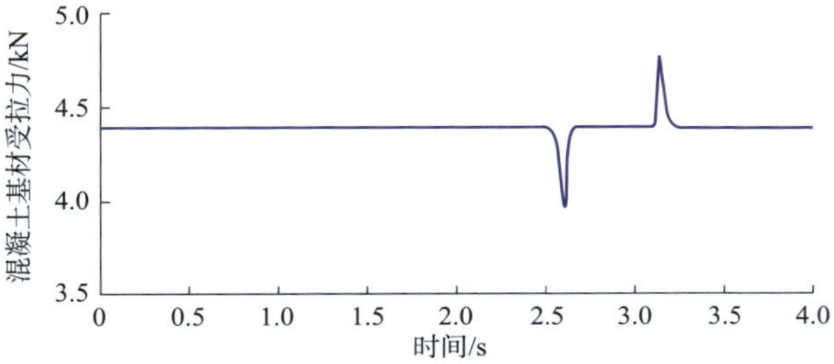

图 4-28　双线隧道接触网锚固处拱顶衬砌受拉力时程曲线

4.3.4　混凝土基材受剪力

根据高速铁路单、双线隧道交叉结构段最不利情况的列车风速度时程，得到吊柱端部纵向力时程，同时考虑横向力和竖向力对接触网吊柱的作用效应，得到接触网吊柱锚固处混凝土基材受剪力的时程曲线，如图 4-29 和图 4-30 所示。

通过图 4-29 和图 4-30 可以看出，当列车尚未到达接触网时，接触网吊柱锚固处混凝土基材的受剪力为定值。当列车车尾经过接触网时，混凝土基材的受剪力迅速增大并达到最大值，单线隧道内接触网锚固处混凝土基材的受剪力峰值为 4.66 kN，双线隧道内接触网锚固处混凝土基材的受剪力峰值为 3.89 kN。

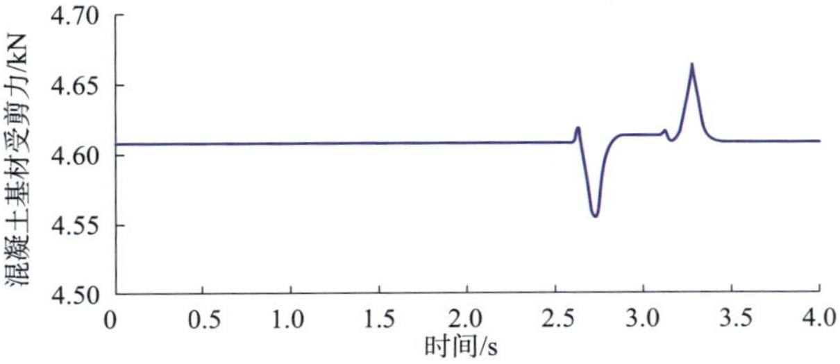

图 4-29　单线隧道接触网锚固处拱顶衬砌受剪力时程曲线

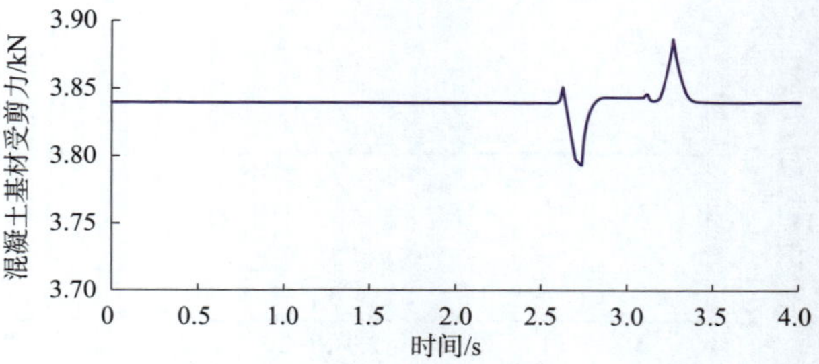

图 4-30　双线隧道接触网锚固处拱顶衬砌受剪力时程曲线

4.4　接触网风致振动下吊柱锚栓安全截面面积

作用于锚栓的外荷载如果大于锚栓的设计承载能力，锚栓将发生破坏。隧道内接触网锚栓设计的主要任务是在已知外荷载的条件下，合理设置锚板、锚固点和锚栓，最终使其确保运营安全。锚栓受拉的破坏形式主要包括锚栓钢材破坏和锚栓拉出破坏。

4.4.1　基于锚栓钢材破坏受拉承载力

锚栓钢材拉断破坏如图 4-31 所示。

锚栓钢材破坏受拉承载力设计值 $N_{\mathrm{Rd,s}}$ 可按式(4-9)计算[118]。

$$N_{\mathrm{Rd,s}}=N_{\mathrm{Rk,s}}/\gamma_{\mathrm{Rs,N}} \tag{4-9}$$

$$N_{\mathrm{Rk,s}}=f_{\mathrm{yk}}A_{\mathrm{s}} \tag{4-10}$$

式中　$N_{\mathrm{Rd,s}}$——锚栓钢材破坏受拉承载力设计值，N；

$N_{\mathrm{Rk,s}}$——锚栓钢材破坏受拉承载力标准值，N；

$\gamma_{\mathrm{Rs,N}}$——锚栓钢材破坏受拉承载力分项系数，取 1.3；

f_{yk}——锚栓屈服强度标准值，MPa；

A_{s}——锚栓应力截面面积，mm^2。

不锈钢锚栓的性能等级应按所用钢材的抗拉强度标准值 f_{stk} 及屈服强度标准值 f_{yk} 确定，相应的性能指标见表 4-4。

锚栓屈服强度标准值 f_{yk} 取为 210 MPa，根据式(4-10)，可以得到 M8～M30 锚栓受拉钢材破坏时的承载力设计值(表 4-5)。

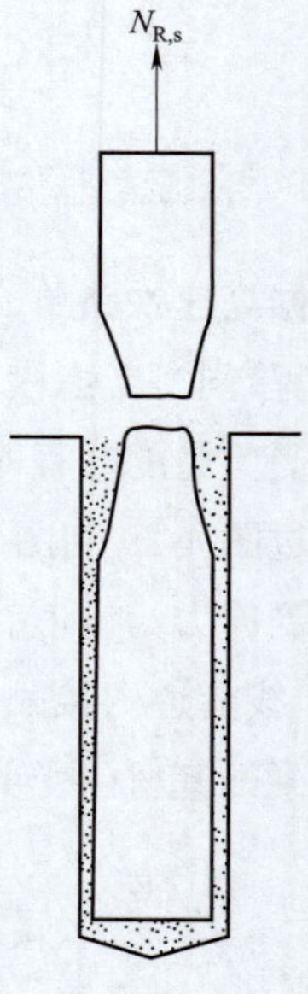

图 4-31　锚栓钢材拉断破坏

注：$N_{\mathrm{R,s}}$为锚栓拉断破坏时的拉力。

表 4-4　不锈钢锚栓的性能指标

性能等级	螺纹直径/mm	极限抗拉强度标准值 f_{stk}/MPa	屈服强度标准值 f_{yk}或 $f_{s,0.2k}$/MPa	伸长值 δ
50	≤39	500	210	0.6d
70	≤20	700	450	0.4d
80	≤20	800	600	0.3d

表 4-5　M8～M30 锚栓受拉钢材破坏时的承载力设计值

锚栓型号	螺杆直径/mm	受拉承载力 $N_{Rd,s}$/kN
M8	8	8.12
M10	10	12.68
M12	12	18.27
M16	16	32.48
M20	20	50.75
M24	24	73.08
M27	27	92.49
M30	30	114.18

在接触线力、承力索力、重力和空气冲击力共同作用下，群锚中锚栓承受的最大拉力 $N_{Sd}^{h}=17.545$ kN，为确保锚栓钢材不发生受拉破坏，至少应选取 M12 锚栓，即接触网风致振动下吊柱锚栓的安全截面面积不小于 113 mm^2。

4.4.2　基于锚栓钢材破坏受剪承载力

锚栓钢材剪断破坏如图 4-32 所示。

锚栓钢材破坏受剪承载力设计值 $V_{Rd,s}$ 可按式(4-11)计算[118]。

$$V_{Rd,s}=V_{Rk,s}/\gamma_{Rs,v} \tag{4-11}$$

式中　$V_{Rd,s}$——锚栓钢材破坏受剪承载力设计值，N；

$V_{Rk,s}$——锚栓钢材破坏受剪承载力标准值，N；对于群锚，锚栓钢材断后伸长率不大于 8%时，$V_{Rk,s}$ 应乘以降低系数，取 0.8；

$\gamma_{Rs,v}$——锚栓钢材破坏受剪承载力分项系数，取 1.3。

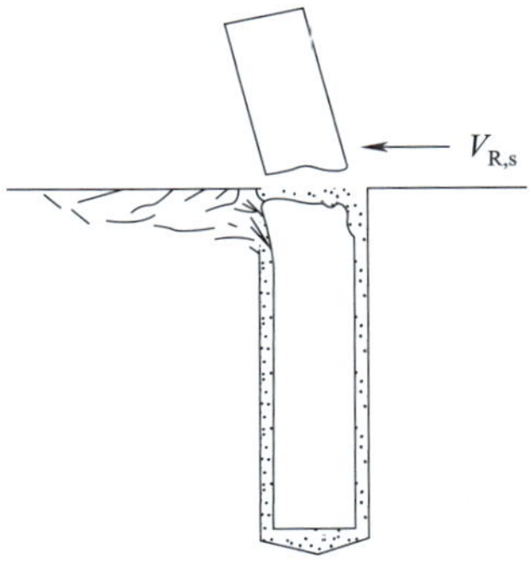

图 4-32　锚栓钢材剪断破坏

注：$V_{R,s}$为锚栓剪断破坏时的剪力。

无杠杆臂的纯剪 $V_{Rk,s}$，可按式(4-12)计算。

$$V_{Rk,s}=0.5f_{yk}A_s \tag{4-12}$$

式中　f_{yk}——锚栓屈服强度标准值，MPa；

A_s——锚栓应力截面面积，mm^2。

锚栓屈服强度标准值 f_{yk} 取 210 MPa，根据式(4-17)，可以得到 M8～M30 锚栓受剪钢材破坏时的承载力设计值(表 4-6)。

表 4-6　M8～M30 锚栓受剪钢材破坏时的承载力设计值

锚栓尺寸	螺杆直径/mm	受剪承载力 $V_{Rd,s}$/kN
M8	8	4.06
M10	10	6.34
M12	12	9.14
M16	16	16.24
M20	20	25.38
M24	24	36.54
M27	27	46.25
M30	30	57.09

在接触线力、承力索力、重力和空气冲击力共同作用下，群锚中锚栓承受的最大剪力 V_{sd}^{h}＝2.011 kN，为确保锚栓钢材不发生受剪破坏，至少应选取 M8 锚栓，即接触网风致振动下吊柱锚栓的安全截面面积不小于 50 mm^2。

4.4.3　接触网吊柱锚栓安全截面面积

高速铁路隧道内接触网风致振动时，群锚中锚栓承受的最大拉力为 17.545 kN，承受的最大剪力为 2.011 kN。分析可知，对于锚栓而言，钢材破坏受拉承载力大于钢材破坏受剪承载力，为确保接触网支持结构的锚固安全，吊柱锚栓的最小直径应为 12 mm，即接触网风致振动下吊柱锚栓的安全截面面积不小于 113 mm^2。

4.5　接触网风致振动下吊柱锚栓安全锚固深度

当下式成立时，锚固区基材可判定为非开裂混凝土，否则宜判定为开裂混凝土，并按《混凝土结构设计规范(2015 年版)》(GB 50010—2010)[150]计算其裂缝宽度。

$$\sigma_L + \sigma_R \leqslant 0 \tag{4-13}$$

式中　σ_L——外荷载(包括锚栓荷载)及预应力在基材结构锚固区混凝土中所产生的应力标准值，拉为正，压为负；

σ_R——由于混凝土收缩、温度变化及支座位移等在锚固区混凝土中所产生的拉应力标准值，若不进行精确计算，取近似值 3 MPa。

由于接触网的锚固效应，吊柱锚栓对隧道拱顶混凝土作用力以拉应力为主，式(4-13)并不成立，隧道拱顶衬砌混凝土基材判定为开裂混凝土。

分析可知，高速铁路隧道接触网吊柱锚栓的最小直径应为 12 mm，故以下主要分析直径 12 mm 及以上锚栓的安全锚固深度。

4.5.1　基于混凝土锥体破坏受拉承载力

锚栓受拉时混凝土基材形成以锚栓为中心的倒锥体破坏形式，即为混凝土受拉锥体破坏，如图 4-33 所示。

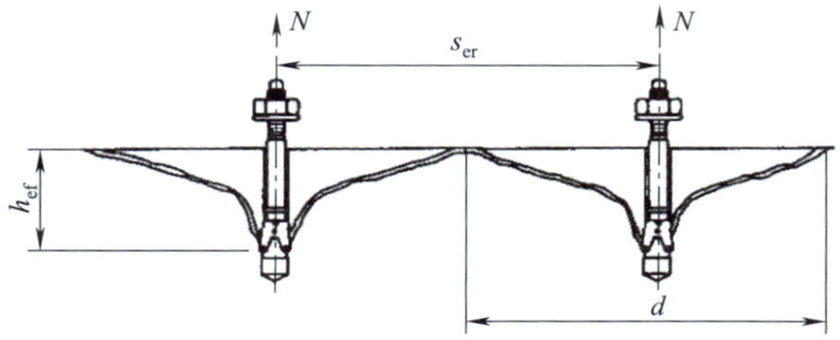

图 4-33　混凝土受拉锥体破坏

群锚混凝土受拉锥体破坏时的受拉承载力设计值为[118]

$$N_{Rd,c}=N_{Rk,c}/\gamma_{Rc,N} \tag{4-14}$$

$$N_{Rk,c}=N_{Rk,c}^{0}\cdot\frac{A_{c,N}}{A_{c,N}^{0}}\cdot\psi_{s,N}\cdot\psi_{re,N}\cdot\psi_{ec,N} \tag{4-15}$$

对于开裂混凝土　$N_{Rk,c}^{0}=7.0\sqrt{f_{cu,k}}h_{ef}^{1.5}$

式中　$N_{Rd,c}$——混凝土锥体破坏受拉承载力设计值，N；

$N_{Rk,c}$——混凝土锥体破坏受拉承载力标准值，N；

$N_{Rk,c}^{0}$——单根锚栓受拉时，混凝土理想锥体破坏受拉承载力标准值，N；

$\gamma_{Rc,N}$——混凝土锥体破坏受拉承载力分项系数，取 3.0；

$f_{cu,k}$——混凝土立方体抗压强度标准值，MPa；

h_{ef}——锚栓有效锚固深度，mm；

$A_{c,N}^{0}$——单根锚栓受拉且无间距、边距影响时，混凝土理想锥体破坏投影面面积，mm^2；

$A_{c,N}$——群锚受拉时，混凝土实际锥体破坏投影面面积，mm^2；

$\psi_{s,N}$——边距 c 对受拉承载力的影响系数；

$\psi_{re,N}$——表层混凝土因密集配筋的剥离作用对受拉承载力的影响系数；

$\psi_{ec,N}$——荷载偏心 e_N 对受拉承载力的影响系数。

单根锚栓受拉，混凝土理想破坏锥体投影面面积 $A_{c,N}^{0}$ 如图 4-34 所示，可按式(4-16)计算。

$$A_{c,N}^{0}=s_{cr,N}^{2} \tag{4-16}$$

式中　$s_{cr,N}$——混凝土锥体破坏且无间距效应和边缘效应情况下，每根锚栓达到受拉承载力标准值的临界间距，取 $3h_{ef}$，mm。

四个群锚受拉时，$c_1 \leqslant c_{cr,N}$，$c_2 \leqslant c_{cr,N}$，$s_1 \leqslant s_{cr,N}$，$s_2 \leqslant s_{cr,N}$时（图 4-35），混凝土实际锥体破坏投影面面积 $A_{c,N}$，应按式(4-17)计算：

$$A_{c,N}=(c_1+s_1+0.5s_{cr,N})(c_2+s_2+0.5s_{cr,N}) \tag{4-17}$$

式中　c_1——方向 1 的边距，取 $c_{cr,N}$；

c_2——方向 2 的边距，取 $c_{cr,N}$；

s_1——方向 1 的间距，取 290 mm；

s_2——方向 2 的间距，取 290 mm；

$c_{cr,N}$——混凝土锥体破坏且无间距效应及边缘效应情况下，每根锚栓达到受拉承载力标准值的临界边距，取 $1.5h_{ef}$，mm。

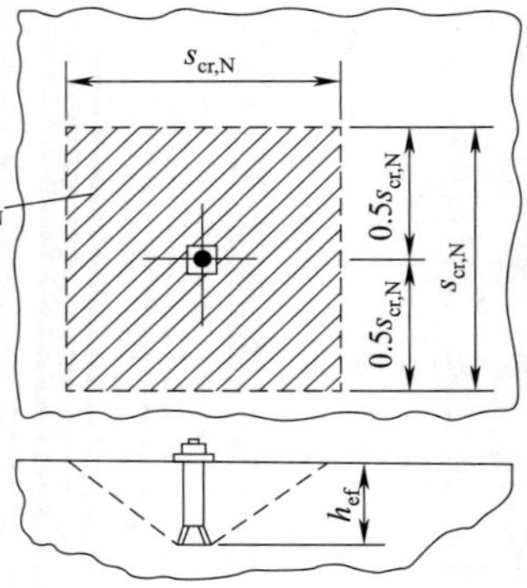

图 4-34　理想锥体破坏投影面面积示意

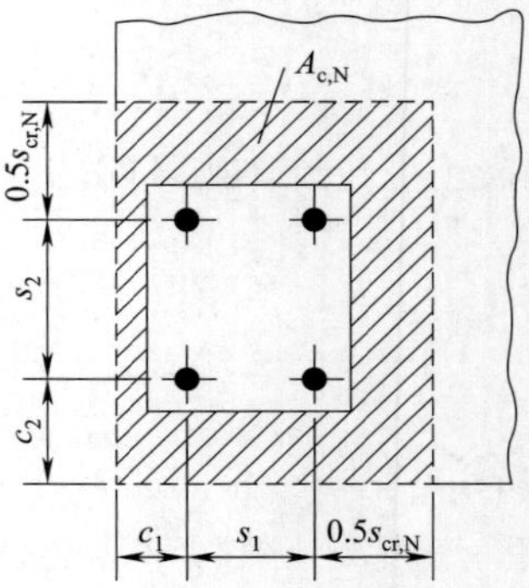

图 4-35　四个锚栓受拉时混凝土实际锥体破坏投影面面积示意

边距 c 对受拉承载力的影响系数 $\psi_{s,N}$ 可按式(4-18)计算，当 $\psi_{s,N}$ 的计算值大于 1.0 时，应取 1.0。

$$\psi_{s,N}=0.7+0.3\frac{c}{c_{cr,N}} \tag{4-18}$$

式中　c——边距，mm，有多个边距时应取最小值。

表层混凝土因密集配筋的剥离作用对受拉承载力的影响系数 $\psi_{re,N}$ 应按式(4-19)计算。当 $\psi_{re,N}$ 的计算值大于 1.0 时，应取 1.0；当锚固区钢筋间距 s 不小于 150 mm 时，或钢筋直径 d 不大于 10 mm 且 s 不小于 100 mm 时，$\psi_{re,N}$ 应取 1.0。

$$\psi_{re,N}=0.5+\frac{h_{ef}}{200} \tag{4-19}$$

荷载偏心对受拉承载力的影响系数 $\psi_{ec,N}$ 应按式(4-20)计算。当 $\psi_{re,N}$ 的计算值大于 1.0 时，应取 1.0；当为双向偏心，应分别按两个方向计算，$\psi_{re,N}$ 应取 $\psi_{(ec,N)1} \cdot \psi_{(ec,N)2}$。

$$\psi_{ec,N}=\frac{1}{1+2e_N/s_{cr,N}} \tag{4-20}$$

式中　e_N——外拉力 N 相对于群锚重心的偏心距。

根据式(4-14),同时结合各种锚栓的典型埋置深度,可以得到 C30 混凝土锥体破坏受拉承载力设计值见表 4-7。

表 4-7　C30 混凝土锥体破坏受拉承载力设计值

锚栓尺寸	螺杆直径/mm	典型埋置深度/mm	受拉承载力 $N_{Rd,c}$/kN
M12	12	110	26.02
M16	16	125	28.08
M20	20	170	34.85
M24	24	210	41.47
M27	27	240	46.75
M30	30	270	52.28

在重力和竖向空气冲击力作用下,隧道拱顶衬砌承受最大拉力 $N_{sd}^{g}=5.360$ kN,而 C30 混凝土基材采用 M12 锚栓锚固时,其锥体破坏受拉承载力为 26.02 kN,隧道拱顶衬砌承受最大拉力远小于 C30 混凝土锥体破坏受拉承载力,高速铁路隧道接触网吊柱锚栓锚固处混凝土基材不会发生受拉锥体破坏。

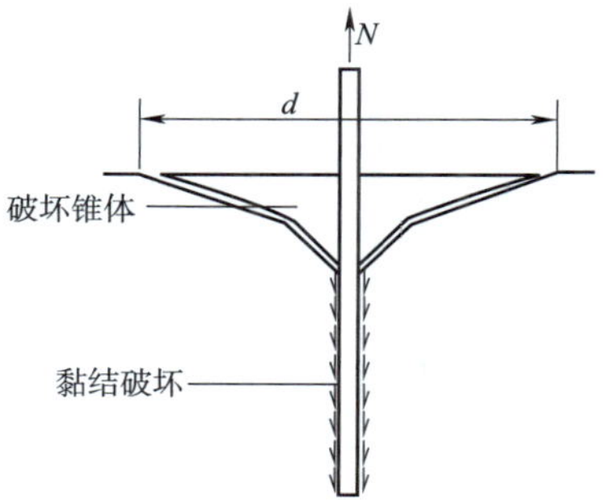

图 4-36　混凝土受拉混合破坏

4.5.2　基于混凝土混合破坏受拉承载力

普通化学锚栓受拉时,形成以基材表面混凝土锥体及深部黏结拔出的组合破坏形式,即混凝土受拉混合破坏,如图 4-36 所示。

普通化学锚栓发生混合破坏时,其受拉承载力设计值 $N_{Rd,p}$ 为

$$N_{Rd,p}=N_{Rk,p}/\gamma_{Rp} \tag{4-21}$$

$$N_{Rk,p}=N_{Rk,p}^{0}\frac{A_{p,N}}{A_{p,N}^{0}}\psi_{s,Np}\psi_{g,Np}\psi_{ec,Np}\psi_{re,Np} \tag{4-22}$$

$$N_{Rk,p}^{0}=\pi\cdot d\cdot h_{ef}\cdot\tau_{Rk} \tag{4-23}$$

式中　$N_{Rd,p}$——混合破坏受拉承载力设计值,N;

$N_{Rk,p}$——混合破坏受拉承载力标准值,N;

γ_{Rp}——混合破坏受拉承载力分项系数,取 3.0;

$N_{Rk,p}^{0}$——无间距、边距影响时,单个锚栓的受拉承载力标准值,N;

$A_{p,N}^{0}$——无间距、边距影响时,单根锚栓受拉混凝土理想锥体破坏投影面面积,mm^2;

$A_{p,N}$——群锚受拉混凝土实际锥体破坏投影面面积，mm^2；

$\psi_{s,Np}$——边距 c 对受拉承载力的影响系数；

$\psi_{g,Np}$——群锚表面破坏对受拉承载力的影响系数；

$\psi_{ec,Np}$——荷载偏心 e_N 对受拉承载力的影响系数；

$\psi_{re,Np}$——表层混凝土因密集配筋的剥离作用对受拉承载力的影响系数；

d——锚栓直径，mm；

h_{ef}——锚栓有效锚固深度，mm；

τ_{Rk}——普通化学锚栓黏结强度标准值。

普通化学锚栓黏结强度标准值 τ_{Rk}，对于开裂混凝土，应取为 $\tau_{Rk,cr}$；对于不开裂混凝土，应取为 $\tau_{Rk,ucr}$。τ_{Rk}应根据锚栓产品的认证报告确定；无认证报告时，在符合相应产品标准及相关规定情况下，可按表 4-8 取用。

表 4-8　黏结强度标准值 τ_{Rk}　　N/mm^2

安装及使用环境条件	室外环境	室内环境
$\tau_{Rk,cr}$	1.3	2.0
$\tau_{Rk,ucr}$	4.0	6.0

当化学锚栓上作用有长期拉力荷载时，表 4-8 内数值应乘以 0.4 的折减系数；考虑地震荷载作用时，$\tau_{Rk,cr}$ 应乘以 0.8 的折减系数；同时考虑长期拉力荷载与地震作用时，$\tau_{Rk,cr}$ 应乘以 0.32 的折减系数。隧道拱顶衬砌属于开裂混凝土，视为室内环境，其长期承受拉力，且考虑地震作用时，τ_{Rk} 取为 0.64 N/mm^2。

单根锚栓受拉混凝土理想破坏锥体投影面面积 $A^0_{p,N}$ 如图 4-37 所示，可按式(4-24)计算：

$$A^0_{p,N}=s^2_{cr,Np} \tag{4-24}$$

$$s_{cr,Np}=20d\left(\frac{\tau_{Rk,ucr}}{7.5}\right)^{0.5} \tag{4-25}$$

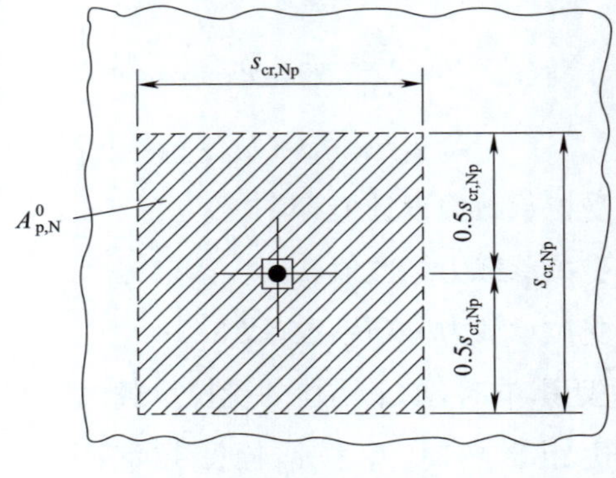

图 4-37　单个锚栓的影响面积 $A^0_{p,N}$ 示意

式中　$s_{cr,Np}$——无间距效应和边缘效应，混凝土理想锥体破坏，每根锚栓达到受拉承载力标准值的临界间距，mm，$s_{cr,Np}$不应大于 $3h_{ef}$；

$\tau_{Rk,ucr}$——不开裂 C25 混凝土下普通化学锚栓黏结强度标准值，取 2.4 N/mm^2。

四个群锚受拉时，$c_1 \leqslant c_{cr,Np}$，$c_2 \leqslant c_{cr,Np}$，$s_1 \leqslant s_{cr,Np}$，$s_2 \leqslant s_{cr,Np}$时（图 4-38），混凝土实际锥体破坏投影面面积 $A_{p,N}$，可按式（4-26）计算。

$$A_{p,N}=(c_1+s_1+0.5s_{cr,Np})(c_2+s_2+0.5s_{cr,Np}) \tag{4-26}$$

式中　c_1——方向 1 的边距，取 $c_{cr,N}$；

c_2——方向 2 的边距，取 $c_{cr,N}$；

s_1——方向 1 的间距，取 290 mm；

s_2——方向 2 的间距，取 290 mm；

$c_{cr,Np}$——无间距效应及边缘效应，每根锚栓达到受拉承载力标准值的临界边距，mm，取 $0.5s_{cr,Np}$。

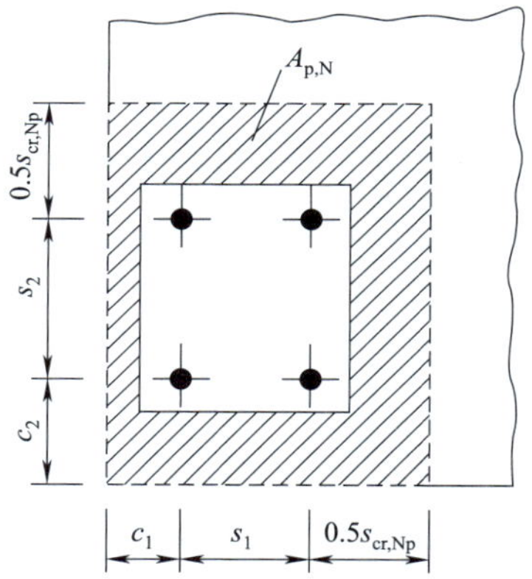

图 4-38　四个锚栓受拉位于构件角部的计算面积示意

边距 c 对受拉承载力的影响系数 $\psi_{s,Np}$可按式（4-27）计算，当 $\psi_{s,Np}$的计算值大于 1.0 时，取 1.0。

$$\psi_{s,Np}=0.7+0.3\frac{c}{c_{cr,Np}} \tag{4-27}$$

式中　c——边距，mm，有多个边距时应取最小值。

群锚破坏表面影响系数 $\psi_{g,Np}$可按式（4-28）计算，当 $\psi_{g,Np}$、$\psi_{g,Np}^{G}$的计算值小于 1.0 时，取 1.0。

$$\psi_{g,Np}=\psi_{g,Np}^{G}-\left(\frac{s}{s_{cr,Np}}\right)^{0.5}\cdot(\psi_{g,Np}^{G}-1) \tag{4-28}$$

$$\psi_{g,Np}^{G}=\sqrt{n}-(\sqrt{n}-1)\cdot\left(\frac{d\cdot\tau_{Rk}}{k\cdot\sqrt{h_{ef}\cdot f_{cu}}}\right)^{1.5} \tag{4-29}$$

式中　s——锚栓间距，mm，当 s_1 和 s_2 不同时，应用其平均值代替；

n——群锚锚栓数量；

τ_{Rk}——普通化学锚栓黏结强度标准值，取 0.64 N/mm^2；

k——系数，取 2.3。

荷载偏心对受拉承载力的影响系数 $\psi_{ec,Np}$ 可按式(4-30)计算。当 $\psi_{re,Np}$ 的计算值大于 1.0 时，应取 1.0；当为双向偏心，应分别按两个方向计算，$\psi_{re,Np}$ 应取 $\psi_{(ec,Np)1}\cdot\psi_{(ec,Np)2}$。

$$\psi_{ec,Np}=\frac{1}{1+2e_N/s_{cr,Np}} \tag{4-30}$$

式中 e_N——受拉锚栓合力点相对于群锚受拉锚栓重心的偏心距，mm。

表层混凝土因密集配筋的剥离作用对受拉承载力的影响系数 $\psi_{re,Np}$ 应按式(4-31)计算。当 $\psi_{re,Np}$ 的计算值大于 1.0 时，应取 1.0；当锚固区钢筋间距 s 不小于 150 mm 时，或钢筋直径 d 不大于 10 mm 且 s 不小于 100 mm 时，$\psi_{re,Np}$ 应取 1.0。

$$\psi_{re,Np}=0.5+\frac{h_{ef}}{200} \tag{4-31}$$

根据公式(4-21)，同时结合各种锚栓的典型埋置深度，可以得到 C30 混凝土混合破坏受拉承载力设计值，见表 4-9。

表 4-9 C30 混凝土混合破坏受拉承载力设计值

锚栓尺寸	典型埋置深度/mm	受拉承载力 $N_{Rd,p}$/kN
M12	110	3.480
M16	125	3.630
M20	170	4.745
M24	210	5.778
M27	240	6.766
M30	270	8.016

在重力和竖向空气冲击力作用下，隧道拱顶衬砌承受最大拉力 $N_{Sd}^{g}=5.360$ kN，而 C30 混凝土基材采用 M24 锚栓锚固时，其混合破坏受拉承载力为 5.778 kN，为确保接触网锚固处隧道拱顶衬砌不发生受拉混合破坏，至少应选取 M24 锚栓，即高速铁路隧道吊柱锚栓的安全锚固深度不小于 210 mm。

4.5.3 基于混凝土剪撬破坏受剪承载力

混凝土剪撬破坏如图 4-39 所示。

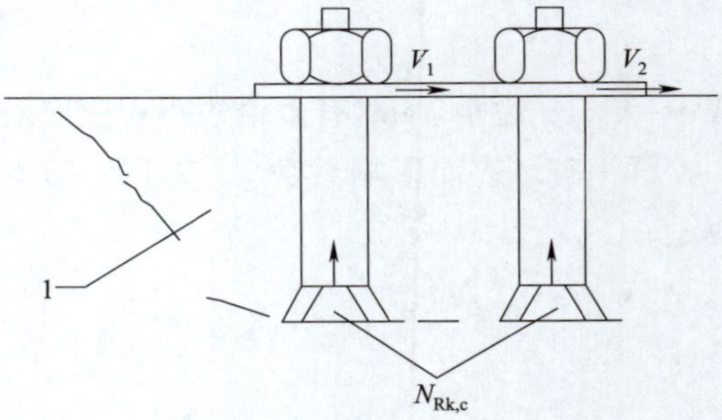

图 4-39 混凝土剪撬破坏

混凝土剪撬破坏受剪承载力设计值 $V_{Rd,cp}$ 可按式(4-32)计算[118]：

$$V_{Rd,cp}=V_{Rk,cp}/\gamma_{Rcp} \tag{4-32}$$

$$V_{Rk,cp}=kN_{Rk,c} \tag{4-33}$$

式中 $V_{Rd,cp}$——混凝土剪撬破坏受剪承载力设计值，N；

$V_{Rk,cp}$——混凝土剪撬破坏受剪承载力标准值，N；

γ_{Rcp}——混凝土剪撬破坏受剪承载力分项系数，取 2.5；

k——锚固深度对的影响系数，当小于 60 mm 时，取 1.0，当不小于 60 mm 时，取 2.0；

$N_{Rk,c}$——混凝土锥体破坏受拉承载力标准值，N。

根据公式(4-28)，同时结合各种锚栓的典型埋置深度，可以得到 C30 混凝土剪撬破坏受剪承载力设计值，见表 4-10。

表 4-10　C30 混凝土剪撬破坏受剪承载力设计值

锚栓尺寸	典型埋置深度/mm	受剪承载力 $N_{Rd,c}$/kN
M12	110	62.45
M16	125	67.40
M20	170	83.64
M24	210	99.53
M27	240	112.21
M30	270	125.48

在重力和竖向空气冲击力作用下，隧道拱顶衬砌最大承受剪力 $V_{sd}^{g}=5.163$ kN，而 C30 混凝土基材采用 M12 锚栓锚固时，其剪撬破坏受拉承载力为 62.45 kN，隧道拱顶衬砌承受最大剪力远小于 C30 混凝土剪撬破坏受剪承载力，高速铁路隧道接触网吊柱锚栓锚固处混凝土基材不会发生剪撬破坏。

4.5.4　接触网吊柱锚栓的安全锚固深度

高速铁路隧道内接触网风致振动时，隧道内接触网锚固处混凝土基材承受的最大拉力为 5.36 kN，承受的最大剪力为 5.18 kN。经过前面分析可知，对于接触网锚固处混凝土衬砌而言，混合破坏受拉承载力＜锥体破坏受拉承载力＜剪撬破坏受剪承载力，为确保接触网支持结构的锚固安全，吊柱锚栓的最小直径应为 24 mm，其安全锚固深度为 210 mm，混凝土基材的最小厚度为 270 mm。

结合上述分析，可得出如下结论：

(1)隧道接触网支持结构主要承受接触线力、承力索力、重力、弓网接触力和空气冲击力，计算结果表明，重力＞接触线力＞承力索力＞空气冲击力＞弓网接触力，纵向和竖向空气冲击力约为弓网接触力的 6.6 倍和 1.8 倍，空气冲击力将加剧弓网振动，进而降低接触网系统的可靠性及耐久性。

(2)高速列车经过隧道交叉结构段最不利位置时，单线隧道接触网支持结构的动位移和加速度峰值分别为−9.2 mm和−2 015 mm/s^2，双线隧道接触网支持结构的动位移和加速度峰值分别为−8.6 mm和−1 915 mm/s^2，最大振幅与列车运行方向相反，振动持续时间为列车经过时间的4倍左右，横向和竖向振动相对较小。

(3)在接触线力、承力索力、重力、弓网接触力和空气冲击力作用下，高速铁路隧道接触网吊柱锚栓承受的最大受拉力远大于最大受剪力，在多种荷载作用下锚栓可能最先出现受拉破坏。为防止锚栓发生受拉钢材破坏，锚栓的安全截面面积应大于113 mm^2，即锚栓的型号应高于M12。

(4)高速列车经过隧道交叉结构段最不利位置时，单线隧道接触网锚固处衬砌的动位移和加速度峰值分别为-0.12×10^{-3} mm和−0.07 mm/s^2，双线隧道接触网锚固处衬砌的位移和加速度峰值分别为-0.08×10^{-3} mm和−0.04 mm/s^2。

(5)在接触线力、承力索力、重力、弓网接触力和空气冲击力作用下，高速铁路隧道接触网锚固处衬砌的最大受拉力和最大受剪力基本相当，但混凝土基材的受剪承载力大于受拉承载力，在多种荷载作用下锚固处衬砌可能最先出现受拉混合破坏。为防止混凝土基材发生受拉混合破坏，锚栓的型号应高于M24，其安全锚固深度应大于210 mm，隧道拱顶衬砌厚度应大于270 mm。

第5章 高速铁路隧道内瞬变压力波变化规律

列车在隧道内行驶时，由于空气的黏性作用使周围的空气被列车表面带动并随之一起运动，这种在距列车表面一定距离内随列车流动的空气称为列车风。高速列车在隧道内运行，列车前部空气受挤压而使压力升高，列车风速度随之逐渐增大，初始压缩波传到附属设施时，附属设施表面受到的正向风速达到最大，对其的冲击作用亦达到最大；列车头部经过附属设施时，附属设施表面的风速急剧变化，短时间内由正向转为负向，当列车的尾部经过附属设施时，由于列车的高速运行使得列车尾部的气流处于负压状态。此后风速逐渐减小，在列车驶出隧道一段时间后才逐渐恢复到正常风速。列车风的大小主要是由隧道断面形式、列车速度、列车外形、阻塞比和隧道长度等因素决定，一般以列车尾部经过后的风速负值作为控制风速。此外，列车风经过隧道内的附属设施时，会产生绕流现象，各个方向的风流和压力变化比较复杂。

本章基于第2章的理论和计算方法，依据我国高速铁路时速350 km的设计标准，建立相应的隧道-高速列车空气动力学计算模型，研究高速铁路隧道内的压力和冲击力的变化规律，并与已有压力和压力梯度峰值有关的理论和半经验公式进行对比，对计算结果的可靠性进行分析。

5.1 压力波概述

列车由明线段高速进入隧道的过程中会形成一系列的压力波，包括压缩波和膨胀波两种类型。其中，车头进入隧道时会在隧道内产生压缩波，如图5-1(a)所示。此波沿隧道向前传播，随着列车进一步驶入隧道和隧道长度增加，隧道内的压力不断增大。车尾进入隧道时会产生膨胀波，如图5-1(b)所示，此波沿隧道向前传播，随着列车进一步驶入隧道和隧道长度的增加，隧道内的压力也不断地增大，膨胀波的压力梯度也随着持续增强。列车在进入隧道过程中压力波的幅度不断增大，直至列车驶入隧道内一段长度后，压力波的峰值才变得稳定，并持续沿着列车的运行方向在隧道内传播。车头驶出隧道时会在隧道内产生膨胀波，如图5-1(c)所示；车尾驶出隧道时会产生压缩波，如图5-1(d)所示。列车驶出隧道过程中形成的压力波随着列车不断驶出隧道而不断增加，隧道内的压力也不断地增大，直至列车驶出隧道外一段长度后，压力波的峰值才变得稳定，并持续沿着列车运行的相反方向在隧道内传播。

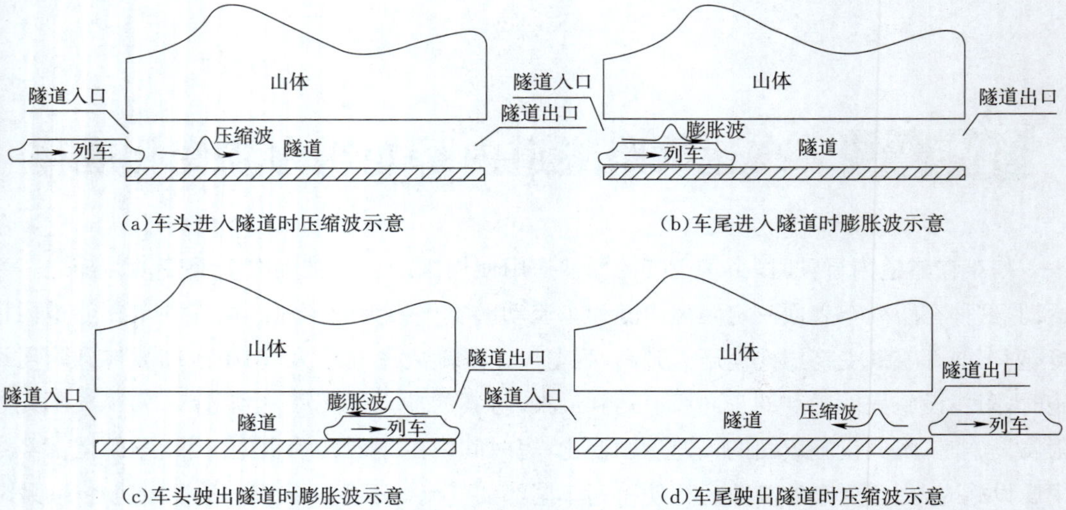

(a)车头进入隧道时压缩波示意　(b)车尾进入隧道时膨胀波示意

(c)车头驶出隧道时膨胀波示意　(d)车尾驶出隧道时压缩波示意

图 5-1　列车进入隧道过程中压力波示意

压力波在隧道内以声速向前传播，当其到达隧道洞口时，一部分压力波向隧道外辐射，形成微压波；另一部分则以共轭波的形式(即传入的压缩波反射后变为膨胀波，膨胀波反射后变为压缩波)在隧道洞口发生反射，并继续在隧道内传播，如图 5-2 所示。

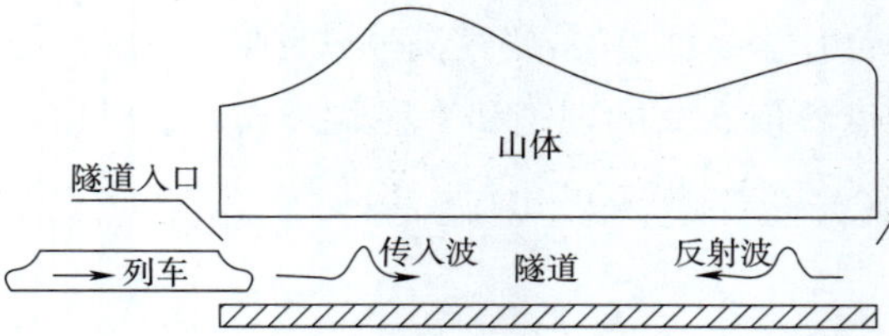

图 5-2　压力波在隧道内的传播过程示意

5.2 计算模型

5.2.1 计算模型设置及网格划分

1. 整体模型

整个区域流场的隧道长度为 1 360 m，隧道外边界取为 270 m，列车和隧道按实际尺寸建模。其中隧道外大气和隧道部分为固定部分，列车及周围空气为滑动部分，如图 5-3～图 5-5 所示。

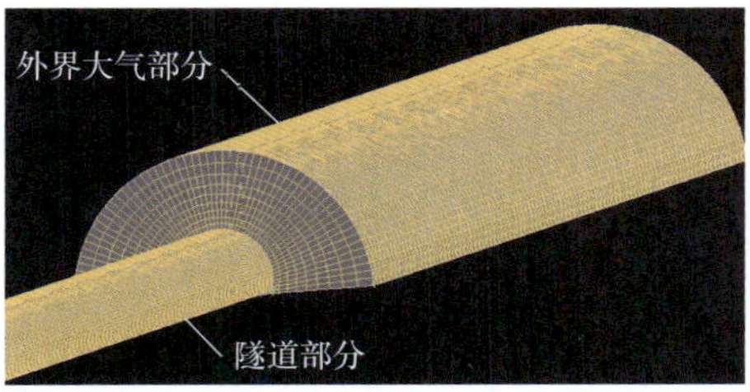

图 5-3　外界大气部分与隧道连接模型

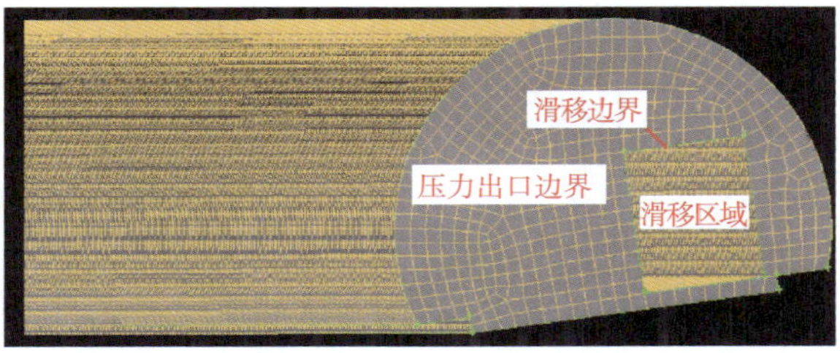

图 5-4　隧道出口端模型

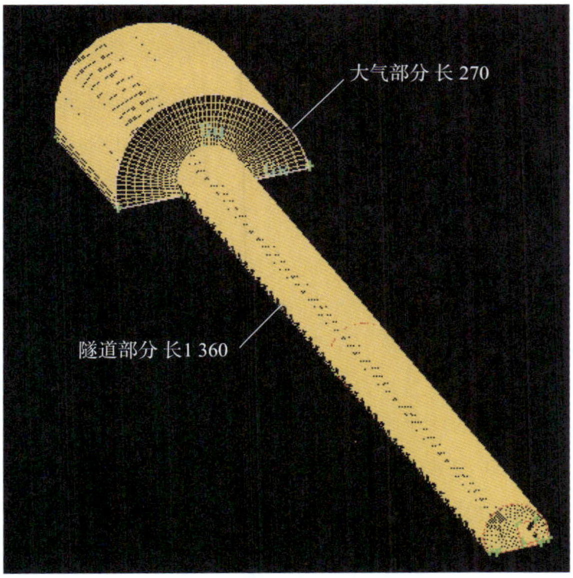

图 5-5　隧道模型整体模型(单位:m)

对于网格的划分,包含列车的滑移区域采用密网格,对于隧道外的大气采用稀网格,通过设定网格的滑动速度,可以实现列车不同的运动速度。

2. 列车模型

列车长度、外形对数值模拟计算结果的影响很大。因此,列车长度、外形按照 CRH3 型实际情况建模,按照 8 节编组设置(1 节头车+6 节中车+1 节尾车),列车总长度约为 200 m,如图 5-6 所示。计算网格的大小,对于含有列车的区域采用横截面方向为 0.2 m×0.2 m,纵向为 1 m 的六面体网格,而对于隧道外的区域采用 1 m×1 m×2 m 的六面体网格。

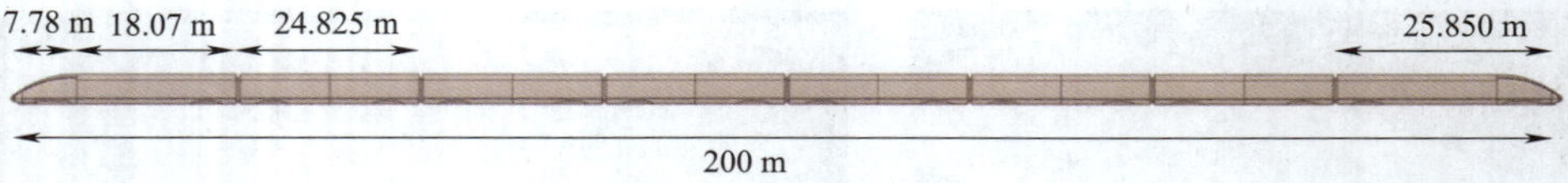

(a)高速列车整体模型示意

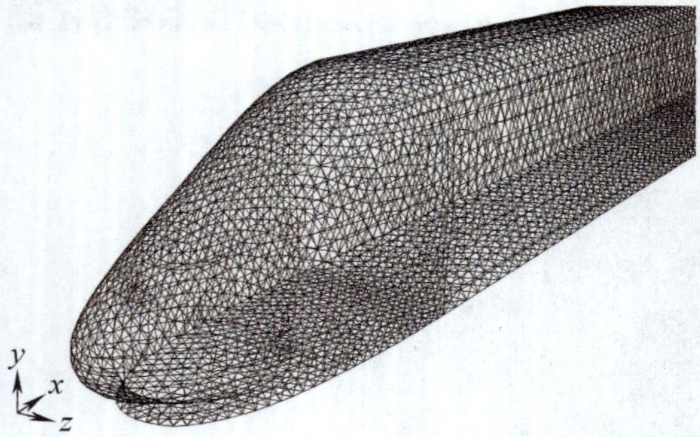

(b)车头网格模型

(c)车头对比

图 5-6　列车整体网格情况

5.2.2　计算区域划分

计算区域的划分，应当根据流场的性质以及网格划分形状规则性的要求，对整个计算区域进行分割，将计算区域分割为 6 个小子区域。根据各小子区域的流场特性，采用某种单元形式，分别进行网格的划分，如图 5-7 所示。

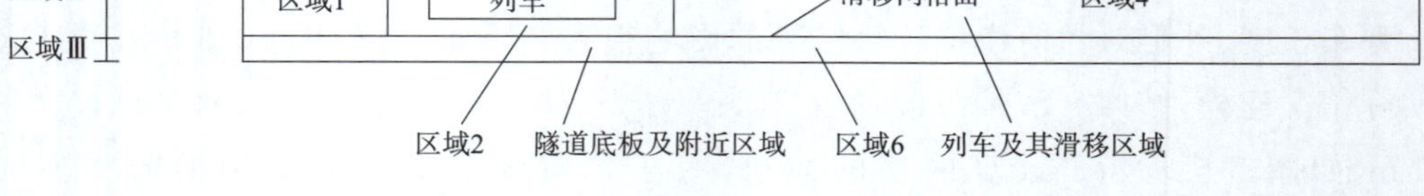

图 5-7　计算模型二维简图

(1)区域 1 和区域 4:采用滑移网格技术，在计算过程中，这两个区域的网格是随着列车所在区域 2 一起向前运动的。同时，由于这两个区域形状规则，而且与区域 2 交界，因此这两个区域的网格划分应该与区域 2 网格共节点。由于其形状的规则性，对该区域采用六面体网格，且沿隧道方向网格的纵横比大，纵向取 1 m 间距。

(2)区域 2：包含列车模型在内，同区域 1 和区域 4 一样，这个区域的网格也是随列车向前运动的。由于列车壁面附近形状不规则，对该区域采用杂交网格进行网格划分，且要求网格节点密度大。

(3)区域 3：包含远场边界在内的隧道外计算区域的大气空间，对该区域的网格划分可以采用线、面映射形成六面体网格。

(4)区域 5：隧道壁面附近区域与网格滑动面之间包含的区域。由于该区域形状比较规则，对该区域采用面映射形成六面体网格，且沿隧道方向取 1 m 间距，以便于与区域 1、2、4 保持同步，增加计算精度。

(5)区域 6：隧道底板附近区域。该区域的形状较为规则，对该区域采用规则六面体网格进行网格划分。

由于列车与隧道之间是一种相对运动，当列车向前运动时，计算区域边界不断地发生变化，对于这种情况，可以采用滑动网格模型来处理。整个网格区域划分成不同的子区域，并形成子区域边界，如图 2-6 所示。图中，*A-B-C* 和 *D-E-F* 为各个子区域的非常规边界(即边界上网格节点位置不完全重合)。在计算过程中，面 *A-B*、*B-C* 和面 *D-E*、*E-F*，形成交界面并沿着交接面相互滑动。

5.2.3　工况模型

根据隧道设计内轮廓尺寸[5]，共建立了四种计算模型：①时速 300 km、350 km 单线隧道(面积 70 m^2)，②时速 300 km、350 km 双线隧道(面积 100 m^2)，③时速 250 km 单线隧道(58 m^2)，④时速 250 km 双线隧道(90 m^2)。四种工况的计算模型如图 5-8～图 5-11 所示。

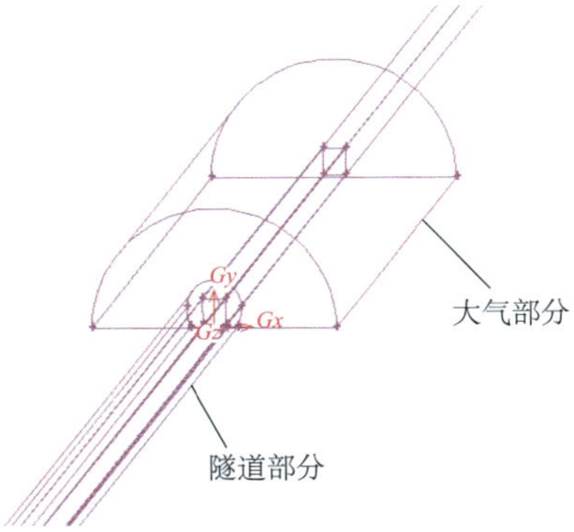

图 5-8　时速 300 km、350 km 单线隧道计算模型

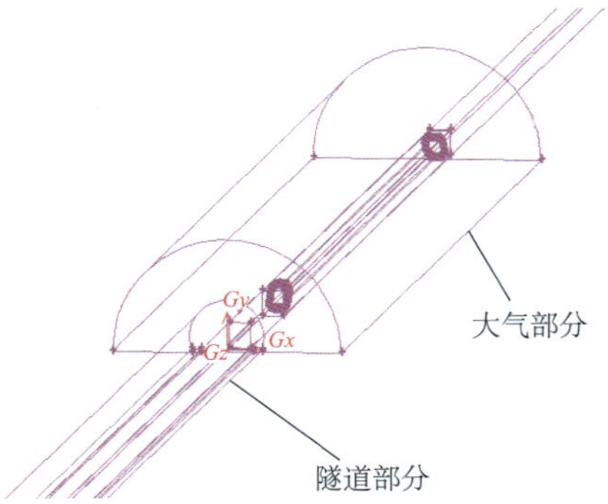

图 5-9　时速 300 km、350 km 双线隧道计算模型

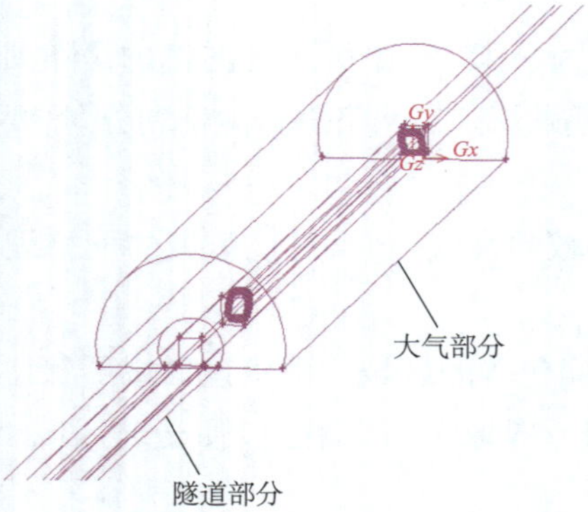

图 5-10　时速 250 km 单线隧道计算模型

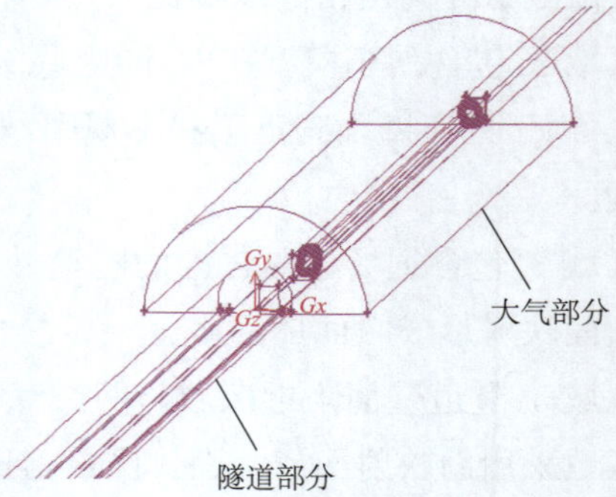

图 5-11　时速 250 km 双线隧道计算模型

5.2.4　计算参数

主要计算参数的选择见表 5-1 和表 5-2。

表 5-1　时速 300 km、350 km 标准断面计算参数取值

参数	数值	参数	数值
隧道长度/m	1 360	列车长度/m	200
空气温度/℃	30	列车时速/km	350
粗糙度高度/mm	5	列车断面积/m^2	12.8
大气边界宽度/m	40	隧道断面积/m^2	单线隧道 70,双线隧道 100

表 5-2　时速 250 km 标准断面计算参数取值

参数	数值	参数	数值
隧道长度/m	1 360	列车长度/m	200
空气温度/℃	30	列车时速/km	250
粗糙度高度/mm	5	列车断面积/m^2	13.45
大气边界宽度/m	40	隧道断面积/m^2	单线隧道 58,双线隧道 90

5.2.5　计算工况

具体计算中考虑的工况包括以下几种：

(1)350 km/h 双线隧道(100 m^2)单车运行工况；

(2)350 km/h 双线隧道(100 m^2)洞内会车工况；

(3)350 km/h 单线隧道(70 m^2)单车运行工况；

(4)300 km/h 双线隧道(100 m^2)单车运行工况；

(5)300 km/h 单线隧道(70 m^2)单车运行工况；

(6)250 km/h 双线隧道(90 m^2)单车运行工况;

(7)250 km/h 双线隧道(90 m^2)洞内会车工况;

(8)250 km/h 单线隧道(58 m^2)单车运行工况。

以下重点介绍时速 350 km 单线隧道内单车运行(面积 70 m^2)、时速 350 km 双线隧道(面积 100 m^2)列车交会运行、时速 250 km 双线隧道会车(面积 90 m^2)情况下,3 种最不利情况时隧道内压力变化过程特性。其余工况的变化过程相近,故不详细列述。

5.3 时速 350 km 单线隧道内压力变化过程

5.3.1 隧道内压力分析点布置

选择由隧道入口处每隔 100 m 布置一组压力横向分析点,如图 5-12 所示。由于单线隧道的形状,列车位置沿隧道中线是对称的,压力分布也是对称的,因此分析点只布置在隧道的一侧。

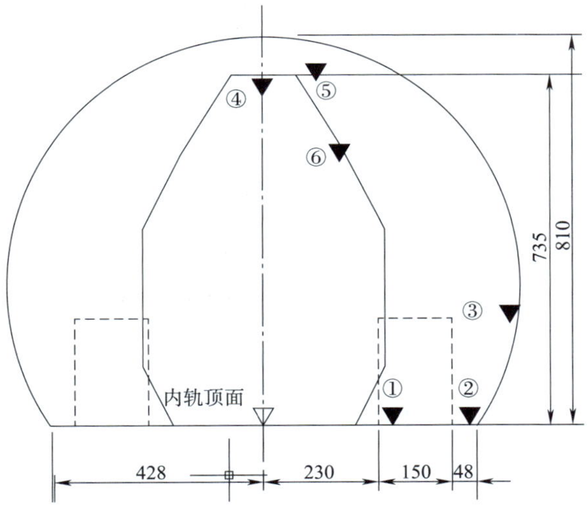

图 5-12 单线隧道内压力分析点布置(单位:mm)

①—水沟盖板;②—电缆沟;③—箱体类附属电力设施;④—接触网吊柱;⑤、⑥—接触网悬挂件

5.3.2 隧道内压力变化过程

列车进入隧道、在隧道内行驶以及驶出隧道的瞬间,伴随着周围压力场的变化,压力场不仅对车体压力造成影响,同时也会影响附近隧道内压力的变化分布,不同时刻列车车体及隧道洞周压力分布如图 5-13~图 5-16 所示。

图 5-13 列车头部进入隧道压力整体分布(单位:Pa)

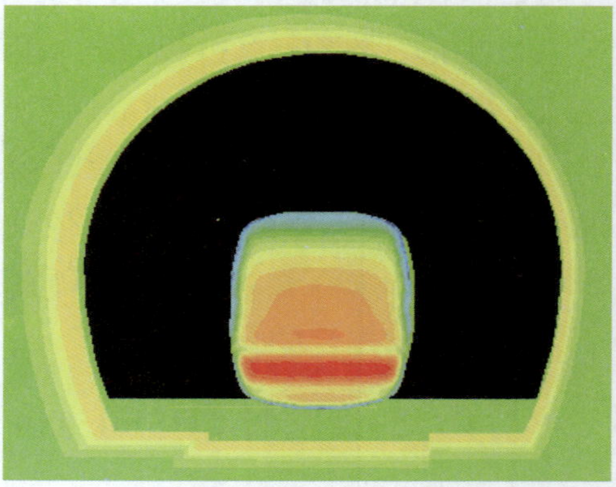

图 5-14 列车头部进入隧道时压力分布

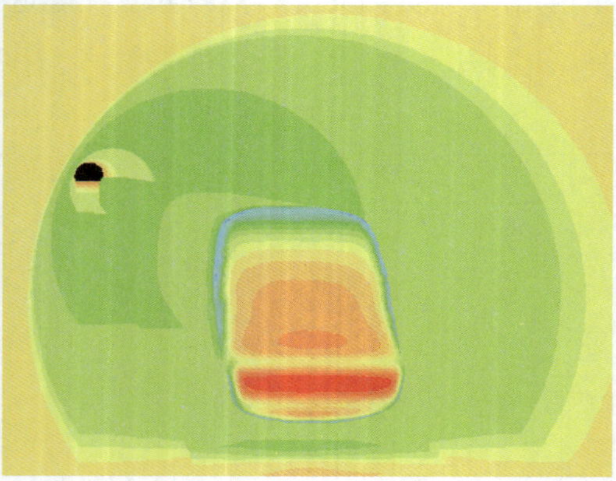

图 5-15 列车在隧道内行驶时压力分布

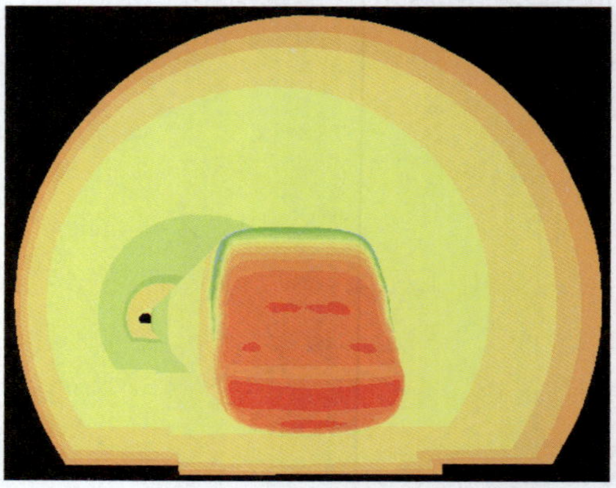

图 5-16 列车头部驶出隧道时压力分布

为研究隧道内分析点压力变化过程,取距离隧道洞口 100 m、200 m、800 m、1 300 m 处隧道拱顶附近分析点(即分析点 4)压力变化时程曲线,如图 5-17~图 5-20 所示。

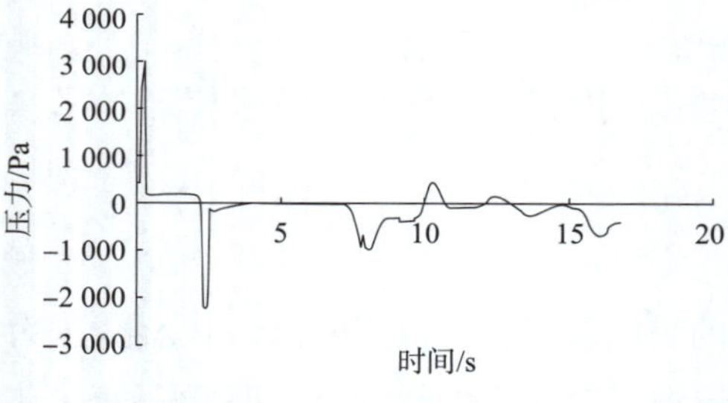

图 5-17 距隧道洞口 100 m 处压力变化过程

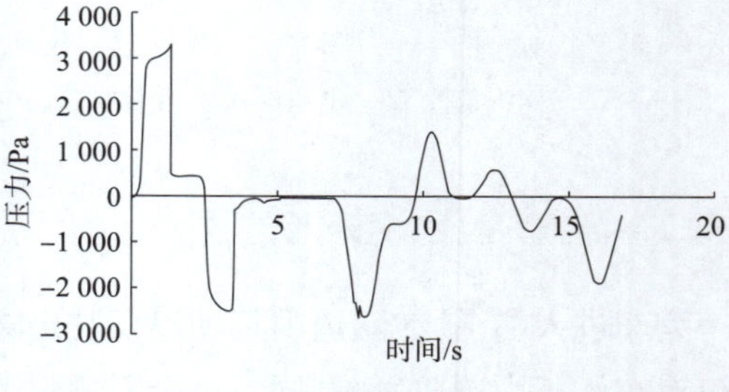

图 5-18 距隧道洞口 200 m 处压力变化过程

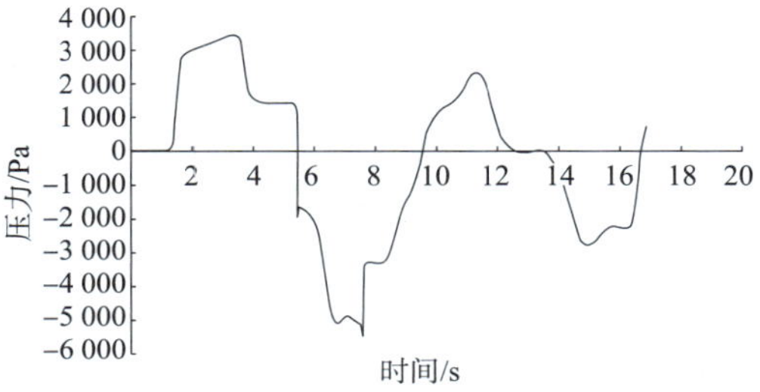

图 5-19　距隧道洞口 800 m 处压力变化过程

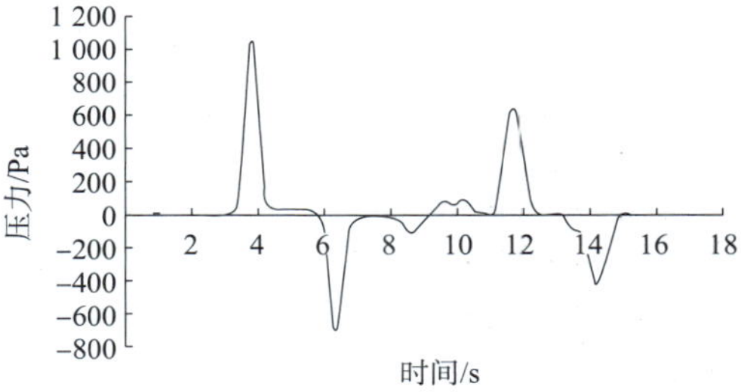

图 5-20　距隧道洞口 1 300 m 处压力变化过程

由图 5-17～图 5-20 可以看出：

(1)对于隧道内某一横断面内的固定分析点，当列车头部进入隧道后，列车前面的空气被压缩形成的压缩波以声速向前传播，经过一定时间后，初始压力波传递到该断面，断面压力迅速增大；随着列车继续向前运行，列车头部前方的空气持续被压缩，随后压力持续增加。

(2)随后，所有压缩波全部通过该断面，压力开始下降至常压水平，这一过程与列车的长度有关，持续时间等于列车长度与车速之比；随着列车尾部进入隧道形成的膨胀波传播到该断面，压力开始进一步下降至最小值。

(3)当列车车头到达该断面时压力又开始上升，并持续到车尾经过；之后分析点的压力变化随着压力波在隧道内的传播而不断变化。

(4)由以上结论可以得出，附属物表面上的正压冲击主要是初始压缩波到达时引起的，负压冲击主要是膨胀波及列车尾部通过时引起的，因此对隧道边墙和拱顶附近的附属物结构物进行研究时，需要首先对隧道内的正、负压力特性值进行分析。

5.3.3　单线隧道内压力波传播机制分析

当列车头部进入隧道入口后，形成一个压缩波，这个压缩波以声速沿隧道轴线向出口方向传播，当传播到隧道出口处时，一部分以微气压波向隧道外部辐射，一部分以膨胀波的形式向隧道进口方向传播。列车尾部进入隧道入口后，形成一个膨胀波，这个膨胀波以声速沿隧道轴线向出口方向传播，当传播到隧道出口处时，一部分以微气压波向隧道外部辐射，一部分以压缩波的形式向隧道进口方向传播。隧道内压力的变化规律主要是由压力波和列车经过所设置分析点引起的。压缩波和列车车头经过分析点时，隧道附近压力达到最大值，膨胀波和列车车尾经过分析点时，隧道附近压力达到最小值。

隧道内 500 m 处，压力变化以及列车运行过程与隧道内压力波传播轨迹对应示意如图 5-21 所示。可以看出，当列车进入隧道时形成的压缩波传播到分析点(a 点)时，分析点压力开始快速上升到达 b 点，随着列车继续向前运行，列车头部前方的空气持续被压缩，分析点的压力持续增加，直至 c 点，之后所有压缩波全部通过分析点，分析点压力开始下降至常压水平(d 点)。这一过程与列车长度有关，持续时间等于列车长度与车速之比。

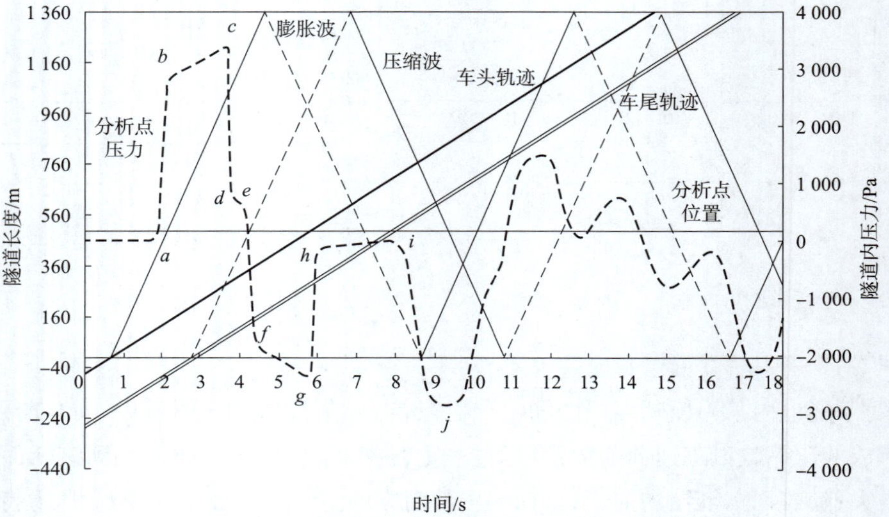

图 5-21 单线隧道内距洞口 500 m 处的压力变化过程与隧道内波反射对照

5.3.4 隧道内正负压分布特性及最大压差分布

提取计算结果，得出隧道内各分析点的正、负压峰值及最大压差，见表 5-3～表 5-5。

表 5-3 时速 350 km 单线隧道内分析点正压峰值

距洞口距离/m	分析点 1/Pa	分析点 2/Pa	分析点 3/Pa	分析点 4/Pa	分析点 5/Pa	分析点 6/Pa
30	3 031.4	2 888.7	2 869.2	2 861.0	2 860.8	2 863.7
130	3 286.6	3 155.1	3 127.4	3 112.8	3 112.5	3 117.3
230	3 532.0	3 410.4	3 385.6	3 373.3	3 373.1	3 376.9
330	3 439.6	3 439.6	3 439.6	3 439.6	3 439.6	3 439.6
430	3 430.7	3 430.7	3 430.7	3 430.8	3 430.8	3 430.8
530	3 425.2	3 425.2	3 425.2	3 425.2	3 425.2	3 425.2
630	3 421.6	3 421.6	3 421.6	3 421.6	3 421.6	3 421.6
730	3 421.6	3 421.6	3 421.6	3 421.6	3 421.6	3 421.6
830	3 417.2	3 417.2	3 417.2	3 417.2	3 417.2	3 417.2
930	3 412.8	3 412.8	3 412.8	3 412.8	3 412.8	3 412.8
1 030	3 314.4	3 314.4	3 314.4	3 314.4	3 314.4	3 314.4
1 130	3 181.3	3 182.3	3 181.3	3 181.2	3 181.1	3 181.3
1 230	3 117.4	3 117.4	3 117.4	3 117.3	3 117.4	3 117.3
1 330	3 017.6	3 018.6	3 017.1	3 017.8	3 017.3	3 017.4

表 5-4　时速 350 km 单线隧道内分析点负压峰值

距洞口距离/m	分析点 1/Pa	分析点 2/Pa	分析点 3/Pa	分析点 4/Pa	分析点 5/Pa	分析点 6/Pa
30	−2 240.1	−2 245.2	−2 264.3	−2 527.0	−2 481.5	−2 871.9
130	−2 564.7	−2 564.3	−2 564.6	−2 642.3	−2 603.0	−2 929.3
230	−2 899.2	−2 898.5	−2 899.1	−2 898.5	−2 898.5	−2 898.5
330	−3 105.2	−3 104.1	−3 105.3	−3 104.3	−3 104.3	−3 104.2
430	−3 400.2	−3 415.6	−3 480.9	−3 801.4	−3 747.5	−4 127.3
530	−5 111.8	−5 114.4	−5 126.7	−5 313.0	−5 278.7	−5 540.3
630	−4 828.6	−4 805.0	−4 811.9	−4 938.5	−4 894.9	−5 310.4
730	−4 828.6	−4 805.0	−4 811.9	−4 938.5	−4 894.9	−5 310.4
830	−3 240.7	−3 241.0	−3 242.9	−3 242.6	−3 242.6	−3 246.1
930	−2 663.4	−2 662.6	−2 663.0	−2 662.4	−2 662.4	−2 977.4
1 030	−2 410.7	−2 397.5	−2 397.7	−2 397.2	−2 397.2	−2 779.1
1130	−2 321.5	−2 321.6	−2 321.1	−2 321.5	−2 321.1	−2 320.5
1 230	−2 238.1	−2 218.1	−2 205.1	−2 231.9	−2 208.2	−2 188.1
1 330	−2 147.7	−2 107.7	−2 097.7	−2 127.3	−2 147.8	−2 137.4

表 5-5　时速 350 km 单线隧道内分析点最大压差

距洞口距离/m	分析点 1/Pa	分析点 2/Pa	分析点 3/Pa	分析点 4/Pa	分析点 5/Pa	分析点 6/Pa
30	5 271.5	5 133.9	5 133.5	5 388.0	5 342.3	5 735.7
130	5 851.3	5 719.4	5 692.1	5 755.1	5 715.6	6 046.7
230	6 431.1	6 308.9	6 284.7	6 271.9	6 271.7	6 275.4
330	6 830.9	6 846.3	6 911.6	7 232.1	7 178.3	7 558.1
430	6 830.9	6 846.3	6 911.6	7 232.1	7 178.3	7 558.1
530	8 537.0	8 539.5	8 551.9	8 738.2	8 703.9	8 965.5
630	8 250.2	8 226.7	8 233.5	8 360.2	8 316.5	8 732.0
730	8 250.2	8 226.7	8 233.5	8 360.2	8 316.5	8 732.0
830	6 657.8	6 658.2	6 660.0	6 659.8	6 659.8	6 663.3
930	6 076.1	6 075.4	6 075.8	6 075.1	6 075.1	6 390.1
1 030	5 725.0	5 711.9	5 712.1	5 711.6	5 711.6	6 093.5
1 130	5 502.8	5 503.9	5 502.4	5 502.8	5 502.2	5 501.8
1 230	5 355.5	5 335.4	5 322.5	5 349.2	5 325.6	5 305.4
1 330	5 165.3	5 126.3	5 114.8	5 145.1	5 165.1	5 154.8

由表 5-3～表 5-5 可以看出：

(1)时速 350 km 条件下单线隧道洞口段(列车进口段 230 m 以内)的正负压峰值呈现逐渐增长趋势，一直到出现压力极值为止，此后，在隧道洞身压力峰值比较稳定，出口段正压峰值有所下降。

(2)在隧道前 230 m 范围内同一断面内正压峰值存在 100～500 Pa 左右的差异，表现出一定的三维效应，超过 230 m 后，正压峰值差异量很小，表现出显著的一维效应。

(3)在整个隧道范围内同一断面内负压峰值有一定差异，差异在 100～400 Pa 左右，表现出一定的三维效应。

(4)洞口段的压力峰值相对于洞身段较小，因此附属结构物的计算只需选取洞身段的正峰值压力进行验算。根据最不利原则，对于单线隧道时速 350 km 条件下隧道内附属结构物的验算，应选取 530 m 处的峰值压力，拱顶和边墙各附属结构物可选取 8 965.5 Pa 的压力差进行验算，压力持续时间可取 7 s，水沟盖板可按照同样可采取负压－5 540.3 Pa 进行验算，持续时间可选取 1 s。

5.4 时速 350 km 双线隧道会车情况下压力变化过程

5.4.1 隧道内分析点布置

分析点布置的纵向间隔距离为 100 m。同样根据隧道形状的对称性，分析点只在隧道内的一侧布置，其位置的选取考虑附属设施最大压力的受力情况，分析点的横向布置如图 5-22 所示。

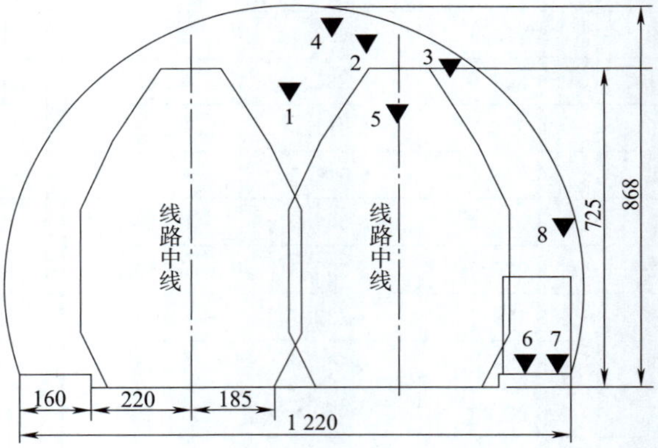

图 5-22 双线隧道内压力分析点布置(单位：cm)

1—接触网吊柱；2、3、4、5—接触网悬挂件；6—水沟盖板；7—电缆沟；8—箱体类附属电力设施

5.4.2 会车情况下隧道内压力变化过程

通过对计算结果及压力云图分析，隧道洞身段压力的分布较为均匀，以距隧道入口 700 m 处的压力变化特性，分析隧道内压力变化对附属结构的影响，如图 5-23 所示。

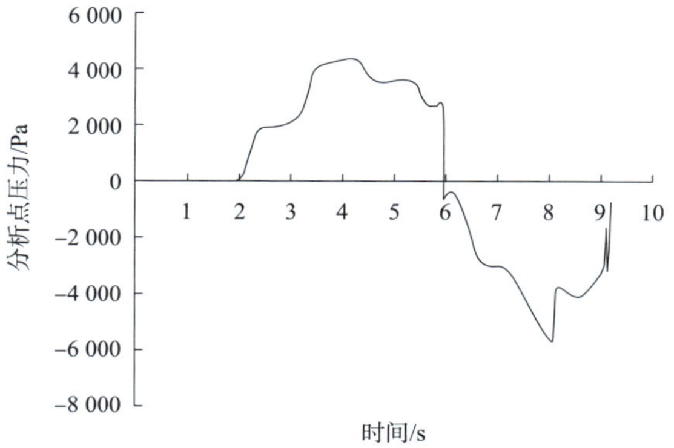

图 5-23　距隧道入口 700 m 处会车情况下隧道内压力变化过程

从图 5-23 中可以看出，附属物表面上的正压冲击主要由初始压缩波列车头部相遇两种条件产生的，负压冲击主要由膨胀波和两列列车尾部经过时引起的，因此对隧道边墙和拱顶附近的附属物结构物（包括接触网悬挂件、通信漏缆支架和设备洞室门等部位）进行研究时，同样需要对隧道内的正、负压力特性值进行分析。

5.4.3　双线隧道内压力波传播机制分析

当列车进入隧道并在隧道内行驶的过程中，双线隧道内压力变化过程与单线隧道基本一致，以隧道内 500 m 处的压力变化为例，得出列车运行过程以及隧道内的压力变化与压力波传播轨迹对应关系如图 5-24 所示。

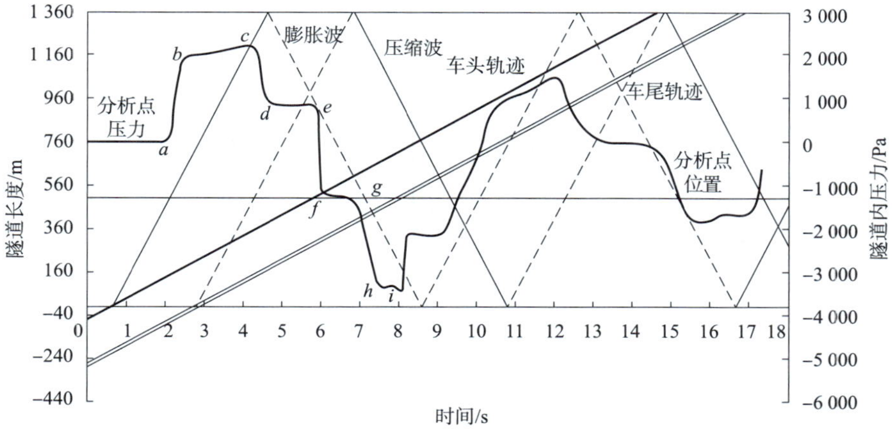

图 5-24　双线隧道内距洞口 500 m 处的压力变化过程与隧道内波反射对照

由图 5-24 可以看出，当初始压缩波经过时隧道内的正压力达到最大值，当列车尾部经过时隧道内的负压力达到最大值。对于隧道进口端隧道空间内的压力较小，而隧道洞身段的压力较大，最大压力差在 3 000～8 000 Pa 范围。隧道内压力变化的最大不利位置，出现在初始压缩波被反射后与列车尾部的相遇处。

同样可以分析出，隧道内压力变化规律，最大正压和最大负压出现的时间、位置等各种时空指标均与单线隧道内基本相同。

5.4.4 会车情况下隧道内正负压分布特性及最大压差分布

隧道内各分析点的正负压峰值及最大压差见表 5-6～表 5-8。

表 5-6 时速 350 km 双线隧道会车时隧道内分析点最大正压

距洞口距离/m	分析点 1/Pa	分析点 2/Pa	分析点 3/Pa	分析点 4/Pa	分析点 5/Pa	分析点 6/Pa	分析点 7/Pa	分析点 8/Pa
100	2 010.8	2 011.8	2 050.9	2 011.3	2 063.2	2 492.6	2 363.8	2 295.2
200	2 221.3	2 221.4	2 221.5	2 221.3	2 221.5	2 683.7	2 548.4	2 481.7
300	2 457.1	2 481.9	2 510.4	2 466.6	2 511.3	3 031.5	2 885.6	2 808.4
400	4 237.7	4 237.7	4 237.7	4 237.7	4 237.7	4 237.8	4 237.8	4 237.8
500	4 371.6	4 371.6	4 371.6	4 371.6	4 371.6	4 371.6	4 371.6	4 371.6
600	4 521.0	4 521.0	4 521.0	4 521.0	4 521.0	4 521.0	4 521.0	4 521.0
700	4 630.8	4 630.8	4 630.8	4 630.8	4 630.8	4 630.8	4 630.8	4 630.8
800	5 857.0	5 855.3	5 831.6	5 870.4	5 817.7	5 724.7	5 751.8	5 757.1
900	4 370.2	4 370.2	4 370.2	4 370.2	4 370.2	4 370.2	4 370.2	4 370.2
1 000	4 213.0	4 213.0	4 213.0	4 213.0	4 213.0	4 212.9	4 212.9	4 212.9
1 100	2 288.8	2 281.4	2 278.9	2 284.0	2 280.3	2 274.6	2 273.7	2 273.5
1 200	2 210.1	2 128.3	2 099.5	2 157.7	2 123.5	2 065.6	2 065.0	2 064.9
1 300	1 918.6	1 913.4	1 912.2	1 912.8	1 912.8	1 910.0	1 909.6	1 909.5

表 5-7 时速 350 km 双线隧道会车时隧道内分析点最大负压

距洞口距离/m	分析点 1/Pa	分析点 2/Pa	分析点 3/Pa	分析点 4/Pa	分析点 5/Pa	分析点 6/Pa	分析点 7/Pa	分析点 8/Pa
100	−1 641.0	−1 718.9	−1 802.9	−1 660.2	−1 923.5	−1 642.8	−1 652.5	−1 746.6
200	−2 306.1	−2 306.1	−2 306.0	−2 306.1	−2 306.0	−2 306.7	−2 306.1	−2 304.5
300	−2 675.0	−2 674.8	−2 674.6	−2 674.9	−2 780.5	−2 675.7	−2 674.4	−2 672.6
400	−3 580.8	−3 690.3	−3 800.9	−3 616.0	−3 955.6	−3 571.6	−3 596.2	−3 714.5
500	−5 601.6	−5 705.6	−5 800.6	−5 632.5	−5 939.7	−5 589.7	−5 617.2	−5 727.1
600	−8 889.0	−8 907.9	−8 916.3	−8 899.4	−8 912.3	−8 917.6	−8 918.0	−8 925.9
700	−7 993.5	−7 992.8	−7 993.2	−7 992.9	−7 997.8	−8 057.7	−8 047.8	−8 095.2
800	−6 111.3	−6 110.1	−6 109.7	−6 110.4	−6 109.7	−6 109.4	−6 109.4	−6 109.6
900	−4 424.6	−4 276.1	−4 237.1	−4 319.3	−4 262.4	−4 131.2	−4 124.2	−4 129.1

续上表

距洞口距离/m	分析点 1/Pa	分析点 2/Pa	分析点 3/Pa	分析点 4/Pa	分析点 5/Pa	分析点 6/Pa	分析点 7/Pa	分析点 8/Pa
1 000	−3 479.6	−3 400.9	−3 382.8	−3 423.3	−3 388.8	−3 345.1	−3 344.0	−3 345.9
1 100	−2 464.0	−2 463.8	−2 463.8	−2 463.8	−2 463.7	−2 466.8	−2 466.5	−2 465.1
1 200	−2 151.8	−2 151.7	−2 151.7	−2 151.7	−2 151.6	−2 155.5	−2 154.8	−2 153.1
1 300	−1 608.4	−1 530.6	−1 513.6	−1 521.4	−1 519.7	−1 488.2	−1 487.6	−1 488.9

表 5-8　时速 350 km 双线隧道会车时隧道内分析点最大压差

距洞口距离/m	分析点 1/Pa	分析点 2/Pa	分析点 3/Pa	分析点 4/Pa	分析点 5/Pa	分析点 6/Pa	分析点 7/Pa	分析点 8/Pa
100	3 651.8	3 730.7	3 853.8	3 671.6	3 986.7	4 135.4	4 016.2	4 041.9
200	4 527.3	4 527.5	4 527.5	4 527.5	4 527.5	4 990.4	4 854.5	4 786.2
300	5 132.1	5 156.7	5 185.0	5 141.5	5 291.8	5 707.2	5 559.9	5 481.0
400	7 818.5	7 928.0	8 038.6	7 853.7	8 193.3	7 809.4	7 833.9	7 952.2
500	9 973.2	10 077.2	10 172.2	10 004.0	10 311.3	9 961.3	9 988.8	10 098.7
600	12 624.3	12 623.6	12 624.0	12 623.7	12 628.6	12 688.5	12 678.6	12 726.1
700	12 624.3	12 623.6	12 624.0	12 623.7	12 628.6	12 688.5	12 678.6	12 726.1
800	11 968.3	11 965.4	11 941.2	11 980.8	11 927.5	11 834.2	11 861.2	11 866.7
900	8 794.8	8 646.3	8 607.3	8 689.5	8 632.6	8 501.5	8 494.5	8 499.3
1 000	7 692.6	7 613.8	7 595.7	7 636.3	7 601.7	7 558.1	7 556.9	7 558.9
1 100	4 752.8	4 745.1	4 742.7	4 747.8	4 744.0	4 741.3	4 740.3	4 738.6
1 200	4 361.9	4 280.0	4 251.2	4 309.4	4 275.0	4 221.1	4 219.8	4 218.0
1 300	3 527.0	3 444.0	3 425.8	3 434.1	3 432.5	3 398.1	3 397.2	3 398.4

由表 5-6～表 5-8 可以看出：

(1)与隧道内单车运行条件相比，会车情况下隧道洞口段内的压力变化不大。但随着进入隧道的距离增大，隧道内正压峰值将会逐渐增加，在隧道内部(距离隧道进口 200 m 以上)，其正压峰值一般是单车运行时的 2 倍以上。隧道内正压峰值随着列车的距离变小而增大，当两列车车头在隧道内交会的时刻，隧道内的正压峰值达到最大值，即 5 870.4 Pa。因此隧道内的正压最不利位置在 600～900 m 范围内，此时两列车在隧道内进行交会。

(2)与正压峰值相似，会车情况下隧道洞口段内的负压峰值也是沿隧道纵向而变化，洞口段的负压峰值较小，与隧道内单车运行时相差不大，速度为 350 km/h 时会车洞口段的负压峰值在−2 000 Pa 左右。随着进入隧道的距离增大，隧道内负压峰值将会逐渐增加，在隧道内部(距离隧道进口 200 m 以上)，其负压峰值一般是单车运行时的 2 倍以上。当两列车车头在隧道内交会的时刻，隧道内的负压峰值达到最大值，达到−8 916.3 Pa。隧道内负压峰值随着列车的距离变小而增大，因此隧道内的负压最不利位置在 500～900 m 范围内，此时两列车在隧道内进行交会。

(3)同一断面内隧道内负压峰值基本相同,其负压力的横向分布具有显著的一维特性。

(4)根据压差的最不利原则,对于双线隧道时速 350 km 会车条件下隧道内附属结构物所受冲击力的验算,应选取 600 m 处的峰值压力。

(5)附属结构物可选取 5 870.4 Pa 的正压峰值和−8 925.4 Pa 的负压峰值进行验算,持续时间可选取 1 s。

5.5 时速 250 km 双线隧道会车情况下压力变化过程

时速 250 km 隧道内分析点的布置与时速 350 km 双线隧道会车工况情况相同,其横向布置如图 5-22 所示。

5.5.1 隧道内压力变化过程

以距隧道进口 600 m 处的压力变化特性,分析隧道内压力变化对附属结构的影响,如图 5-25 所示。

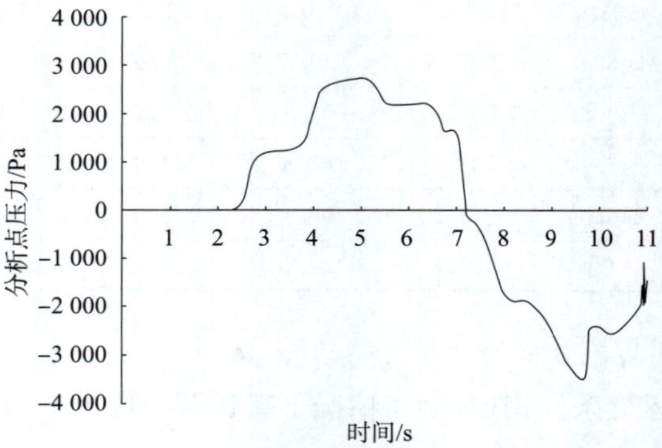

图 5-25 时速 250 km 会车条件下隧道内压力变化过程(最大段)

由图 5-25 可以看出,附属物表面上面的正压冲击主要由初始压缩波到达时引起的,负压冲击主要由列车尾部通过时引起的。因此对隧道边墙和拱顶附近的附属物结构物(包括接触网悬挂件、通信漏缆支架和设备洞室门等部位)进行研究时,需要对隧道内的正、负压力特性值进行分析。

5.5.2 隧道内正压分布特性

隧道内各分析点的正压峰值见表 5-9 及图 5-26 和图 5-27。

表 5-9　时速 250 km 双线单洞会车条件下隧道内分析点最大正压

距洞口距离/m	分析点 1/Pa	分析点 2/Pa	分析点 3/Pa	分析点 4/Pa	分析点 5/Pa	分析点 6/Pa	分析点 7/Pa	分析点 8/Pa
100	1 206.5	1 207.1	1 230.5	1 206.8	1 237.9	1 495.6	1 418.3	1 377.1
200	1 332.8	1 332.8	1 332.9	1 332.8	1 332.9	1 610.2	1 529.1	1 489.0
300	1 474.3	1 489.2	1 506.2	1 480.0	1 506.8	1 818.9	1 731.3	1 685.0
400	2 542.6	2 542.6	2 542.6	2 542.6	2 542.6	2 542.7	2 542.7	2 542.7
500	2 622.9	2 623.0	2 623.0	2 622.9	2 573.8	2 623.0	2 623.0	2 623.0
600	2 712.6	2 712.6	2 712.6	2 712.6	2 712.6	2 712.6	2 712.6	2 712.6
700	2 778.5	2 778.5	2 778.5	2 778.5	2 778.5	2 778.5	2 778.5	2 778.5
800	3 514.2	3 513.2	3 498.9	3 522.2	3 490.6	3 434.8	3 451.1	3 454.3
900	2 622.1	2 622.1	2 622.1	2 622.1	2 622.1	2 622.1	2 622.1	2 622.1
1 000	2 527.8	2 527.8	2 527.8	2 527.8	2 527.8	2 527.8	2 527.8	2 527.8
1 100	1 373.3	1 368.8	1 367.3	1 370.4	1 368.2	1 364.7	1 364.2	1 364.1
1 200	1 326.1	1 277.0	1 259.7	1 294.6	1 274.1	1 239.3	1 239.0	1 238.9
1 300	1 151.2	1 148.0	1 147.3	1 147.7	1 147.7	1 146.0	1 145.7	1 145.7

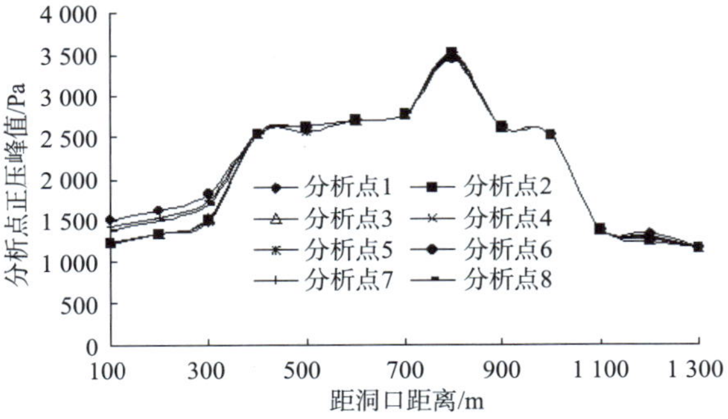

图 5-26　隧道内各分析点正峰值压力的纵向分布

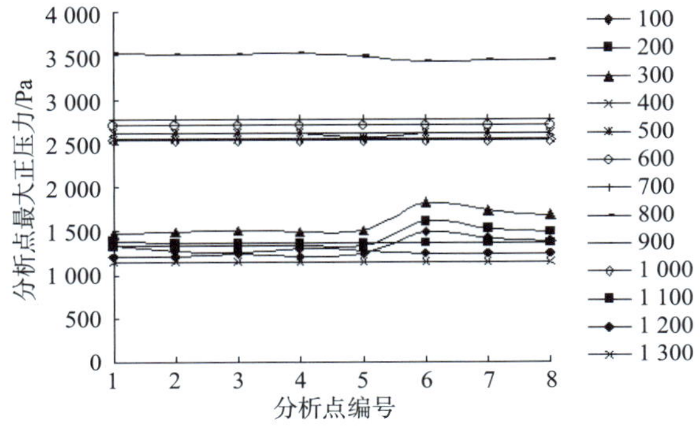

图 5-27　隧道内正峰值压力的横向分布对比

由表 5-9 及图 5-26 和图 5-27 可以看出：

(1)与单车运行条件下相比，会车条件下隧道洞口段内的压力变化不大，对于时速为 250 km/h 的等速会车，洞口段的正压峰值一般在 1 300 Pa 左右，与单车运行条件下隧道内的最大正压峰值相当。

(2)隧道内正压峰值随着距离隧道进口距离越远而逐渐变大，在隧道内部(距离隧道进口 200 m 以上)，其正压峰值一般达到单车运行条件将近 2 倍，当两列车车头在隧道内交会的时刻，隧道内的正压峰值达到最大值，达到 3 522.2 Pa。

(3)隧道内正压峰值随着列车的距离变小而增大，因此隧道内的正压最不利位置在 600～900 m 范围内，此时两列车在隧道内进行交会。

5.5.3 隧道内负压分布特性

隧道内各分析点的负压峰值见表 5-10 及图 5-28 和图 5-29。

表 5-10 时速 250 km 双线单洞会车条件下隧道内分析点最大负压

距洞口距离/m	分析点 1/Pa	分析点 2/Pa	分析点 3/Pa	分析点 4/Pa	分析点 5/Pa	分析点 6/Pa	分析点 7/Pa	分析点 8/Pa
100	−984.6	−1 031.3	−1 081.8	−996.1	−1 154.1	−985.7	−991.5	−1 048.0
200	−1 383.6	−1 383.6	−1 383.6	−1 383.7	−1 383.6	−1 384.0	−1 383.6	−1 382.7
300	−1 605.0	−1 604.9	−1 604.8	−1 604.9	−1 668.3	−1 605.4	−1 604.6	−1 603.6
400	−2 148.5	−2 214.2	−2 280.5	−2 169.6	−2 373.4	−2 143.0	−2 157.7	−2 228.7
500	−3 361.0	−3 423.3	−3 480.4	−3 379.5	−3 138.3	−3 353.8	−3 370.3	−3 436.3
600	−5 333.4	−5 344.7	−5 349.8	−5 339.7	−5 347.4	−5 350.6	−5 350.8	−5 355.6
700	−4 796.1	−4 795.7	−4 795.9	−4 795.7	−4 798.7	−4 834.6	−4 828.7	−4 857.1
800	−3 666.8	−3 666.0	−3 665.8	−3 666.3	−3 665.8	−3 665.7	−3 665.6	−3 665.8
900	−2 654.7	−2 565.7	−2 542.3	−2 591.6	−2 557.4	−2 478.7	−2 474.5	−2 477.5
1 000	−2 087.8	−2 040.5	−2 029.7	−2 054.0	−2 033.3	−2 007.1	−2 006.4	−2 007.5
1 100	−1 478.4	−1 478.3	−1 478.3	−1 478.3	−1 478.2	−1 480.1	−1 479.9	−1 479.1
1 200	−1 291.1	−1 291.0	−1 291.0	−1 291.0	−1 290.9	−1 293.3	−1 292.9	−1 291.9
1 300	−965.0	−918.3	−908.2	−912.8	−911.8	−892.9	−892.6	−893.3

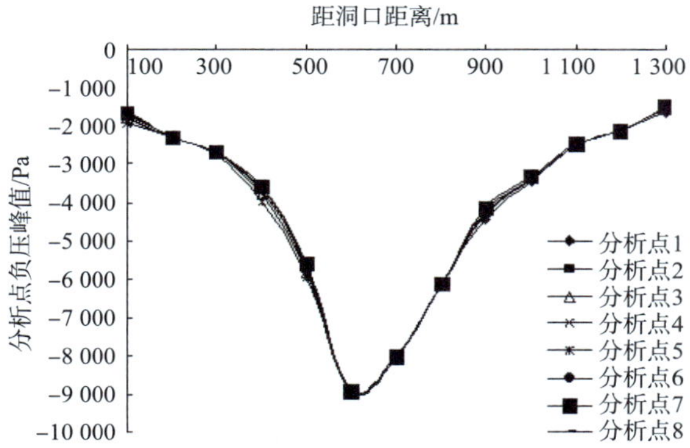

图 5-28　隧道内各分析点负峰值压力的纵向分布

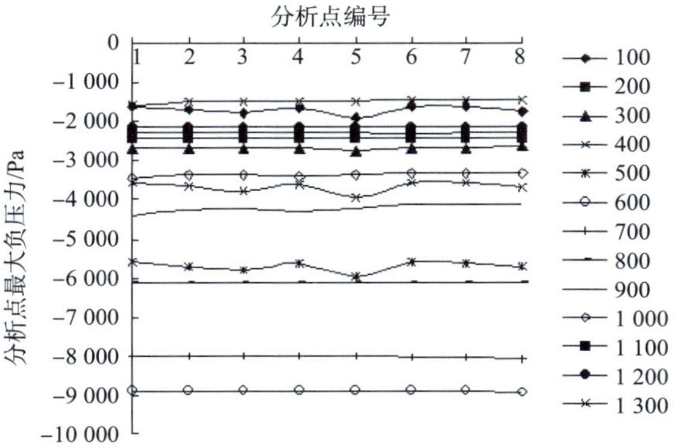

图 5-29　隧道内负峰值压力的横向分布对比

由表 5-10 及图 5-28 和图 5-29 可以看出：

(1)与正压峰值相似，会车条件下隧道洞口段内的负压峰值也是沿隧道纵向而变化，洞口段的负压峰值较小，与单车运行条件下相当，速度为 250 km/h 等速会车洞口段的负压峰值也是在－1 400～－980 Pa 左右。

(2)随着进入隧道的距离增大，隧道内正压峰值将会逐渐增加，在隧道内部(距离隧道进口 200 m 以上)，其负压峰值一般是单车运行条件的 2 倍以上。当两列车车头在隧道内交会的时刻，隧道内的负压峰值达到最大值，达到－5 349.8 Pa。

(3)隧道内负压峰值随着列车的距离变小而增大，因此隧道内的负压最不利位置在 500～900 m 范围内，此时两列车在隧道内进行交会。

(4)同一断面内隧道内负压峰值基本相同，其负压力的横向分布具有显著的一维特性。

5.5.4　隧道内最大压差分布特性

隧道内各分析点的最大压差见表 5-11 及图 5-30 和图 5-31。

表 5-11　时速 250 km 双线单洞条件下隧道内分析点最大压差

距洞口距离/m	分析点 1/Pa	分析点 2/Pa	分析点 3/Pa	分析点 4/Pa	分析点 5/Pa	分析点 6/Pa	分析点 7/Pa	分析点 8/Pa
100	2 191.1	2 238.4	2 312.3	2 202.9	2 392.0	2 481.2	2 409.7	2 425.1
200	2 716.4	2 716.5	2 716.5	2 716.5	2 716.5	2 994.3	2 912.7	2 871.7
300	3 079.3	3 094.0	3 111.0	3 084.9	3 175.1	3 424.3	3 336.0	3 288.6
400	4 691.1	4 756.8	4 823.2	4 712.2	4 916.0	4 685.6	4 700.4	4 771.3
500	5 983.9	6 046.3	6 103.3	6 002.4	5 712.1	5 976.8	5 993.3	6 059.2
600	7 574.6	7 574.2	7 574.4	7 574.2	7 577.2	7 613.1	7 607.1	7 635.6
700	7 574.6	7 574.2	7 574.4	7 574.2	7 577.2	7 613.1	7 607.1	7 635.6
800	7 181.0	7 179.2	7 164.7	7 188.5	7 156.5	7 100.5	7 116.7	7 120.0
900	5 276.9	5 187.8	5 164.4	5 213.7	5 179.6	5 100.9	5 096.7	5 099.6
1 000	4 615.6	4 568.3	4 557.4	4 581.8	4 561.0	4 534.8	4 534.1	4 535.3
1 100	2 851.7	2 847.1	2 845.6	2 848.7	2 846.4	2 844.8	2 844.2	2 843.2
1 200	2 617.2	2 568.0	2 550.7	2 585.6	2 565.0	2 532.6	2 531.9	2 530.8
1 300	2 116.2	2 066.4	2 055.5	2 060.5	2 059.5	2 038.9	2 038.3	2 039.0

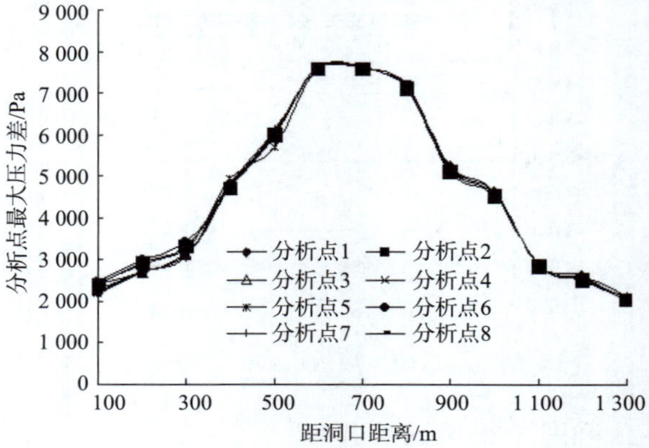

图 5-30　隧道内各分析点最大压力差的纵向分布

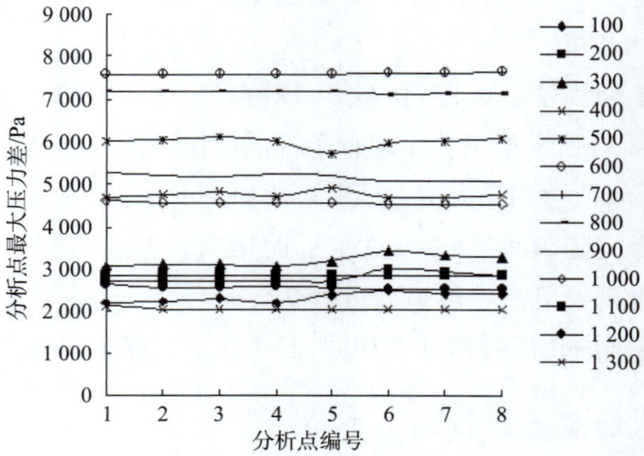

图 5-31　隧道内最大压力差的横向分布对比

由表 5-11 及图 5-30 和图 5-31 可以看出：

（1）根据压差的最不利原则，对于双线隧道时速 250 km 会车条件下隧道内附属结构物所受冲击力的验算，应选取 600 m 处的峰值压力。

（2）附属结构物可选取 3 522.2 Pa 的正压峰值和－5 349.8 Pa 的负压峰值进行验算，持续时间可选取 1 s。

5.6　计算结果可靠性分析

5.6.1　隧道内部压力变化规律的可靠性

为验证计算方法和结果的可靠性，采用相同建模方法，与相关实测结果进行了对比分析，其计算结果和实测结果对比如图 5-32 所示。可以看出，计算结果与实测结果有较好的一致性，但由于计算模型中无法完全按照实际情况建模，特别是列车车头的外形部分，以至于压缩波的上升过程有点差异，但二者的压缩波峰值吻合较好，从一定程度上说明了计算方法的正确性。

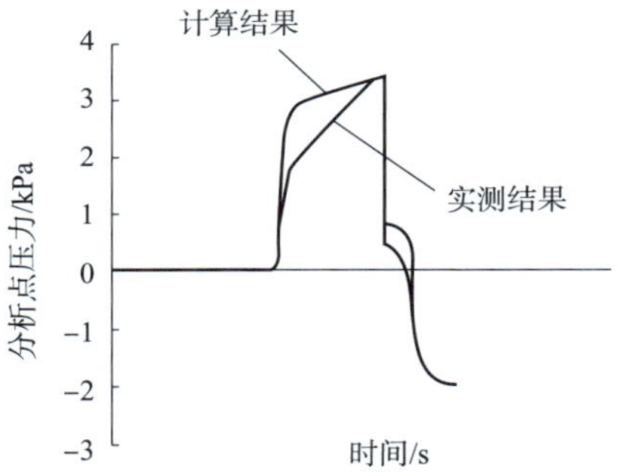

图 5-32　隧道内初始压缩波波峰值对比

5.6.2　压缩波峰值的可靠性

国内外针对高速铁路空气动力学效应的研究较多，其中有关压力及压力梯度的峰值方面的研究进展最大，得出的结果也最为可信，其理论推导和实测得出的经验公式可以互相解释和印证，这方面公认的结果包括 Yamamoto[7] 和 Howe[151]、Pope[43,45] 等人的研究成果。

Howe 在 2000 年曾以经典的声学理论，推导出一维情况下的压缩波幅值压力公式，如式(5-1)。Pope 和 Yamamoto 等学者曾根据大量的试验数据，提出了最大压力的经验公式，如式(5-2)和式(5-3)。表 5-12 列出了数值计算结果与式(5-1)～式(5-3)计算结果的对比情况。

$$p_{max}=\frac{\rho v^2\beta}{1-Ma^2}(1+\beta) \tag{5-1}$$

$$p_{max}=1.36\frac{\rho v^2\beta}{1-Ma^2}+0.105 \tag{5-2}$$

$$p_{max}=0.5\frac{\rho v^2[1-(1-\beta)^2]}{(1-Ma)[Ma+(1-\beta)^2]} \tag{5-3}$$

式中 ρ——空气密度；

v——列车速度，m/s；

Ma——列车马赫数；

β——隧道断面阻塞比。

表 5-12 压缩波峰值结果与各经验公式的对比

隧道面积/m^2	车速/(km·h⁻¹)	Howe 公式		Pope 公式		Yamamoto 公式		计算结果
70	300	2 182.2	16.54%	2 594.7	0.77%	2 294.8	12.24%	2 614.8
	350	3 040.4	11.61%	3 573.8	−3.90%	3 158.5	8.17%	3 439.6
100	300	1 453.7	12.22%	1 847.8	−11.58%	1 496.8	9.61%	1 656.0
	350	1 859.8	15.88%	2 334.6	−5.60%	2 041.2	7.68%	2 210.9

从表 5-12 中可以看出：

(1)Howe 公式是根据一维声学理论推导出来的，与三维数值计算的结果偏差较大；

(2)Yamamoto 和 Pope 公式是针对高速铁路实测和数值模拟得出的半经验公式，具有较大的实用价值；

(3)本研究的数值计算结果与 Pope 提出的经验公式较接近，特别是单线隧道的误差较小，面积为 70 m^2的单线隧道，其误差最小可达到 0.77%，与本次计算结果的吻合较好。

从以上计算结果的对比分析可知，所采用的数值模拟方法及计算模型是较为可靠的。

综合上述分析，得到如下结论：

(1)压力波传播和列车经过是隧道内压力变化的主要原因，但具体的变化过程则受隧道长度、列车长度、运行速度和会车条件等多种因素的影响，隧道内最大压力出现的时刻，则需要综合考虑以上因素及列车运行时刻等方面的原因。隧道内最高正压力出现在初始压缩波经过时，最低负压力出现在列车尾部通过时；当列车尾部与初始压缩波在洞口反射回来的膨胀波交会时，隧道内的负压达到最大值，此处可看作整座隧道内压力变化的最不利位置。此外，会车条件下隧道内的最大正压力和最大负压力，均是在列车交会时刻出现。

(2)隧道内高速列车运行引起的压力急剧变化，会对电气控制设备等附属设施构产生一定的影响，在进行此类附属设施的设计时，应考虑空气压力的急剧变化在结构上产生的附加作用力。

(3)根据上述计算分析,对于受压力波影响较大的附属设施,应该按静压峰值进行结构受力验算,其不同条件下静压验算标准建议值见表 5-13。

表 5-13　高速铁路隧道内附属设施的附加压强建议值

序号	工　况	正峰值压强/Pa	负峰值压强/Pa	推荐值/Pa
1	单线隧道 70 m^2,350 km/h 行车	3 425.2	−5 114.4	5 200
2	双线隧道 100 m^2,350 km/h 行车	2 201.9	−3 478.1	3 500
3	双线隧道 100 m^2,350 km/h 会车	5 870.4	−8 925.4	9 000
4	单线隧道 58 m^2,250 km/h 行车	2 163.1	−3 268.2	3 300
5	双线隧道 90 m^2,250 km/h 行车	1 155.4	−1 807.8	1 900
6	双线隧道 90 m^2,250 km/h 会车	3 522.2	−5 349.8	5 400

第 6 章 高速铁路隧道锚栓型附属设施气动特性及安全性

高速列车在隧道内的行驶过程中产生的压力波会对隧道内附属设施产生冲击作用，与此同时，列车在高速前进时会导致隧道整体结构发生振动而使固定附属设施的锚栓与二次衬砌间产生一定的动应力。此外，附属设施重力也不应忽视。因此，在锚固型附属设施的服役期间，将处于气动-附属设施自重-列车振动联合作用下的复杂环境，锚固型附属设施-锚栓-锚固区衬砌结构体系内部可能在此联合作用下可能会出现疲劳损伤，从而产生安全隐患。

针对上述问题，本章基于第 5 章的计算结果，以高速铁路隧道内典型锚栓固定型附属设施——配电箱为研究对象，运用 ABAQUS 动力有限元数值计算平台[152]，深入分析配电箱-锚栓-锚固区衬砌结构体系在各荷载作用下的应力时空分布特性，以确定该体系的安全影响因素及潜在破坏区域。

6.1 附属设施-锚栓-衬砌体系计算模型

6.1.1 计算模型

1. 整体模型

为减弱边界条件对模型计算的影响，地层深度取 80 m，宽度取 100 m，前后取 15 m，网格由外至内逐步加密。整体模型结构图如图 6-1 所示，局部细节图如图 6-2～图 6-4 所示。

2. 初期支护与二次衬砌

隧道采用 100 m^2 的高速铁路双线隧道标准断面（时速 350 km）[5]，其断面尺寸如图 6-5 所示。初期支护共 8 580 个网格；二次衬砌在配电箱安装孔处（锚固区），由于应力变化较为显著，需对其网格进行细化，二次衬砌共 334 918 个网格，初期支护与二次衬砌模型图如图 6-6 和图 6-7 所示。

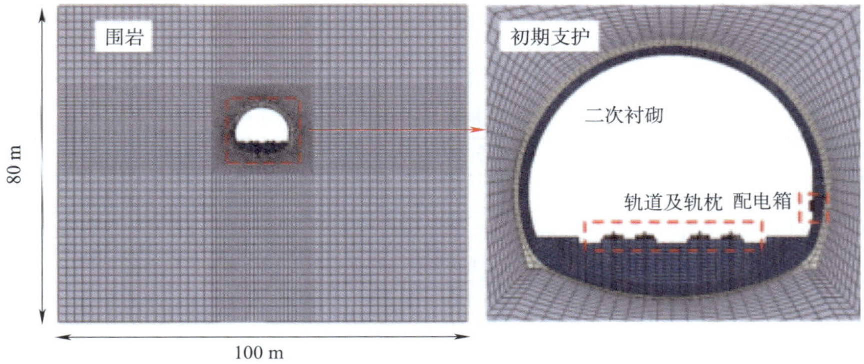

图 6-1　整体模型

图 6-2　轨道及轨枕

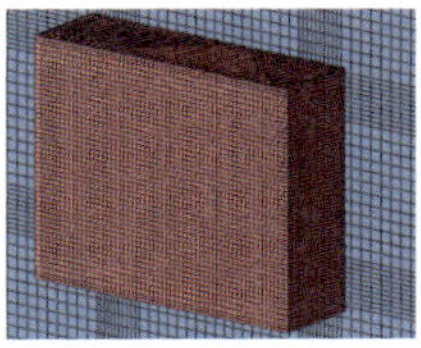

图 6-3　二次衬砌上配电箱

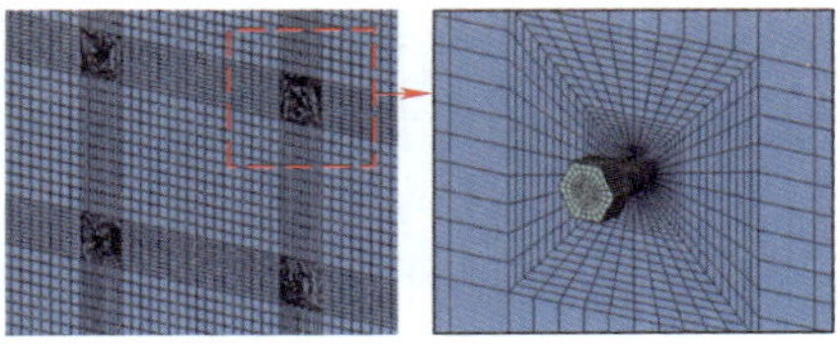

图 6-4　二次衬砌上锚栓

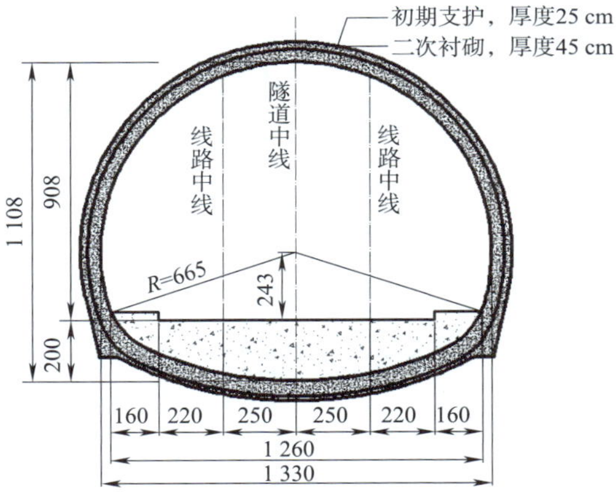

图 6-5　隧道断面(单位:m)

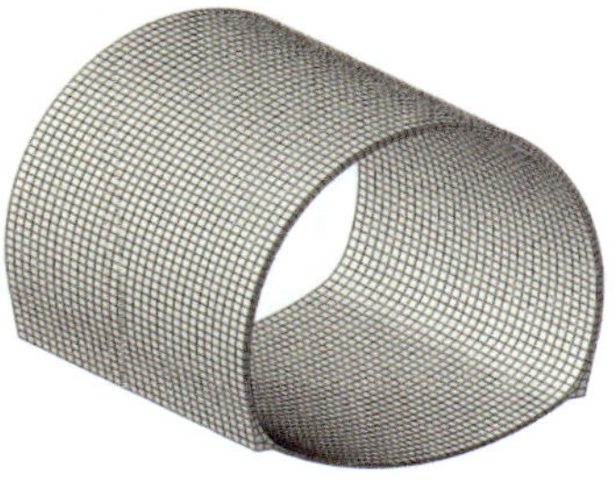

图 6-6　初期支护

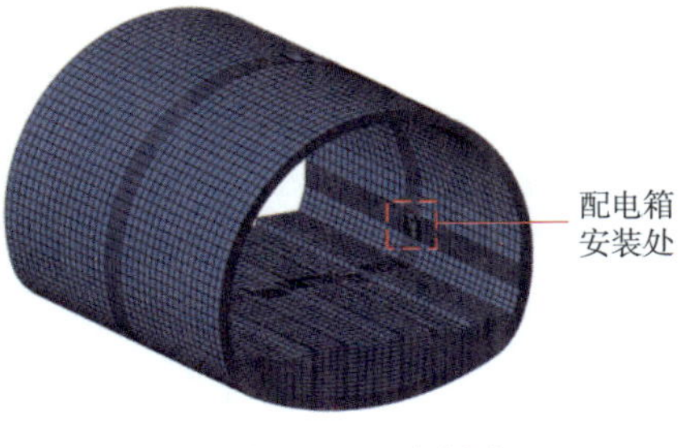

图 6-7　二次衬砌

高速铁路隧道模注混凝土衬砌一般不低于 C30[6]。各结构混凝土强度等级根据表 6-1 进行取值。

表 6-1　衬砌混凝土强度等级参数表

结构名称	强度等级	容重 γ/(kN·m^{-3})	弹性模量 E/GPa	泊松比 μ
二次衬砌	C30	25	30	0.2
混凝土基础	C25	25	28	0.2
填充层	C25	25	28	0.2
初期支护	C25	25	28	0.2
轨道板	C45	27	33.5	0.2

3. 轨道、扣件及轨枕

轨道、扣件及轨枕的模型及断面如图 6-8 和图 6-9 所示。轨道采用 T50 钢轨，其截面惯量 $I=2.037\times10^{-5}$ m^4，弹性模量 $E=2.059\times10^6$ N/m^2，其每延米质量为 51.5 kg，其下轨枕间距取 0.6 m[153]。轨道和轨枕均采用实体进行模拟。扣件采用 Abaqus 自带的连接器进行模拟，其参数见表 6-2。

图 6-8　轨道、扣件及轨枕模型

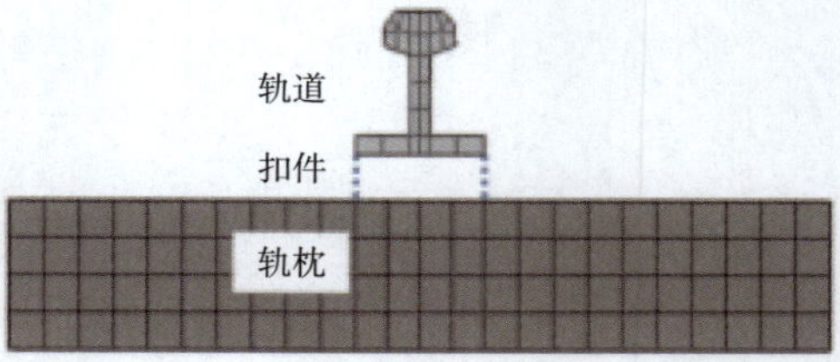

图 6-9　轨道、扣件及轨枕断面

表 6-2　扣件性能参数

扣件性能	刚度/(N·m^{-1})		阻尼/(N·m·s^{-1})	
	垂向	横向	垂向	横向
材料参数	6×10^7	3×10^7	7.5×10^4	6×10^4

4. 配电箱

隧道内锚固型附属设施种类繁多，以典型锚固型附属设施——配电箱为研究对象，其模型示意如图 6-10 所示。尺寸为 600 mm×500 mm×180 mm，质量为 7 kg。

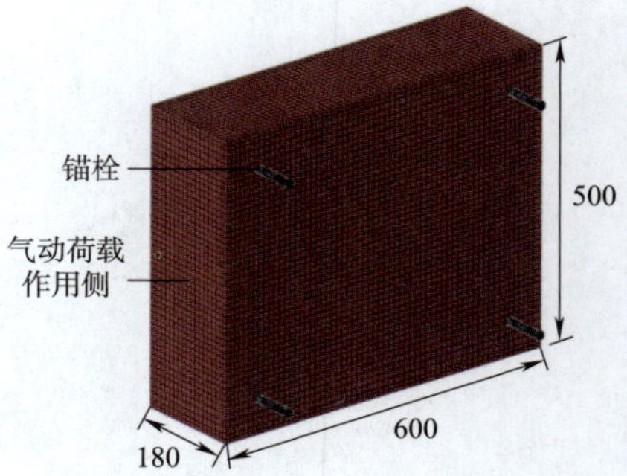

图 6-10　配电箱模型(单位:mm)

5. 锚栓

常用后扩底锚栓与自攻锚栓两种类型，两种锚栓的总长度均为 100 mm，其中锚固深度为 75 mm，直径根据锚栓型号确定。后扩底锚栓模型共 31 152 个网格，自攻锚栓共 37 920 个网格，网格划分如图 6-11 所示。目前，隧道内锚固型附属设施常用锚栓的强度等级为 8.8 级，材料参数见表 6-3。

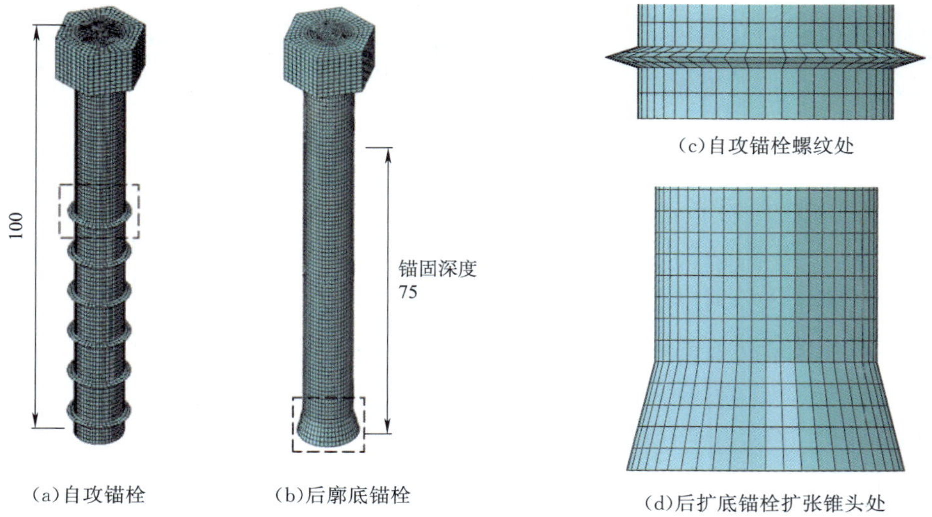

图 6-11　锚栓网格示意(单位:mm)

表 6-3　锚栓参数

锚栓等级	弹性模量 E/MPa	极限抗拉强度标准值 f_{stk}/(N·mm^{-2})	屈服强度标准值 f_{yk}/(N·mm^{-2})	极限拉应变 ε_{stk}/%
8.8 级	2×10^5	800	640	0.12

6. 锚固区混凝土

锚固区混凝土尺寸取 500 mm×500 mm×180 mm，混凝土中心设置一锚栓孔，其深度为 75 mm，网格以锚栓孔轴线为中心逐步向外扩展，混凝土模型共 529 512 个网格，其网格划分如图 6-12 与图 6-13 所示。

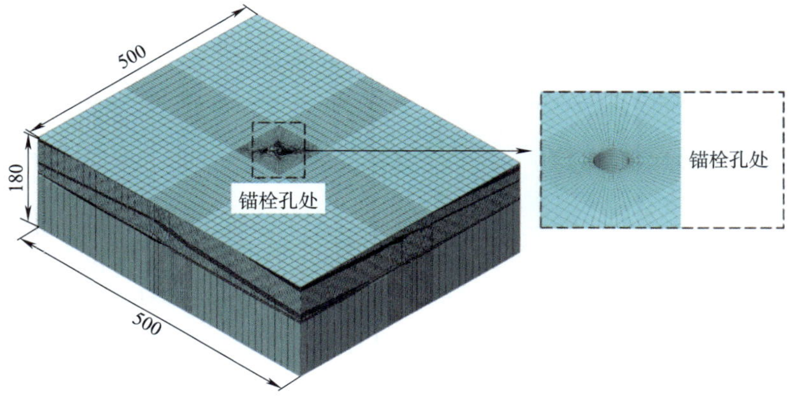

图 6-12　混凝土网格示意(单位:mm)

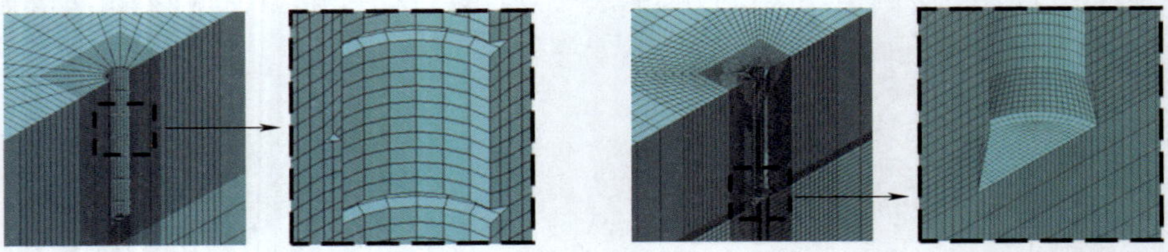

(a)自攻锚栓孔剖面　　(b)后扩底锚栓孔剖面

图 6-13　混凝土网格内部示意

7. 混凝土本构模型

混凝土的本构模型采用弹塑性模型。其应力-应变曲线如图 6-14 与图 6-15 所示。单轴受拉时，在达到失效应力 σ_{tr} 前，混凝土为弹性阶段(①)，之后为软化阶段(②)。单轴压缩时，在达到初始屈服应力 σ_{c0} 前，混凝土为弹性阶段(①)，之后为强化阶段(②)，直到极限应力 σ_{cr}，然后为软化阶段(③)[154]。

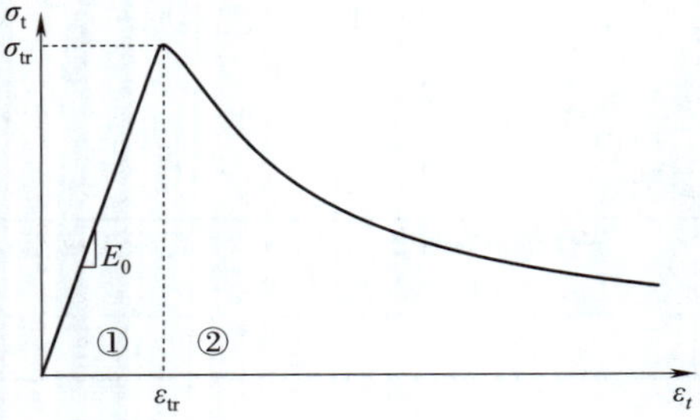

图 6-14　混凝土受拉开裂应力-应变曲线

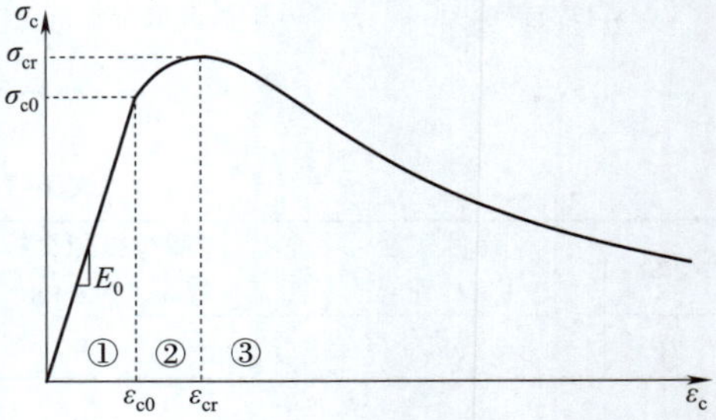

图 6-15　混凝土压缩非弹性应力-应变曲线

针对混凝土的塑性破坏准则，参考 ABAQUS 用户手册[152]，得到表 6-4 所示相关弹塑性参数参考值。

表 6-4　混凝土弹塑性参数

密度/(kg·m^{-3})	泊松比	膨胀角 φ/(°)	偏心率 e	σ_{b0}/σ_{c0}	K_c	黏聚系数
2 500	0.2	30	0.1	1.16	2/3	0

6.1.2　荷载计算

1. 气动荷载

由于压力波的传播速度较快，高速铁路隧道内附属设施具有多样性，各处压力差最大值难以捕捉，沿隧道纵向前后面上的压力差值，也会因附属设施的几何形状不同而互有差异。考虑到安全方面，将作用于附属设施的最不利加载方式，取为沿其隧道纵向的单侧侧面上加载。此时，配电箱的气动荷载最不利加载方式如图 6-16 所示。速度 350 km/h 高速铁路隧道内气动荷载时程变化曲线如图 6-17 所示。

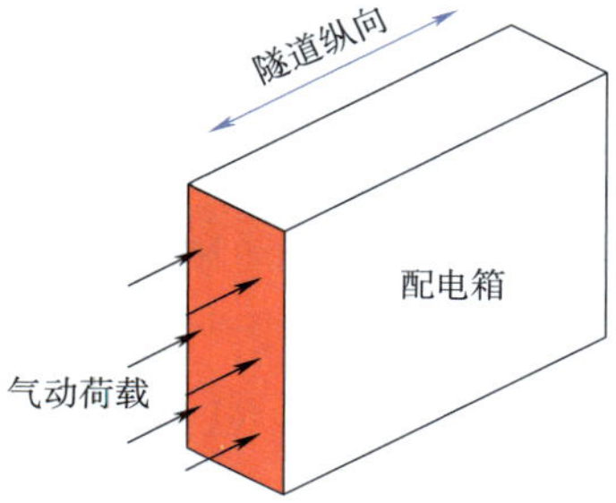

图 6-16　配电箱气动荷载最不利加载方式

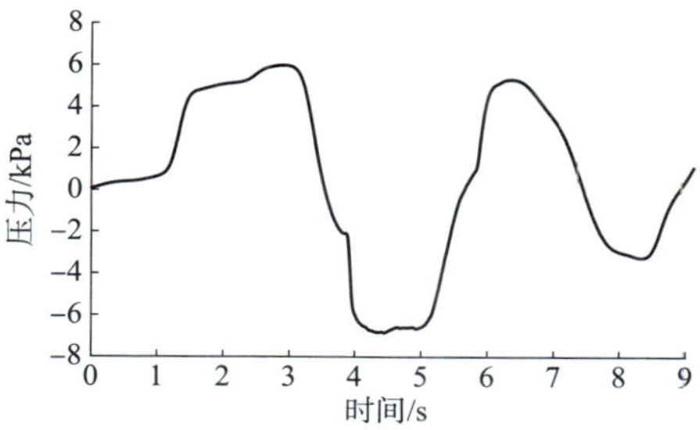

图 6-17　350 km/h 高速铁路隧道分析点气动荷载时程变化曲线

2. 列车振动荷载

确定列车荷载谱的方法主要有经验公式与现场实测两种，由于条件所限，高速列车一般采用前者进行模拟。根据相关规范和研究[6,155]，结合轮轨力在轨道上的移动与叠加效应，钢轨的分散作用以及轨道不平顺等各类因素，采用公式(6-1)对列车的振动荷载进行计算。

$$P(t)=k_1k_2(P_0+P_1\sin\omega_1 t+P_2\sin\omega_2 t+P_3\sin\omega_3 t) \tag{6-1}$$

式中　P_1、P_2、P_3——振动荷载，各自对应表 6-5 中①、②、③的某一特征值；

k_1——相邻轮轨叠加系数，取 1.2～1.7；

k_2——钢轨分散系数，取值为 0.6～0.9；

P_0——车辆静载。

令列车簧下质量为 M_0，则振动荷载幅值为

$$P_i=M_0 a_i\omega_i^2 \tag{6-2}$$

式中　a_i——对应表 6-5 中①、②、③三种不平顺控制条件下的正矢；

ω_i——振动圆频率在不平顺控制条件下的计算式，表达式为 $\omega_i=2\pi v/L_i$，v 为高速列车速度；L_i 为几何不平顺曲线的典型波长，分别对应表 6-5 中①、②、③三种不同情况。

表 6-5　铁路中心轨道几何不平顺控制值

控制条件	波长/m	正矢/mm
按行车平整性①	50	16
	20	9
	10	5
按作用在钢轨上的附加荷载②	5	2.5
	2	0.6
	1	0.3

续上表

控制条件	波长/m	正矢/mm
波形损耗③	0.5	0.1
	0.05	0.005

高速列车荷载谱中，列车轴重和线路等级紧密相关，各国对列车轴重限值的规定也不相同。目前，在高速铁路轮轨关系的研究中，高速列车轴重原则上不能大于 17 t，中速列车轴重不能大于 19 t，为偏安全考虑，列车轴重取 19 t，簧下质量 M_0 取 750 kg。参考相关研究[156]，对应于表 6-5 中①、②、③三种条件下的波长和矢高分别取为：$L_1=10$ m，$L_2=2$ m，$L_3=0.5$ m；$a_1=3.5$ mm，$a_2=0.4$ mm，$a_3=0.08$ mm。

根据以上公式，对于 350 km/h 高速列车，其 1 s 内列车荷载时程曲线如图 6-18 所示。

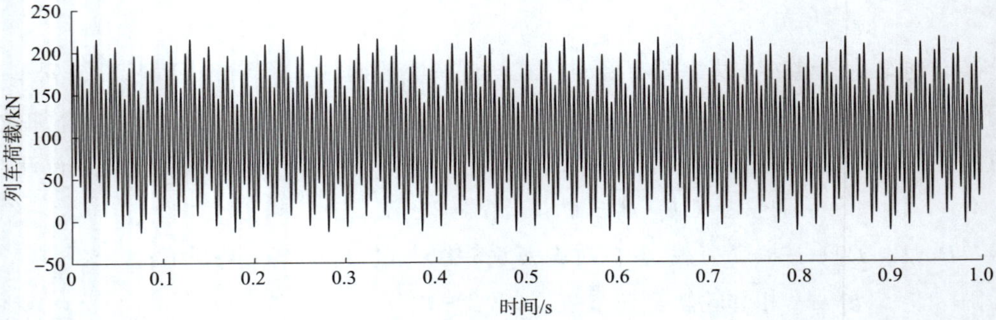

图 6-18　列车荷载时程曲线

6.1.3　接触设置

模型中所有部件均为三维实体单元，当两个面的间距为零时，ABAQUS 分析软件会为两个表面添加面面接触相互作用，其相互作用主要包括两部分，法向作用与切向作用。

1. 法向作用

模型中，锚栓与混凝土之间的法向作用取“硬”接触，即两接触面间所传递的压力值没有限值，而当两接触面之间压力为零或负值时，认为两个接触面已分离。

2. 切向作用

采用库伦摩擦来描述两个面之间的切向作用，摩擦因数 μ 取为 0.4，其计算公式为

$$\tau=\mu p \tag{6-3}$$

式中　τ——极限摩擦剪应力；

p——接触面间压应力。

接触面间在外力作用时会产生剪应力，在剪应力增大至极限摩擦剪应力后，界面剪应力会保持极限剪应力不变，两接触面间会发生相对移动。

6.1.4　求解设置

在 ABAQUS 有限元分析软件中，求解结构动力学问题时可以设置动力显示分析步或动力隐式分析步，其分别对应中心差分法和 Newmark 法。本模型采用隐式 Newmark 法对附属设施-锚栓-衬砌动力学结构问题进行求解。

6.2　附属设施-锚栓-锚固区衬砌体系动力响应特征

针对所建立的模型，首先分析各结构在气动-配电箱自重-列车振动联合作用下，各部件的应力变化规律与应力分布特征，对比各结构的承载能力，得到体系中最危险区域，最后得到结构体系的破坏形式。

6.2.1　配电箱动力响应特征

配电箱应力计算结果见表 6-6。以拉应力为例，配电箱最大拉应力时程曲线如图 6-19 所示，当拉应力达到最大值时，其应力分布云图如图 6-20 所示。

表 6-6　配电箱应力

应力类型		应力值/MPa
拉应力 δ_1	最大值	0.91
	最小值	0.07
	差　值	0.84
压应力 δ_s	最大值	1.01
	最小值	0.06
	差　值	0.95

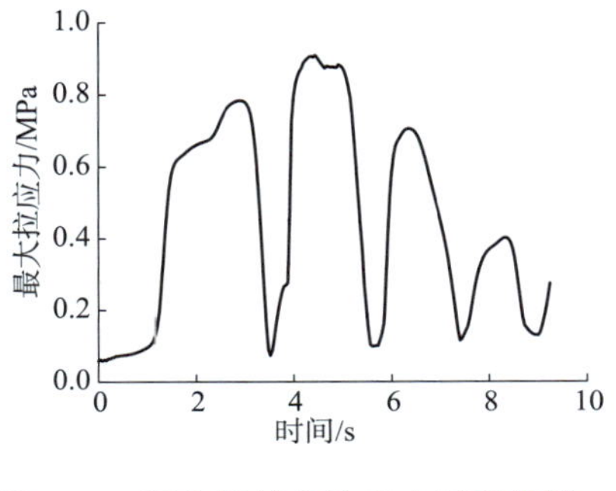

图 6-19　配电箱最大拉应力时程曲线

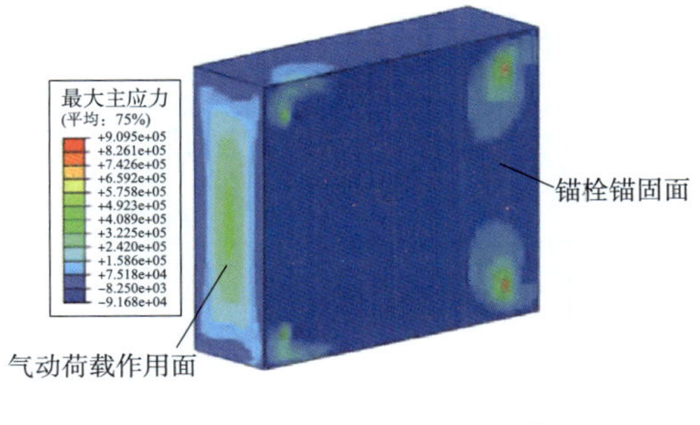

图 6-20　配电箱拉应力云图(单位：MPa)

由表 6-6、图 6-19 和图 6-20 的分析可得：

（1）配电箱的应力时程变化规律与气动荷载时程变化规律接近，在 4.44 s 时，配电箱拉应力达到最大值。

（2）配电箱拉应力最大值为 0.91 MPa，压应力最大值为 1.01 MPa。在高速铁路隧道中，附属设施常用铁、铝等金属材料，其强度远大于模型中计算所得应力值。

（3）由配电箱的应力分布云图可发现，由于锚栓及配电箱的彼此约束作用，配电箱锚栓孔附近应力较大。在实际使用过程中，由于工艺差异影响，锚栓螺纹与配电箱锚栓孔可能存在少许空隙，在各荷载的联合作用下，锚栓与锚栓孔间可能在此空隙中存在反复微小冲击现象。故可对配电箱锚栓孔处进行一定的加强措施，并设置垫层。

6.2.2 后扩底锚栓动力响应特征

1. 后扩底锚栓动力时变特征

后扩底锚栓锚固分析区域如图 6-21 所示，应力最大值见表 6-7，拉应力时程曲线如图 6-22 所示，压应力时程曲线如图 6-23 所示。以图 6-21 虚线方框中 1 号锚栓为例，其与二次衬砌表面相接触区域（图 6-21 右侧虚线处）在各峰值时刻下的应力分布对比如图 6-24 和图 6-25 所示。

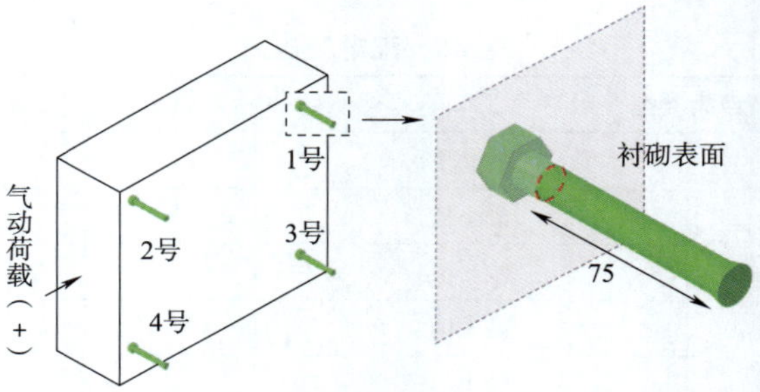

图 6-21　分析区域示意（单位：mm）

表 6-7　后扩底锚栓应力

应力类型		应力值/MPa
拉应力 δ_l	最大值	6.84
	最小值	0.89
	差　值	5.95
压应力 δ_s	最大值	6.77
	最小值	0.99
	差　值	5.78

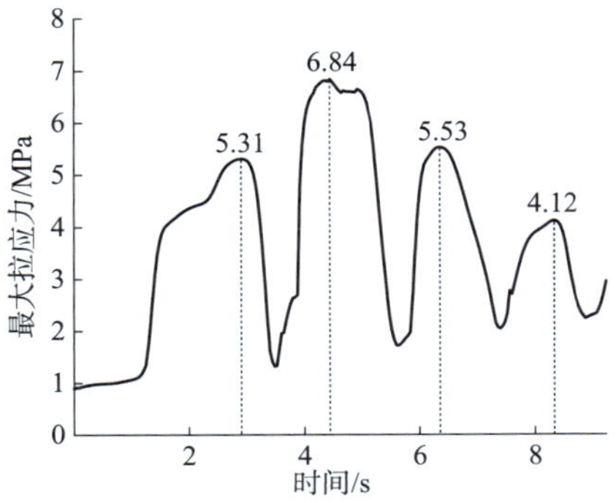

图 6-22　锚栓最大拉应力时程曲线

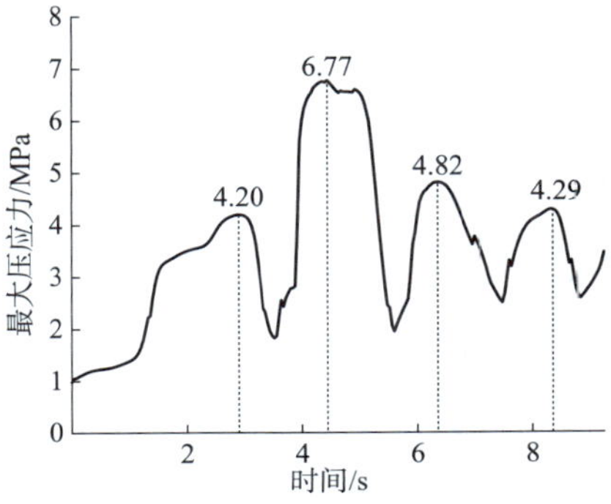

图 6-23　锚栓最大压应力时程曲线

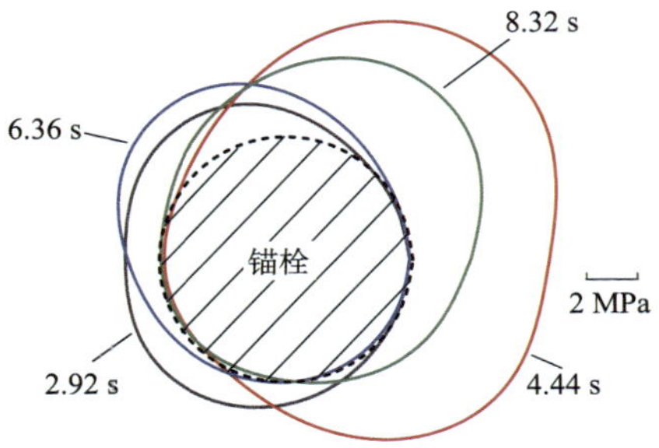

图 6-24　不同时刻 1 号锚栓拉应力对比

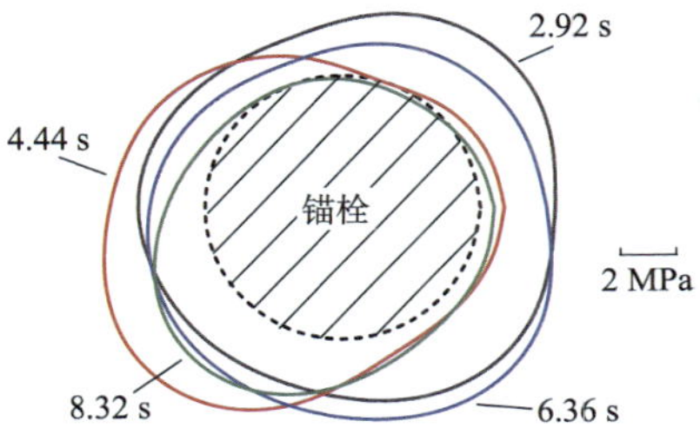

图 6-25　不同时刻 1 号锚栓压应力对比

由图 6-22～图 6-25 分析可得：

(1)与配电箱本体类似，M12 后扩底锚栓的应力时程变化规律与气动荷载时程变化规律接近。说明气动荷载对后扩底锚栓应力影响更为显著。在 2.92 s、4.44 s、6.36 s 及 8.32 s 时，锚栓会出现应力峰值。其中，在 4.44 s 时，锚栓应力达到最大值。

(2)在不同时刻，锚栓各区域所受到的应力类型(拉、压)不同，在 2.92 s 与 6.36 s 时，锚栓左侧拉应力较大，右侧压应力较大；而在 4.44 s 与 8.32 s 时，锚栓右侧拉应力较大，左侧压应力较大。由此可见，在外部荷载的联合作用下，锚栓左右两侧应力会发生反复变化，进而会产生一定的疲劳效应。

2. 后扩底锚栓应力分布特征

分析可知，在 4.44 s 时，锚栓的拉应力与压应力均达到最大值，在该时刻，锚栓拉应力和压应力云图如图 6-26 和图 6-27 所示，以 1 号锚栓为例，其整体与剖面应力云图如图 6-28 与图 6-29 所示。图 6-28(c)中，拉应力 l_1 与图 6-29(c)中压应力 l_2 随深度关系如图 6-30 所示。

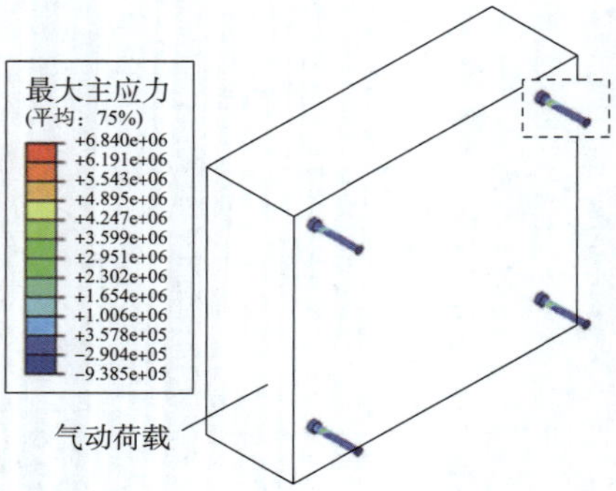

图 6-26　锚栓整体拉应力云图(单位:MPa)

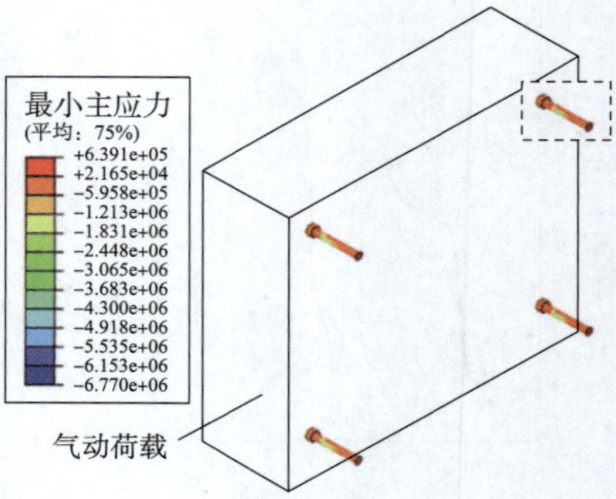

图 6-27　锚栓整体压应力云图(单位:MPa)

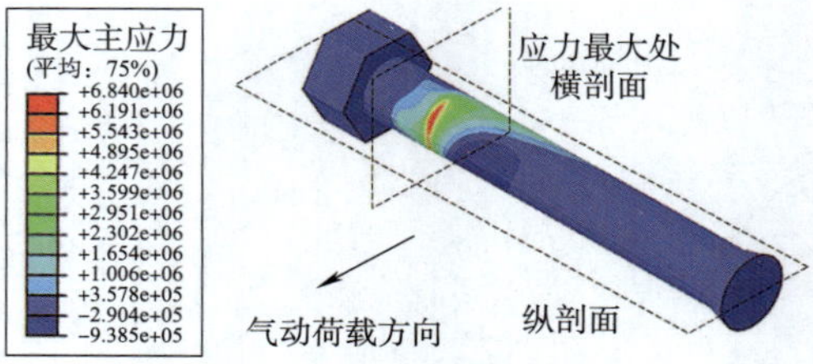

(a)表面应力

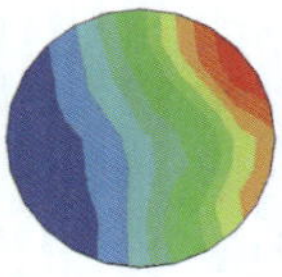

(b)应力最大处横剖面

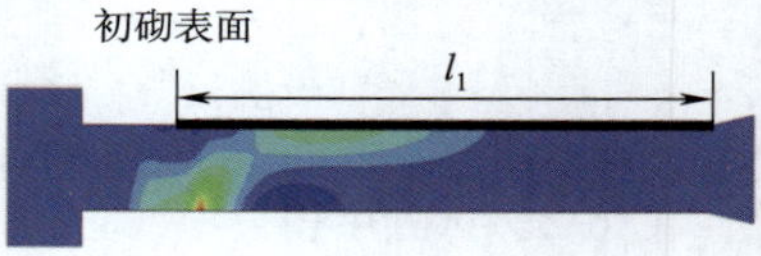

(c)纵剖面

图 6-28　1 号锚栓拉应力云图(单位:MPa)

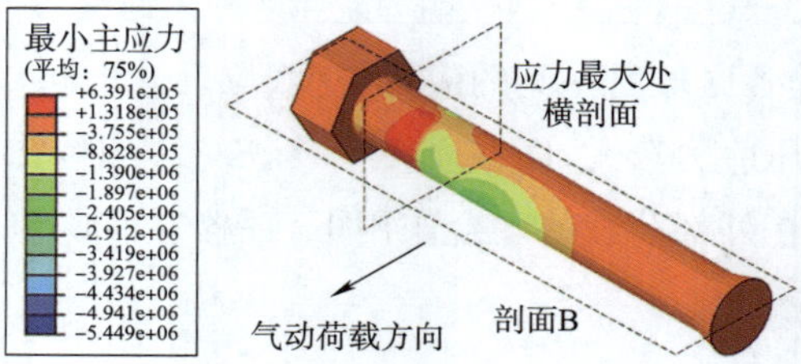

(a)表面应力

(b)应力最大处横剖面

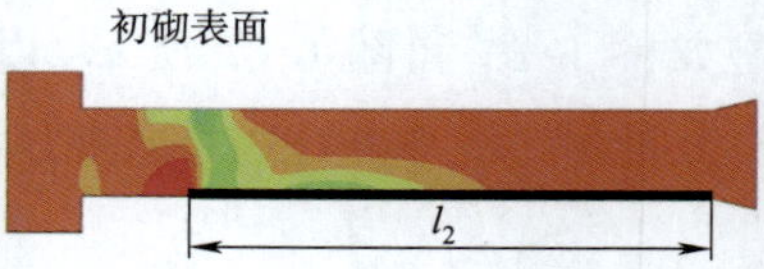

(c)纵剖面

图 6-29　1 号锚栓压应力云图(单位:MPa)

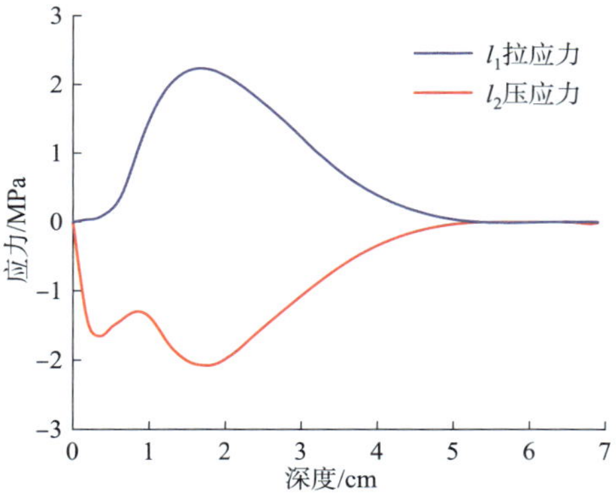

图 6-30　锚栓应力-深度关系图

由表 6-7 及图 6-26～图 6-30 的分析可得：

(1)各后扩底锚栓的主要应力分布区域类似，均为其与配电箱及衬砌浅层的接触区域，不同锚栓的应力有少许区别的原因主要由于配电箱的材料属性非刚体。由图 6-28 可得，锚栓在衬砌深度内 0～5 cm 有明显应力，而在埋深 5 cm 以上的区域，锚栓应力接近于 0。

(2)从锚栓横剖面应力分布云图可看出，锚栓横截面两侧的受力形式有明显差异，从左到右拉应力逐渐变大，压应力逐渐变小，锚栓的受力在任一时刻下具有明显的非对称性。

(3)在气动荷载的影响下，锚栓会随箱壳发生一定的位移，螺杆类似于支座间发生相对位移的超静定梁结构。对于靠近配电箱的螺杆区域，其气动荷载侧拉应力较大，而另一侧压应力较大。

(4)与前述相似，对于衬砌内螺杆区域，其气动荷载侧压应力较大，另一侧拉应力较大。由于衬砌的弹性模量较配电箱小且对螺杆的约束程度较弱，衬砌内螺杆的应力值较小但应力区较广。锚栓两侧的拉压力与压应力分布较为对称，衬砌深度 2 cm 处螺杆应力达到最大，拉压力与压应力均为 2 MPa 左右。

(5)1 号、2 号、3 号与 4 号后扩底锚栓最大拉应力分别为 6.84 MPa、3.26 MPa、6.15 MPa 与 5.83 MPa，最大压应力分别为 5.45 MPa、5.09 MPa、4.03 MPa 与 6.77 MPa，相较于配电箱本体，后扩底锚栓应力较大。目前，隧道内锚固型附属设施锚栓多采用 8.8 级锚栓，其屈服强度为 640 MPa，远大于计算所得到的应力值。故在锚栓满足材料及安装要求的前提下，附属设施-锚栓-二次衬砌结构体系中锚栓不会出现材料破坏现象。但在实际使用中，可能出现因为钻孔误差过大或清孔程度不满足要求等情况，在动力反复作用的情况，锚栓可能出现脱落等不良情况。

6.2.3　锚固区衬砌混凝土动力响应特征

由第 4 章分析可知，锚栓-锚固区衬砌混凝土结构体系中，混凝土基材发生破坏主要由其内部的拉应力与剪应力造成，以下将主要分析锚固区衬砌混凝土在气动-配电箱自重-列车振动影响下,拉应力与剪应力的时空分布特征。

1. 锚固区二次衬砌动力时变特征

锚固区二次衬砌应力峰值见表 6-8,拉应力时程变化曲线如图 6-31 所示,剪应力时程曲线如图 6-32 所示。1 号锚栓孔处表层锚固区二次衬砌在各峰值时刻下的应力分布对比如图 6-33 与图 6-34 所示。

表 6-8　锚固区二次衬砌应力峰值

应力类型		应力值/MPa
拉应力 δ_l	最大值	1.12
	最小值	0.19
	差　值	0.93
压应力 δ_s	最大值	1.47
	最小值	0.20
	差　值	1.27

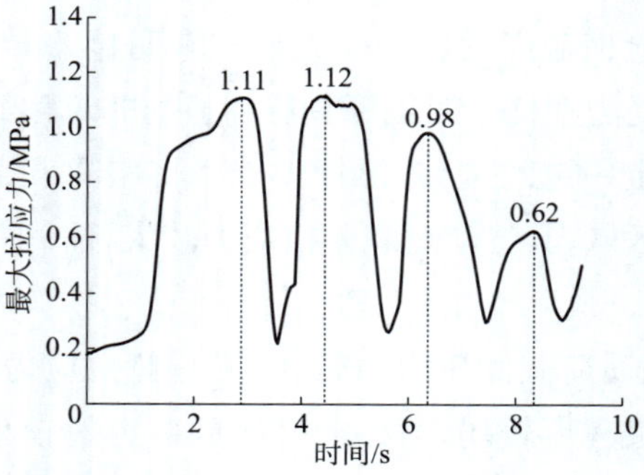

图 6-31　锚固区衬砌最大拉应力时程曲线

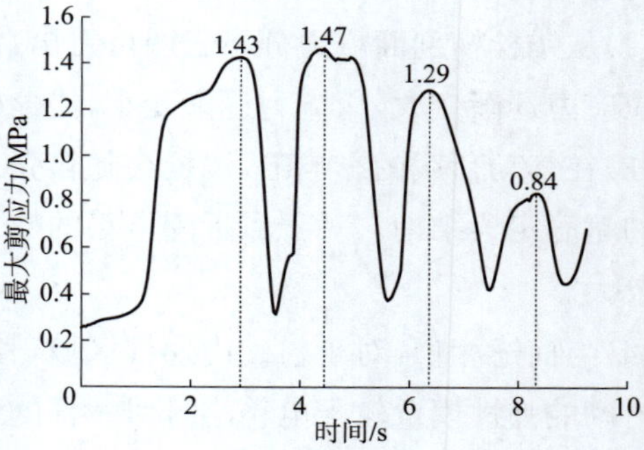

图 6-32　锚固区衬砌最大剪应力时程曲线

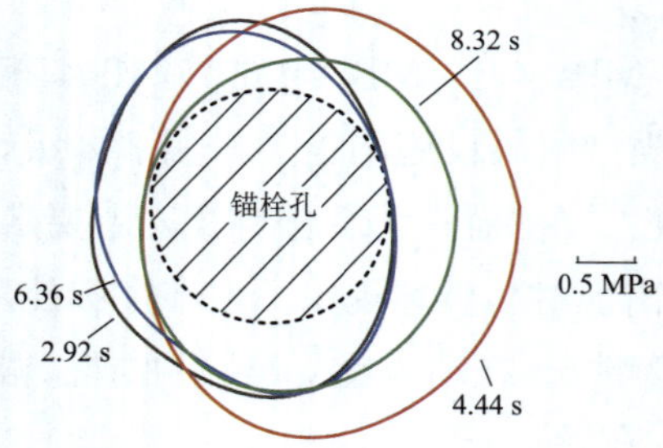

图 6-33　不同时刻 1 号锚栓孔拉应力对比图

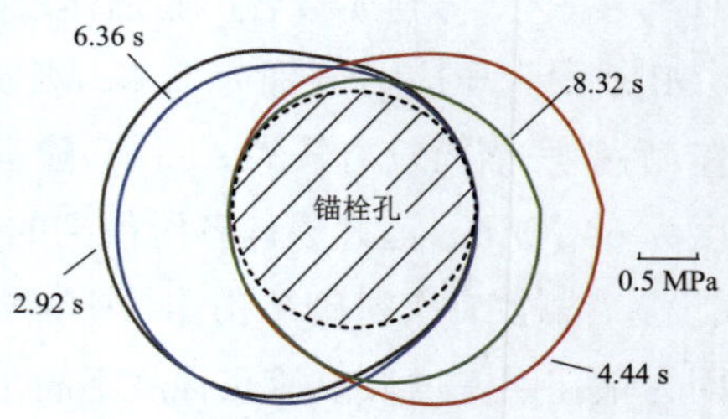

图 6-34　不同时刻 1 号锚栓孔剪应力对比图

由图 6-31～图 6-34 的分析可得:

(1)锚固区二次衬砌的最大拉、剪应力时程变化规律,均与气动荷载时程变化规律接近。

在 2.92 s、4.44 s、6.36 s 与 8.32 s 时刻，二次衬砌会出现应力峰值。其中，在 4.44 s 时，二次衬砌会出现应力最大值。

(2)在不同时刻中，锚固区二次衬砌各区域所受到的应力类型不同，在 2.92 s 与 6.36 s 时，锚栓孔处混凝土左侧应力较大，而在 4.44 s 与 8.32 s 时，锚栓处混凝土右侧应力较大，二次衬砌在任一时刻下的应力具有显著的非对称性。

(3)高速列车通过隧道的全过程中，衬砌拉应力峰值为 1.12 MPa，剪应力峰值为 1.47 MPa。隧道衬砌拉应力峰值超过了混凝土抗拉强度疲劳限值 0.86 MPa，但未超过混凝土抗拉强度设计值 1.43 MPa；而剪应力尚未超过混凝土抗剪疲劳限值 1.54 MPa，说明在各应力的联合作用下，二次衬砌局部区域会出现一定程度的疲劳破坏。

2. 锚固区二次衬砌应力分布特征

分析可知，在 4.44 s 时，锚栓孔旁二次衬砌应力达到最大值。在该时刻下，其应力云图如图 6-35 所示，以 1 号锚栓孔旁二次衬砌为例，其拉应力与剪应力云图如图 6-36 和图 6-37 所示。锚栓孔表层衬砌(l_1)与深层衬砌(l_2)应力变化如图 6-38 和图 6-39 所示。

由图 6-35～图 6-39 的分析可得：

(1)二次衬砌各锚栓孔处应力仅集中于锚栓孔旁小范围内，应力区远小于锚栓间距，没有出现应力叠加现象，不会产生群锚效应。1 号、2 号、3 号与 4 号锚栓孔旁最大拉应力分别为 1.12 MPa、0.71 MPa、1.12 MPa 与 0.69 MPa，最大剪应力分别为 1.33 MPa、1.44 MPa、1.37 MPa 与 1.47 MPa。

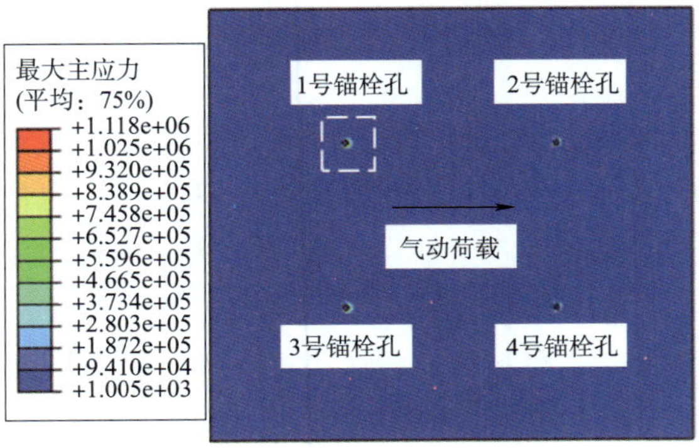

图 6-35　衬砌拉应力云图(单位：MPa)

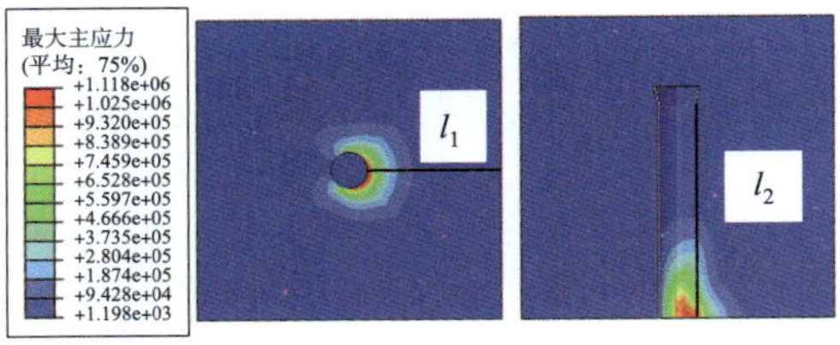

图 6-36　衬砌局部拉应力云图(单位：MPa)

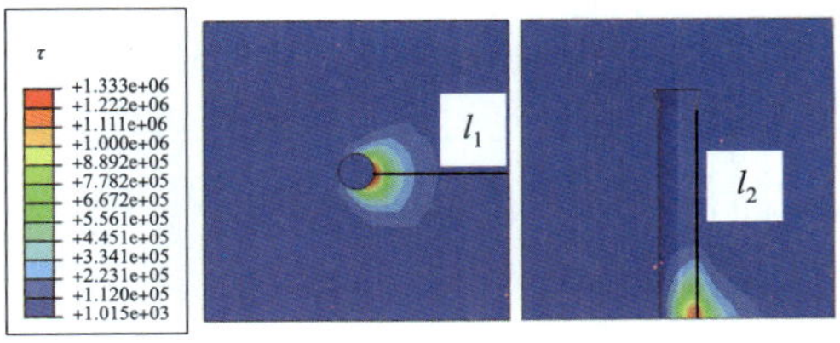

图 6-37　衬砌局部剪应力云图(单位：MPa)

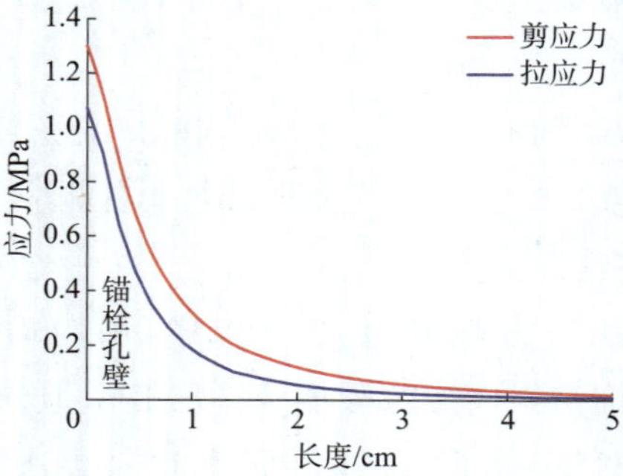

图 6-38 表层衬砌(l_1)应力变化

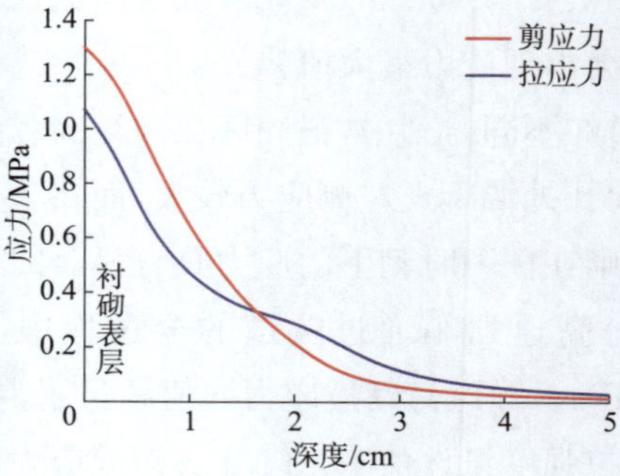

图 6-39 深层衬砌(l_2)应力变化

(2)在 4.44 s 时,气动荷载的方向向右(图 6-35),二次衬砌主要应力区域也集中在锚栓孔右侧表层混凝土,锚栓孔左右两侧应力具有明显的非对称性。

(3)在衬砌表层,随着衬砌分析点不断远离锚栓孔,其应力不断减小。在靠近锚栓孔的区域,其应力减小程度较为剧烈,而后逐渐趋于平缓,在距锚栓孔 3 cm 以外的区域,其应力接近于 0。

(4)在锚栓孔右侧衬砌中,随着分析点沿着 l_2 不断深入锚栓孔,其内部应力不断减小,在靠近衬砌表层的区域,应力减小程度较为剧烈,在距表层 3 cm 及更深处,其应力接近于 0。

锚栓孔旁应力主要产生原因有以下几方面:

(1)4.44 s 时,锚栓在气动荷载的影响下有向右移动的趋势,锚栓孔壁右侧混凝土中会产生横向压应力以约束锚栓。

(2)为约束锚栓孔右侧混凝土,锚栓孔上下侧混凝土中会产生横向拉应力。

(3)配电箱在外力作用下会产生一定的扭转趋势,锚栓有一定的拔出趋势,由于摩擦作用,锚栓孔右侧混凝土会随锚栓出现向外移动的趋势,因此锚栓孔右侧混凝土会产生沿锚栓轴向的拉应力。

(4)由于锚栓靠近衬砌表层的区域向右移动的趋势更为明显,表层混凝土会产生较大剪应力。

(5)由于配电箱重力作用,锚栓孔处混凝土下侧应力较上侧应力更为明显。

当衬砌拉应力超过 0.86 MPa 时,衬砌会存在疲劳破坏安全隐患。根据前述数值模拟计算结果可发现,在 4.44 s 这一最危险时刻,锚栓孔旁二次衬砌厚度约 2 mm、深度 7 mm 的局部区域会发生衬砌受拉疲劳破坏,其区域如图 6-40 灰色部分所示。另外,衬砌中剪应力也接近混凝土的抗剪强度疲劳限值。

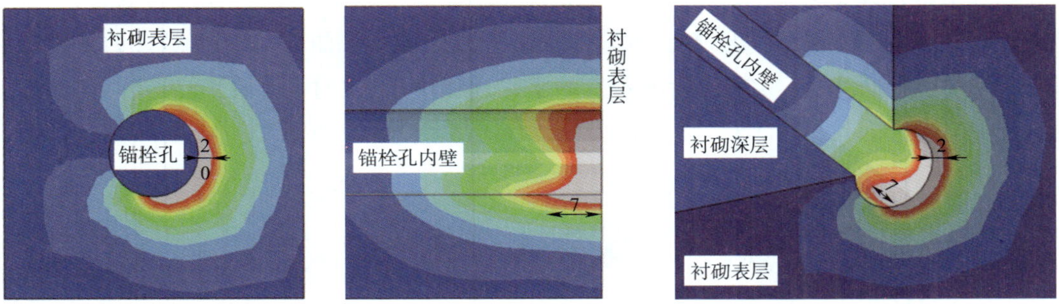

(a)正视图　(b)剖视图　(c)三维剖切视图

图 6-40　锚栓孔衬砌安全隐患区域(单位:mm)

6.2.4　锚固区二次衬砌破坏形式

分析可知,在列车运行于隧道的全过程中,存在最危险时刻,二次衬砌拉应力超过了其疲劳限值,剪应力接近于其疲劳限值。

高速铁路隧道中锚固型附属设施的种类繁多,对于不同的锚固型附属设施,锚栓孔处混凝土应力分布规律会有所区别,拉、剪应力均可能超过其疲劳强度限值。由此说明,在气动-附属设施重力-列车振动作用下,衬砌存在拉剪疲劳破坏安全隐患,其区域位于锚栓孔旁表层混凝土。

高速列车在隧道内行驶时,其产生的气动荷载会由于压缩波与膨胀波所处断面的不同,对附属设施产生不同方向的影响。在荷载的反复作用下,锚栓孔四周所受到的影响是对称的。以前述破坏区域形成的包络线为母线,锚栓中心线为旋转轴,可得到如图 6-41 中区域(1),即短期中二次衬砌局部所发生的表层锥体破坏区域。

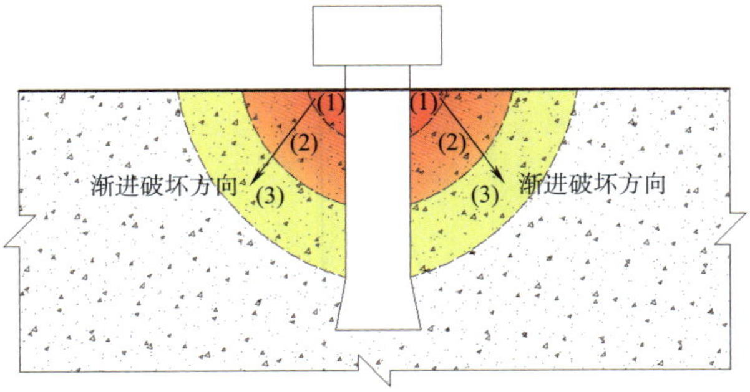

图 6-41　二次衬砌破坏区域示意图

高速铁路隧道内锚固型附属设施,在多年的服役过程中,会受到各类荷载的长期反复作用。其锚栓孔周边的表层混凝土,会出现疲劳损伤累积,并逐层剥落至衬砌深层。在表层混凝土发生碎裂剥落后，深层混凝土应力会发生重分布，深层混凝土应力在外力联合作用下，可能超过其疲劳破坏限值，出现疲劳破坏，混凝土逐层破坏至图 6-41 中区域(3)，最终导致该锚栓失效。由此可见，在附属设施的长期服役过程中，二次衬砌存在疲劳-剥落的渐进式破坏过程。

6.3 各类荷载对附属设施的安全性影响

分析可知，在气动-配电箱自重-列车振动的联合作用下，最容易发生疲劳破坏的部件是二次衬砌。以下将分别研究各荷载对锚栓锚固区二次衬砌的影响。

6.3.1 气动荷载的影响

当仅考虑气动荷载的影响时，以锚固区二次衬砌中最大拉应力为例，其与气动荷载的时程曲线对照如图 6-42 所示。当最大拉应力达到其峰值时，锚固区二次衬砌拉应力与剪应力的分布云图如图 6-43 和图 6-44 所示。

由图 6-42～图 6-44 的分析可得：

(1)气动荷载的单独作用下，二次衬砌拉应力最大值为 1.01 MPa，剪应力最大值为 1.38 MPa，且二次衬砌的应力变化规律与多种荷载联合作用下变化规律相近，可进一步说明前述模型中的应力发生变化的主要因素为气动荷载。

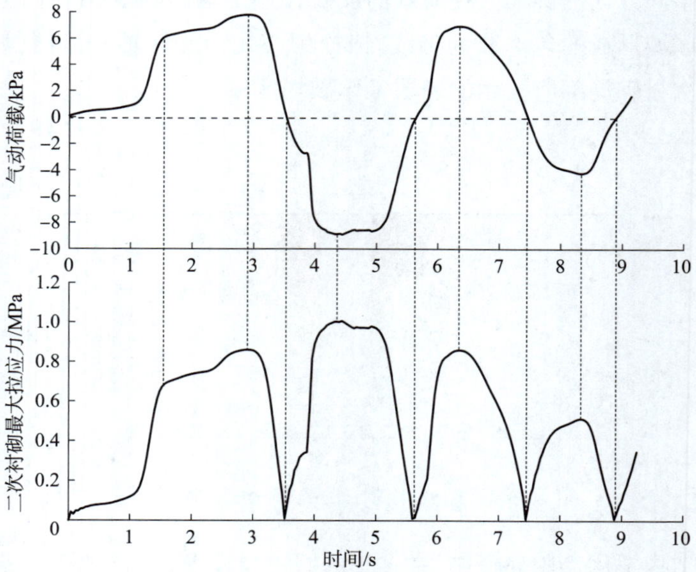

图 6-42 拉应力时程曲线对照

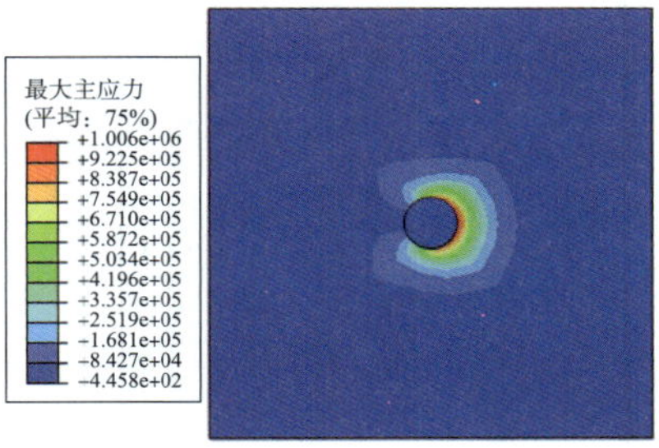

图 6-43　拉应力分布云图(单位：MPa)

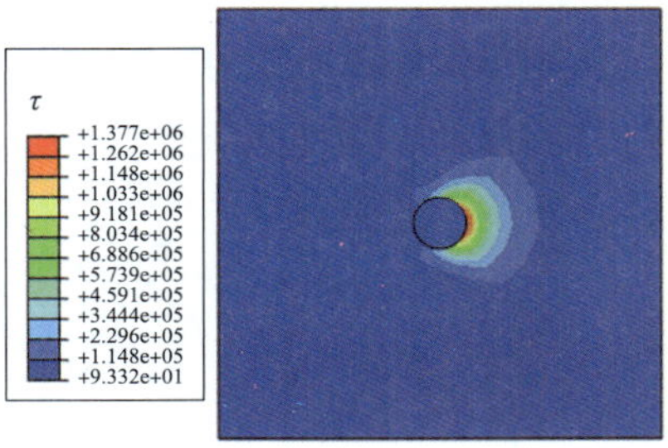

图 6-44　剪应力分布云图(单位：MPa)

(2)当衬砌中拉应力达到最大值时，衬砌的主要应力区域集中于锚栓孔右侧，应力产生原因可见 6.2.3 所述。

6.3.2　配电箱自重的影响

当仅考虑配电箱重力时，锚栓孔周边二次衬砌拉应力与剪应力分布云图如图 6-45 和图 6-46 所示。

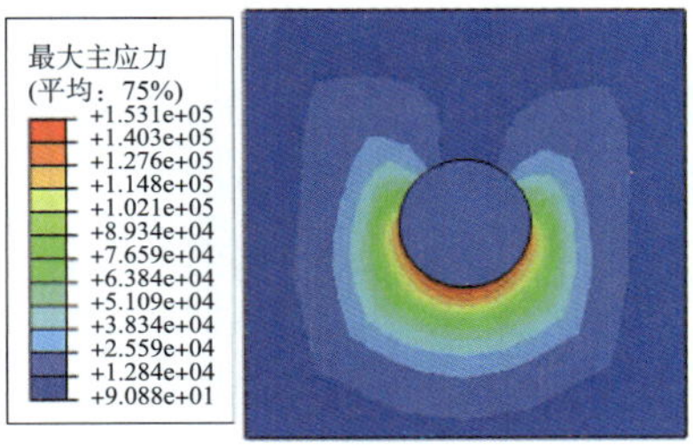

(a)正视图

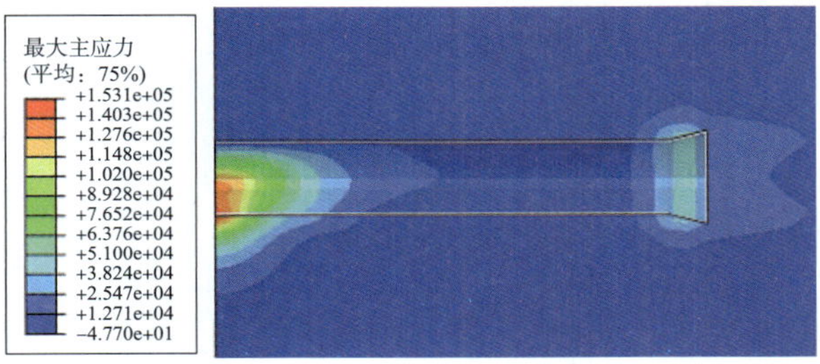

(b)剖面图

图 6-45　拉应力分布云图(单位：MPa)

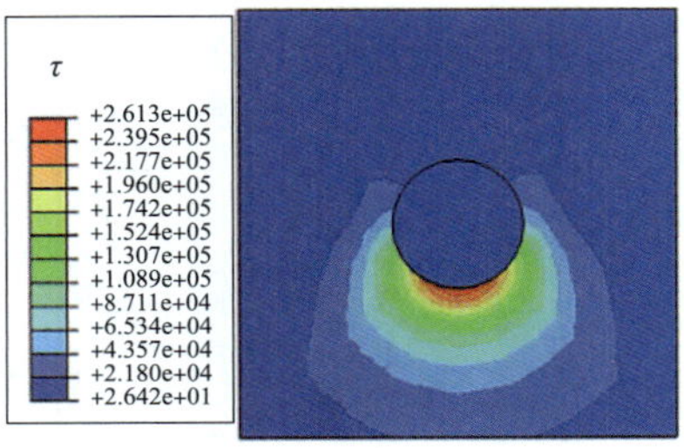

(a)正视图

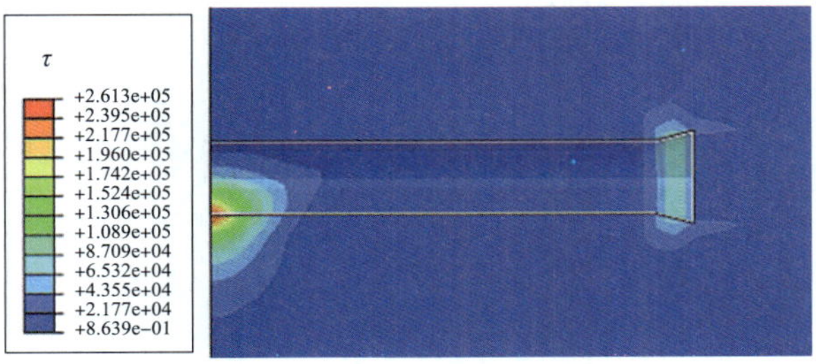

(b)剖面图

图 6-46　剪应力分布云图(单位：MPa)

由图 6-45 和图 6-46 的分析可得：

(1)在配电箱重力作用下，锚栓主要受力位置有衬砌表面以及锚栓孔底部，其中衬砌表面应力要明显大于锚栓孔底部，拉应力最大为 0.15 MPa，剪应力最大为 0.26 MPa。

(2)在衬砌表面处，锚栓孔下侧应力最大，由下至上逐渐减小，锚栓孔上侧应力几乎为零。主要是由于在配电箱自重作用下，衬砌表层锚栓孔下侧混凝土与锚栓发生挤压与摩擦造成的。

(3)在配电箱服役期间中，绝大多数时刻仅受配电箱自身重力作用，衬砌应力远小于疲劳强度控制值。而且，重力仅为静载，不会对衬砌表层混凝土产生疲劳影响。故当锚固型附属设施以及锚栓按照要求进行安装，且锚栓孔周边衬砌未出现裂缝、腐蚀等不良情况时，各结构在无列车通过时处于安全状态。

6.3.3 列车振动的影响

当仅考虑列车振动荷载时，锚栓孔周边二次衬砌最大拉应力与剪应力时程曲线如图 6-47 和图 6-48 所示，应力分布云图如图 6-49 和图 6-50 所示，计算结果见表 6-9。

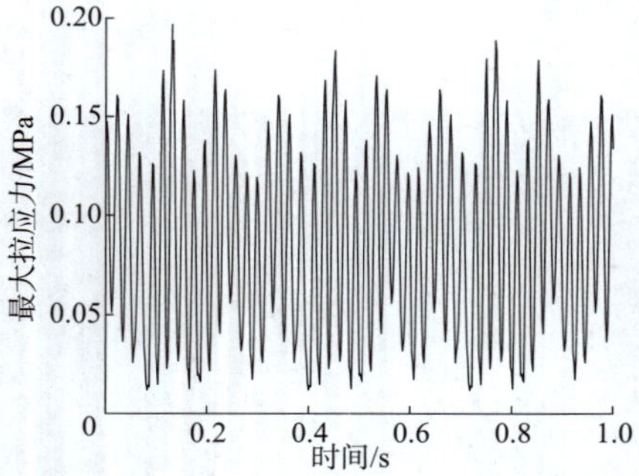

图 6-47　拉应力时程曲线

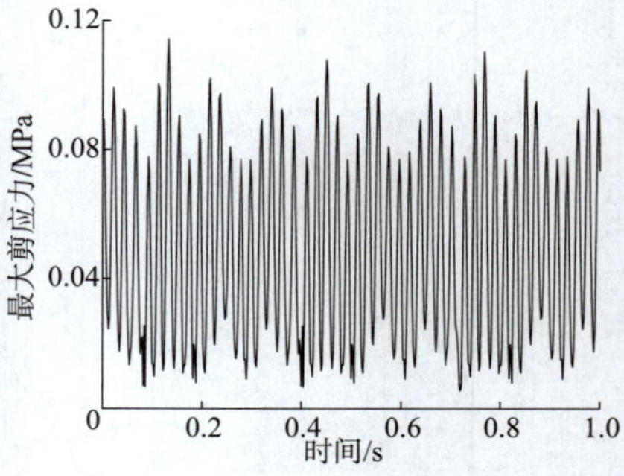

图 6-48　剪应力时程曲线

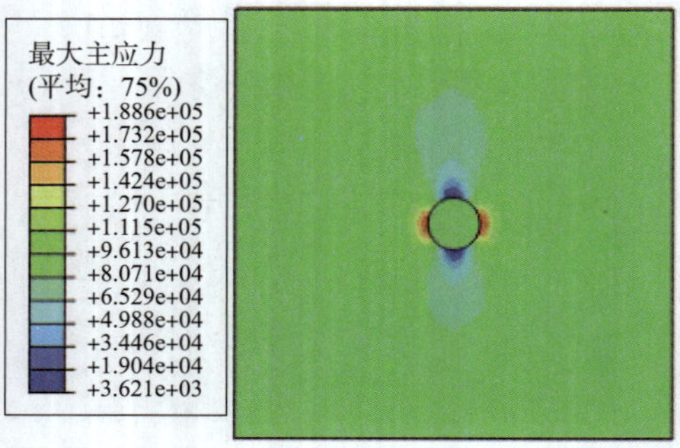

图 6-49　拉应力分布云图(单位：MPa)

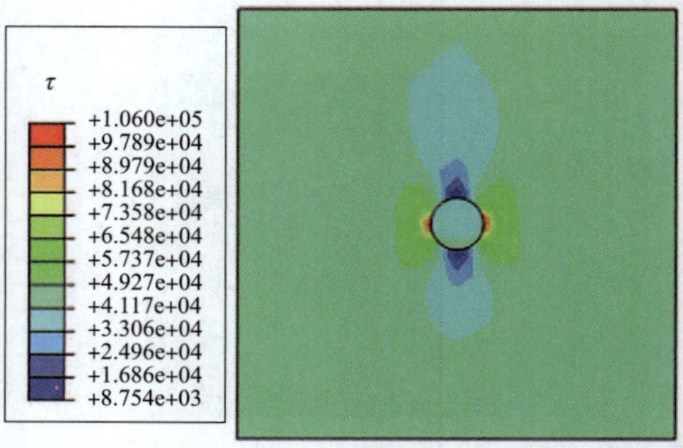

图 6-50　剪应力分布云图(单位：MPa)

表 6-9　锚固区二次衬砌应力

应力类型		应力值/MPa
拉应力 δ_l	最大值	0.19
	最小值	0.01
	差　值	0.18
压应力 δ_s	最大值	0.11
	最小值	0.01
	差　值	0.10

由图 6-47～图 6-50 及表 6-9 的分析可得：

(1)锚栓孔周边应力随着列车振动而发生剧烈波动，且拉应力与剪应力的时程变化规律较为接近，其频率与列车振动荷载频率相同。

(2)在列车振动的影响下，锚栓孔左右两侧的混凝土应力显著大于锚栓孔上下两侧混凝土应力，其原因为列车振动形成的波从仰拱处传播至拱顶以及四周土体，与波轨迹一致的方向受振动影响较大，而与隧道走向一致的方向受振动影响较小。

6.3.4　各荷载的影响比较

在不同荷载的作用下，锚栓锚固区二次衬砌应力对比见表 6-10。

表 6-10　锚固区二次衬砌应力对比

荷载类型	气动荷载	配电箱自重	列车振动	联合荷载
拉应力/MPa	1.01	0.15	0.19	1.12
拉应力占比/%	90.0	13.7	16.9	—
剪应力/MPa	1.38	0.26	0.11	1.47
剪应力占比/%	93.9	17.7	7.2	—

由表 6-10 可发现，模型中的应力发生变化的主要因素为气动荷载，而配电箱自重与列车振动为次要因素。

6.4　附属设施-锚栓-衬砌体系动力响应的影响因素

6.4.1　锚栓规格对附属设施的安全性影响

采用不同规格的后扩底锚栓对配电箱进行锚固时，锚固区二次衬砌中拉应力与剪应力最大值见表 6-11，对应变化关系如图 6-51 所示。

表 6-11　锚固区二次衬砌应力最大值

紧固锚栓规格	拉应力/MPa	剪应力/MPa
M8	1.46	2.45
M10	1.31	1.88
M12	1.12	1.47
M14	0.85	1.18

由表 6-11 与图 6-51 的分析可得：

(1)衬砌应力随着锚栓型号的提高而减小，其中拉应力的减小速率较为平缓且几乎呈线性变化。剪应力的变化率随着锚栓的减小而越来越平缓。

(2)当锚栓型号为 M8 时，其拉应力超出疲劳极限 70%，剪应力超出疲劳极限 59%；当锚栓型号为 M10 时，其拉应力超出疲劳极限 52%，剪应力超出疲劳极限 22%；当锚栓型号为 M10 时，其拉应力超出疲劳极限 30%，剪应力满足疲劳强度指标；当锚栓型号为 M14 时，衬砌应力满足要求。

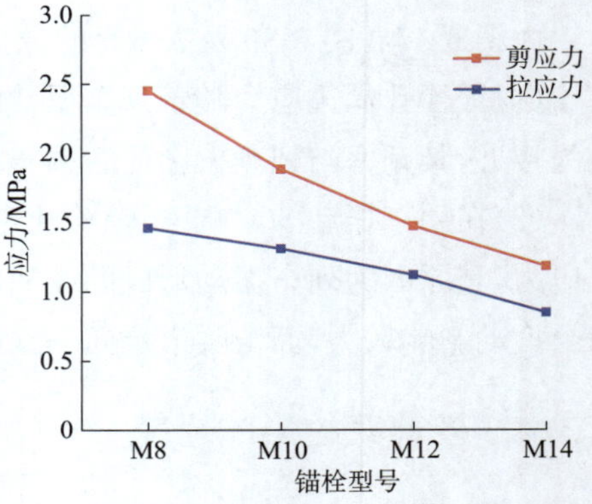

图 6-51　二次衬砌应力-锚栓关系

(3)在气动-配电箱自重-列车振动的联合作用下，混凝土首先会出现衬砌表层局部拉剪疲劳破坏，增大锚栓规格，可以有效减缓锚栓孔旁表层混凝土的应力集中现象。故增大锚栓规格，是提高锚固型附属设施-锚栓-二次衬砌结构体系安全性的有效措施。

6.4.2　列车速度对附属设施的安全性影响

在不同车速要求下的高速铁路隧道中，采用 M12 后扩底锚栓对配电箱进行紧固时，锚固区二次衬砌中拉应力与剪应力最大值见表 6-12，对应变化关系如图 6-52 所示。

表 6-12　锚固区二次衬砌应力最大值

隧道车速/(km·h^{-1})	拉应力/MPa	剪应力/MPa
250	0.70	0.92
300	0.83	1.08
350	1.12	1.47

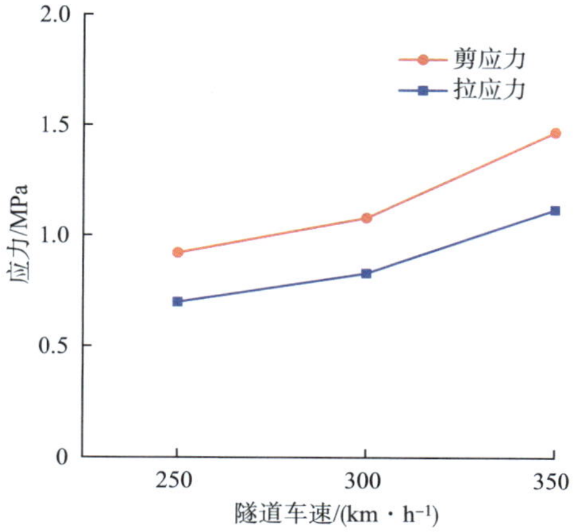

图 6-52　锚固区二次衬砌应力-车速关系

由表 6-12 与图 6-52 的分析可得：

(1)随着隧道内车速的不断提升，隧道内的气动荷载也不断提升，锚栓孔旁的衬砌应力也不断提升，且变化率越来越剧烈，其原因主要由于气动荷载的大小随车速的非线性变化。相比于 250 km/h、300 km/h 与 350 km/h 高速铁路隧道中衬砌拉应力分别提高 18.6%与 60.0%，剪应力分别提高 17.4%与 59.8%。

(2)当隧道限定车速为 250 km/h 或 300 km/h 时，采用 M12 后扩底锚栓固定配电箱时不会产生疲劳安全隐患，当隧道限定车速达到 350 km/h 时，衬砌会出现疲劳破坏安全隐患。

基于高速铁路隧道内列车以 350 km/h 发生会车时的气动荷载，建立配电箱-锚栓-锚固区二次衬砌的三维有限元数值化仿真和 ABAQUS 计算平台，研究了在气动-配电箱自重-列车振动的联合作用下，配电箱、锚栓及锚固区二次衬砌的应力时空分布特性、安全影响因素及潜在破坏区域。得到如下结论：

(1)在气动-配电箱自重-列车振动的联合作用下，隧道内配电箱-锚栓-锚固区二次衬砌结构体系均发生显著的应力变化，其中配电箱本体及 M12 后扩底锚栓应力值均远小于其材料破坏强度，而锚固区衬砌应力峰值达到了 C30 混凝土的应力疲劳限值。在 350 km/h 高速铁路隧道内，当配电箱采用 M12 后扩底锚栓锚固于衬砌上时，锚固区衬砌存在疲劳破坏安全隐患。

(2)单一时刻下，锚栓孔处的衬砌结构应力左右呈非对称分布。考虑到气动荷载的往复作用，在锚固型附属设施的服役过程中，锚栓孔处衬砌左右受到的影响应是对称的。锚固区二次衬砌局部区域短期表现为表层锥体破坏，在附属设施的长期服役过程中，锚固区衬砌存在疲劳-剥落的渐进式破坏。

(3)气动荷载对二次衬砌造成的应力影响约为总应力的 90.0%～93.9%，而配电箱重力对锚固区二次衬砌造成的应力影响约为总应力的 13.7%～17.7%，列车振动对二次衬砌造成的应力影响约为总应力的 7.2%～16.9%。由此可见，配电箱-M12 后扩底锚栓-锚固区二次衬砌结构体系的主要影响因素为气动荷载。

(4)锚固区二次衬砌应力与锚栓规格呈负相关关系，与列车速度呈非线性正相关关系，增大锚栓规格，是提高锚固型附属设施-锚栓-锚固区二次衬砌结构体系安全性的有效措施。

第 7 章　高速铁路隧道锚固型附属设施锚栓规格比选

由第 6 章的研究可知，高速铁路隧道内锚固型附属设施及相关结构，在列车气动和列车振动荷载的综合作用下，会存在疲劳破坏安全隐患。本章进一步基于 ABAQUS 有限元分析平台，针对高速铁路隧道内几种典型锚固型附属设施的锚栓建立相应三维有限元模型，考虑气动荷载-重力-列车振动最不利荷载组合方式，以材料的疲劳破坏限值为判别标准，研究隧道内几种典型锚固型附属设施的紧固锚栓的设计安装标准。

7.1　分析方法

7.1.1　锚栓类型与锚固机理

1. 锚栓类型

高速铁路隧道中常用的机械锚栓包括膨胀锚栓、自攻锚栓和后扩底锚栓（包括自扩底锚栓与模扩底锚栓），各锚栓形式如图 7-1 所示。

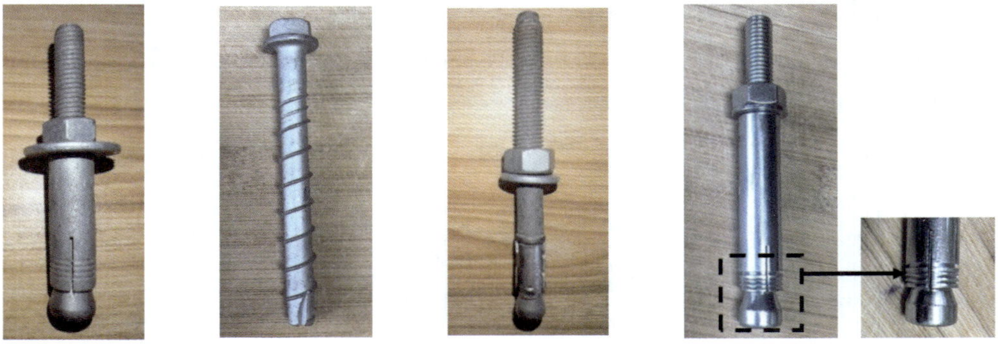

(a)膨胀锚栓　(b)自攻锚栓　(c)模扩底锚栓　(d)自扩底锚栓

图 7-1　高速铁路隧道内常用机械锚栓类型

2. 锚固机理

膨胀锚栓的工作机理为膨胀件膨胀后挤压孔壁，在外力作用下，其区域会产生摩擦力作为锚固力，如图 7-2 所示。

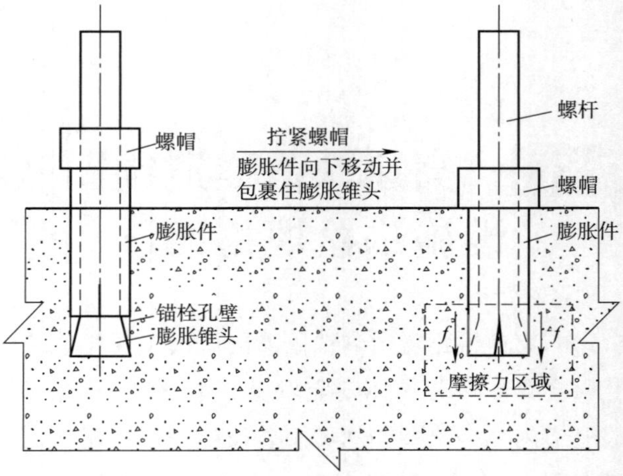

图 7-2　膨胀锚栓工作机理

自攻锚栓的工作机理为在外力作用下，螺杆上的硬质螺纹与锚栓孔之间形成锁键力作为锚固力，如图 7-3 所示。

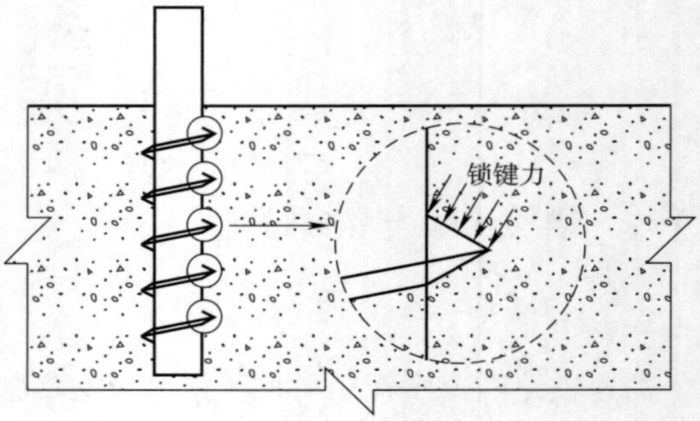

图 7-3　自攻锚栓工作机理

模扩底锚栓的工作机理为在锚栓孔底部钻出一类圆台区域，扩张件在锚栓孔底部包裹住扩张锥头，在外力作用下，锚栓端部与圆台区域会产生锁键力，如图 7-4 所示。

自扩底锚栓的工作机理为通过底部扩张件的硬质刀头切割锚栓孔端部混凝土，使其端部成为圆台区域，同时扩张件向下移动包裹住扩张锥头，在外力作用下，锚栓端部与圆台区域会产生锁键力，如图 7-5 所示。

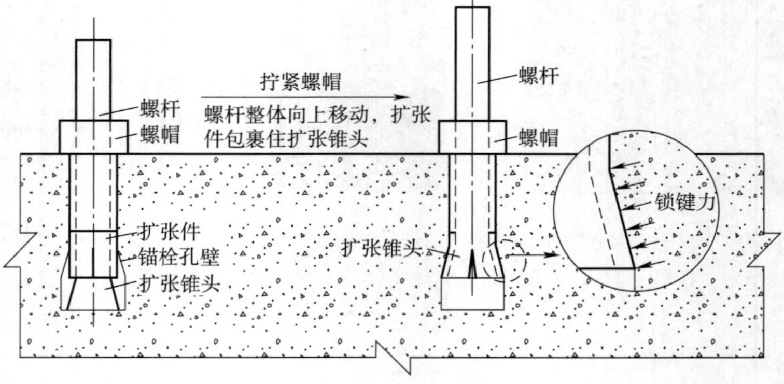

图 7-4　模扩底锚栓工作机理

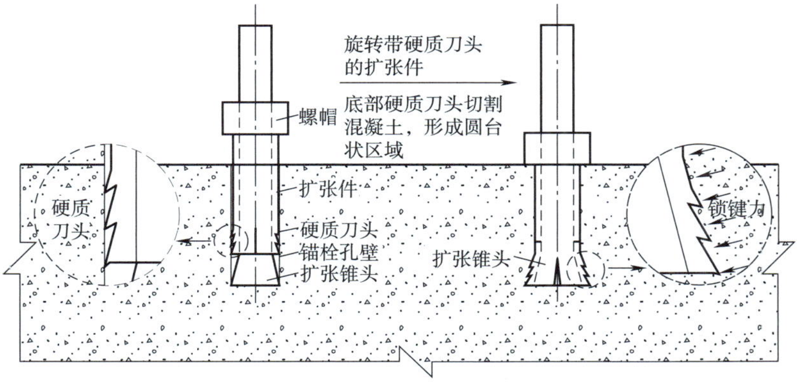

图 7-5　自扩底锚栓工作机理

3. 锚栓孔差异

自扩底锚栓与模扩底锚栓的受力特征相同，但钻孔方式不同，故两者又统称为后扩底锚栓。

由于目前锚栓暂无标准件，不同厂商的膨胀锚栓与后扩底锚栓的区别并不明显，其核心区别主要有以下两点：

(1)锚栓孔形式不同：膨胀锚栓的锚栓孔为圆柱体，而后扩底锚栓的锚栓孔端部为圆台(图 7-6)；

(2)受力特点不同：膨胀锚栓的紧固力为摩擦力，而扩底锚栓的紧固力为扩张件底部与锚栓孔间的锁键力。

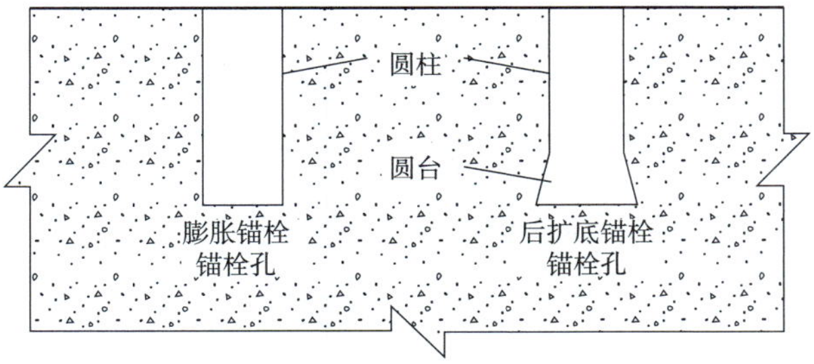

图 7-6　锚栓孔对比

7.1.2　不同类型锚栓的破坏形态

曹宏凯[157]为研究高速铁路隧道内锚固型附属设施的锚固安全性，对常用机械锚栓进行了相关室内拉拔试验。根据相关试验结果，锚固型锚栓有以下几种破坏形态。

1. 膨胀锚栓破坏形态

在外部极限承载力作用下，膨胀锚栓的破坏形式为拔出破坏，即锚栓整体从锚栓孔中被拉出，锚栓整体与混凝土基材未出现大范围破坏区域。膨胀锚栓典型破坏形态如图 7-7 所示。

(a)锚栓拔出破坏俯视图　(b)锚栓拔出破坏正视图　(c)锚栓拔出后混凝土形态

图 7-7　膨胀锚栓破坏形态

2. 自攻锚栓破坏形态

在外部极限承载力作用下，自攻锚栓的破坏形式为基于锚固环境破坏中的受拉椎体破坏，即混凝土基材形成以锚栓为中心的倒椎体破坏形式。自攻锚栓典型破坏形态如图 7-8 所示。

图 7-8　自攻锚栓破坏形态

3. 模扩底锚栓破坏形态

在外部极限承载力作用下，模扩底锚栓的破坏形式为基于锚固环境破坏中的受拉椎体破坏，即混凝土基材形成以锚栓为中心的倒椎体破坏形式。模扩底锚栓典型破坏形态如图 7-9 所示。

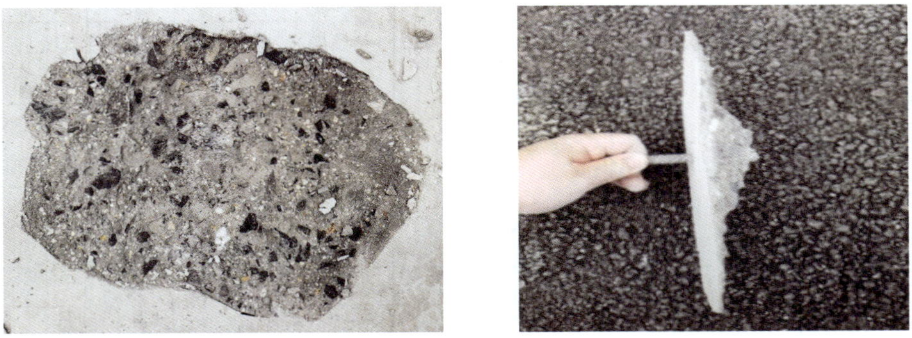

(a)基材破坏形态　　　　(b)倒椎体破坏区域侧部

图 7-9　模扩底锚栓破坏形态

4. 自扩底锚栓破坏形态

在外部极限承载力作用下,自扩底锚栓的破坏形式为基于锚固环境破坏中的受拉椎体破坏,即混凝土基材形成以锚栓为中心的倒椎体破坏形式。在实验室内安装好的模扩底锚栓与自扩底锚栓受力特征一致,抗拔力均为锚栓扩张件与锚栓孔间的锁键力。自扩底锚栓典型破坏形态如图 7-10 所示。

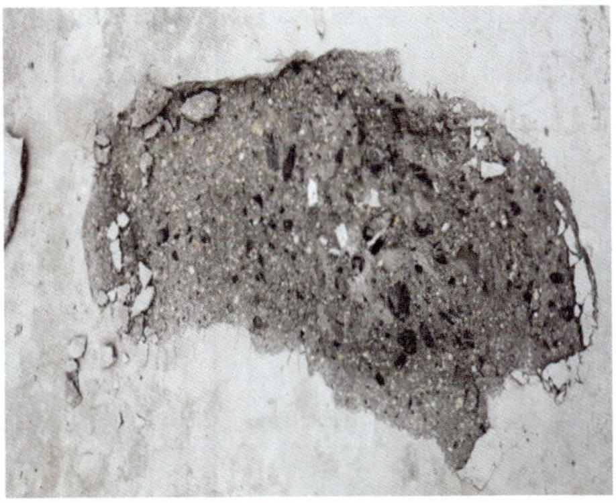

图 7-10　自扩底锚栓破坏形态

7.1.3　计算模型与计算工况

1. 数值计算模型

锚栓的数值计算模型如第 6 章图 6-11 所示。

2. 计算工况

高速铁路隧道内锚固型附属设施种类繁多,选择表 7-1 中部分典型锚固型附属设施,针对其在不同工况下受力情况进行建模分析。其材料参数见第 6 章表 6-3。

表 7-1　锚栓规格比选工况表

类别	附属设施种类	车速	锚栓类型	锚栓规格
箱体类	配电箱	250 km/h 300 km/h 350 km/h	自攻锚栓 后扩底锚栓	M8、M10、M12、M14
	按钮箱			M8、M10、M12
管道类	双卡箍型防护钢管			M8、M10、M12、M14
	三卡箍型防护钢管			M8、M10、M12
灯具类	疏散灯			M8、M10、M12

3. 锚栓本构模型

锚栓的本构模型采用三折线模型[158,159]，其应力-应变关系如图 7-11 所示，图中①为弹性阶段，②为滑移阶段，③为强化阶段。强化阶段中，取锚栓初始弹性模量的 1%作为该阶段弹性模量。

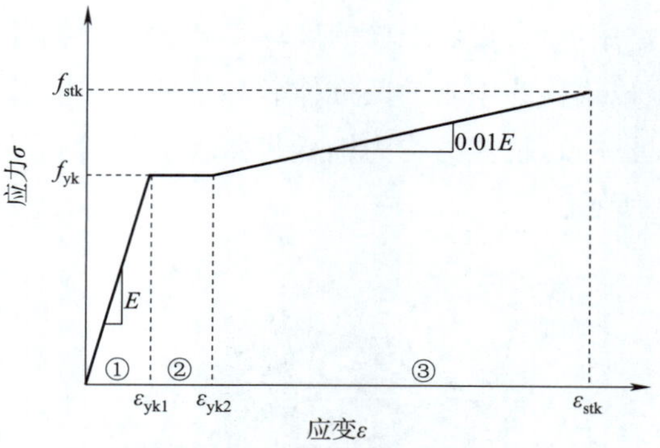

图 7-11　锚栓应力-应变曲线

4. 计算荷载

作用在锚栓上的荷载同样考虑气动荷载-重力-列车振动的最不利荷载组合方式，详见 6.1.2 节。

7.2　箱体类锚固型附属设施锚栓规格比选

目前，高速铁路隧道内箱体主要包括应急按钮箱、插座箱、电源箱、首端照明控制箱、中间照明控制箱等，由于各隧道电力要求与生产厂商不同，各类箱体大小以及安装标准也不同。以隧道内常见配电箱、按钮箱为研究对象进行分析研究，对其安全性及安装标准进行一定研究。

7.2.1 高速铁路隧道内配电箱锚栓规格比选

以第 6 章配电箱的分析为例，配电箱实物如图 1-9(a)所示，配电箱模型如图 6-10 所示。在气动荷载-重力-列车振动联合作用下，配电箱箱体的应力最大值见表 7-2，其紧固锚栓应力最大值见表 7-3，其后部二次衬砌应力最大值见表 7-4。

表 7-2　配电箱箱体应力最大值

紧固锚栓类型	车速/($km \cdot h^{-1}$)	配电箱应力类型	紧固锚栓规格			
			M8/MPa	M10/MPa	M12/MPa	M14/MPa
后扩底锚栓	250	拉	0.61	0.58	0.55	0.52
		压	0.72	0.63	0.60	0.56
	300	拉	0.75	0.72	0.66	0.64
		压	0.88	0.78	0.72	0.70
	350	拉	1.00	0.96	0.91	0.86
		压	1.17	1.04	1.01	0.95
自攻锚栓	250	拉	0.62	0.57	0.56	0.53
		压	0.70	0.64	0.62	0.61
	300	拉	0.76	0.74	0.70	0.66
		压	0.86	0.79	0.79	0.75
	350	拉	1.05	0.95	0.92	0.89
		压	1.16	1.06	1.03	1.00

表 7-3　锚栓应力最大值

紧固锚栓类型	车速/($km \cdot h^{-1}$)	锚栓应力类型	紧固锚栓规格			
			M8/MPa	M10/MPa	M12/MPa	M14/MPa
后扩底锚栓	250	拉	8.11	5.78	4.00	3.11
		压	8.07	6.26	3.88	3.14
	300	拉	10.15	6.87	4.91	3.84
		压	9.97	7.77	4.74	3.88
	350	拉	14.01	9.46	6.84	5.19
		压	13.51	10.52	6.77	5.26
自攻锚栓	250	拉	7.15	6.51	4.13	3.49
		压	8.07	5.78	4.48	3.62
	300	拉	8.71	7.95	5.70	4.29
		压	9.87	7.10	5.23	4.47
	350	拉	12.52	10.62	7.82	5.86
		压	13.17	9.53	7.30	6.11

表 7-4　二次衬砌应力最大值

紧固锚栓类型	车速/(km·h^{-1})	二次衬砌应力类型	紧固锚栓规格			
			M8/MPa	M10/MPa	M12/MPa	M14/MPa
后扩底锚栓	250	拉	1.25	0.90	0.70	0.55
		压	1.60	1.16	0.92	0.74
	300	拉	1.34	1.10	0.83	0.67
		压	1.98	1.42	1.08	0.90
	350	拉	1.46	1.31	1.12	0.85
		压	2.45	1.89	1.47	1.18
自攻锚栓	250	拉	1.17	0.80	0.63	0.52
		压	1.44	1.13	0.90	0.73
	300	拉	1.34	0.96	0.78	0.62
		压	1.85	1.37	1.12	0.89
	350	拉	1.42	1.27	1.00	0.82
		压	2.38	1.76	1.45	1.19

由表 7-2～表 7-4 分析可得：

(1)当采用相同规格不同类型的锚栓对配电箱进行锚固时，各结构的应力差距较小，其中配电箱箱体应力最大差距为 7.5%，锚栓应力最大差距为 16.1%，二次衬砌应力最大差距为 14.2%。为便于现场安装，对后扩底锚栓与自攻锚栓可采用相同规格的安装标准。

(2)相比于 M8 锚栓，当采用 M14 锚栓对配电箱进行锚固时，箱体应力最大减小 21%，锚栓应力最大减小 63%，二次衬砌最大减小 56%。由此可发现，当采用高规格锚栓对配电箱进行锚固时，各部件应力均会减小，且锚栓与二次衬砌应力减小程度更为显著。

(3)在各类工况中，配电箱箱体和锚栓的压应力与拉应力数值接近，且均远小于其材料强度。故在满足安装要求的前提下，配电箱箱体与锚栓不会发生疲劳破坏。

(4)在气动-配电箱自重-列车振动的联合作用下，最容易发生疲劳破坏的结构为二次衬砌。为保证各结构的安全，可适当提高紧固锚栓半径。对于此类配电箱，在速度为 250 km/h 与 300 km/h 高速铁路隧道中，建议采用 M12 或以上规格锚栓作为配电箱紧固锚栓，在速度为 350 km/h 高速铁路隧道中，建议采用 M14 或以上规格锚栓作为配电箱紧固锚栓。

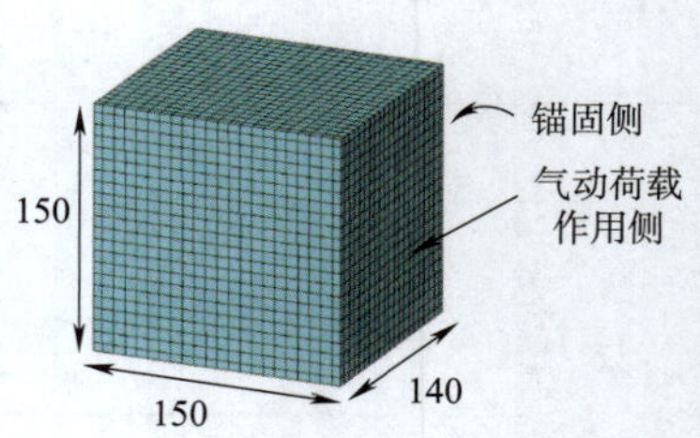

图 7-12　按钮箱模型(单位:mm)

7.2.2　高速铁路隧道内按钮箱锚栓规格比选

按钮箱实物如图 1-9(b)所示，按钮箱计算模型如图 7-12 所示。在气动荷载-重力-列车振动联合作用下，按钮箱箱体的应力最大值见表 7-5，其紧固锚栓应力最大值见表 7-6，其后部二次衬砌应力最大值见表 7-7。

表 7-5 按钮箱箱体应力最大值

紧固锚栓类型	车速/(km·h^{-1})	按钮箱应力类型	紧固锚栓规格		
			M8/MPa	M10/MPa	M12/MPa
后扩底锚栓	250	拉	1.07	1.04	1.01
		压	0.94	0.93	0.92
	300	拉	1.31	1.27	1.23
		压	1.16	1.14	1.12
	350	拉	1.75	1.70	1.66
		压	1.53	1.51	1.50
自攻锚栓	250	拉	1.15	1.13	1.00
		压	1.02	1.01	1.00
	300	拉	1.38	1.36	1.35
		压	1.23	1.22	1.20
	350	拉	1.82	1.79	1.77
		压	1.61	1.59	1.59

表 7-6 锚栓应力最大值

紧固锚栓类型	车速/(km·h^{-1})	锚栓应力类型	紧固锚栓规格		
			M8/MPa	M10/MPa	M12/MPa
后扩底锚栓	250	拉	11.94	8.73	5.40
		压	12.04	9.00	5.21
	300	拉	13.99	10.20	6.28
		压	14.44	10.81	6.25
	350	拉	17.68	12.86	7.90
		压	18.90	14.10	8.18
自攻锚栓	250	拉	12.49	7.14	5.03
		压	15.19	8.62	6.12
	300	拉	14.85	8.49	5.98
		压	18.12	10.28	7.30
	350	拉	19.23	11.00	7.75
		压	23.55	13.36	9.49

表 7-7　二次衬砌应力最大值

紧固锚栓类型	车速/($km \cdot h^{-1}$)	二次衬砌应力类型	紧固锚栓规格		
			M8/MPa	**M10**/MPa	**M12**/MPa
后扩底锚栓	250	拉	0.74	0.47	0.32
		剪	0.94	0.60	0.41
	300	拉	0.90	0.56	0.39
		剪	1.14	0.72	0.49
	350	拉	1.18	0.74	0.52
		剪	1.51	0.96	0.66
自攻锚栓	250	拉	0.74	0.41	0.29
		剪	0.93	0.58	0.41
	300	拉	0.89	0.49	0.35
		剪	1.12	0.70	0.50
	350	拉	1.17	0.65	0.47
		剪	1.46	0.93	0.67

由表 7-5～表 7-7 分析可得：

(1)与前述配电箱-锚栓-二次衬砌结构体系的应力相比，同工况下按钮箱-锚栓-二次衬砌体系各结构应力均较小，原因为按钮箱所受气动荷载作用面较配电箱小，所受气动荷载影响较小。

(2)当采用同规格不同类型的锚栓对按钮箱进行锚固时，各结构的应力差距较小，其中按钮箱箱体应力最大差距为 11.6%，锚栓应力最大差距为 16.9%，二次衬砌应力最大差距为 11.3%。为便于现场安装，对后扩底锚栓与自攻锚栓可采用相同规格的安装标准。

(3)按钮箱应力随锚栓直径的增大而略有减小，相比于 M8 锚栓，当采用 M12 锚栓对按钮箱进行锚固时，应力最大仅减小 13%。而锚栓应力与衬砌应力随着锚栓直径的增大而明显减小，对比采用 M8 锚栓与 M12 锚栓对按钮箱进行紧固时，锚栓应力最大可减小 60%，二次衬砌应力最大可减小 61%。

(4)在各类工况中，按钮箱箱体拉应力略大于压应力，而锚栓压应力大于拉应力，但两者均远小于其材料强度。故在满足安装要求的前提下，按钮箱箱体与锚栓不会发生疲劳破坏。

(5)在气动-按钮箱自重-列车振动的联合作用下，最容易发生疲劳破坏的结构为二次衬砌。为保证各结构的安全，可适当提高紧固锚栓半径。对于此类按钮箱，在速度为 250 km/h 高速铁路隧道中，建议采用 M8 或以上规格锚栓作为按钮箱紧固锚栓；在速度为 300 km/h 与 350 km/h 高速铁路隧道中，建议采用 M10 或以上规格锚栓作为按钮箱紧固锚栓。

7.3　管道与灯具类锚固型附属设施锚栓规格比选

以高速铁路隧道内常见防护钢管为例，其长度为 1.2 m，直径为 36 mm，防护钢管现场如图 7-13 所示，防护钢管布置如图 7-14 所示，卡箍设置如图 7-15 所示。

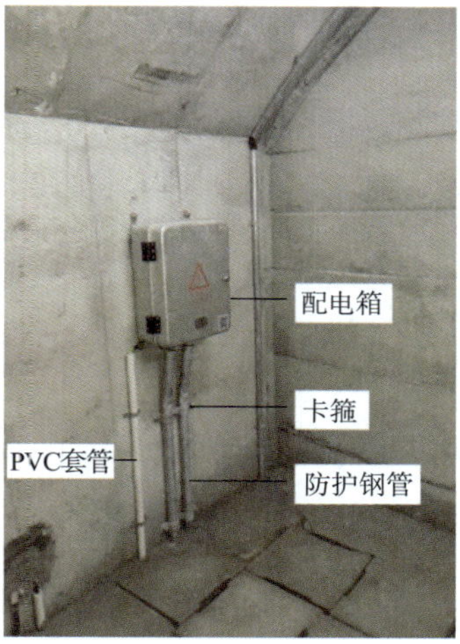

图 7-13　防护钢管现场

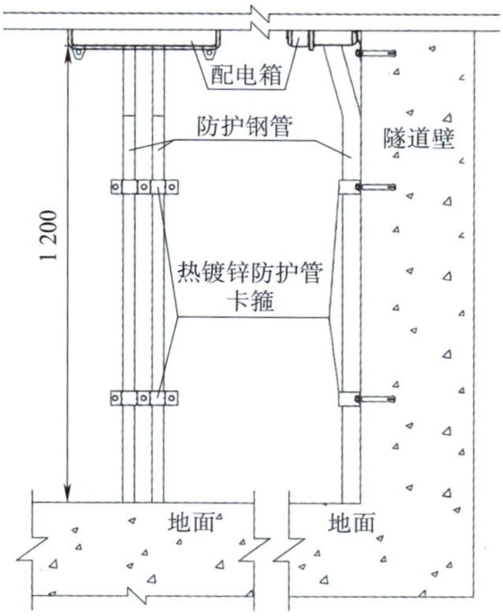

图 7-14　防护钢管布置（单位：mm）

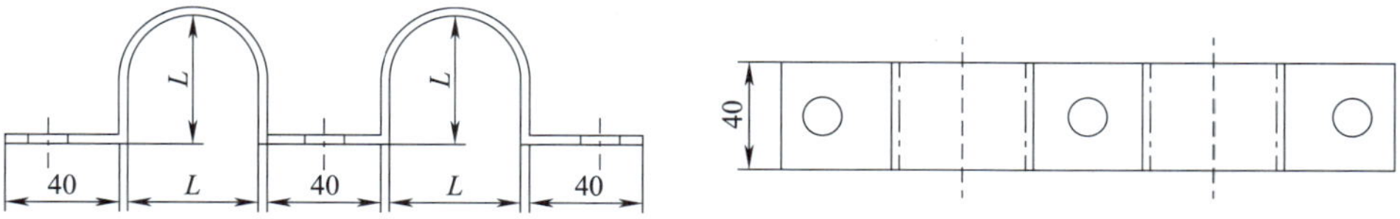

(a)卡箍正视图　(b)卡箍俯视图

图 7-15　卡箍设置（单位：mm）

7.3.1　双卡箍防护钢管设计锚栓规格比选

当采用双卡箍（共 6 个锚栓）对防护钢管（以下简称双卡箍防护钢管）进行锚固时，其模型如图 7-16 所示。

在气动荷载-重力-列车振动联合作用下，双卡箍防护钢管的应力最大值见表 7-8，其紧固锚栓应力最大值见表 7-9，其后部二次衬砌应力最大值见表 7-16。

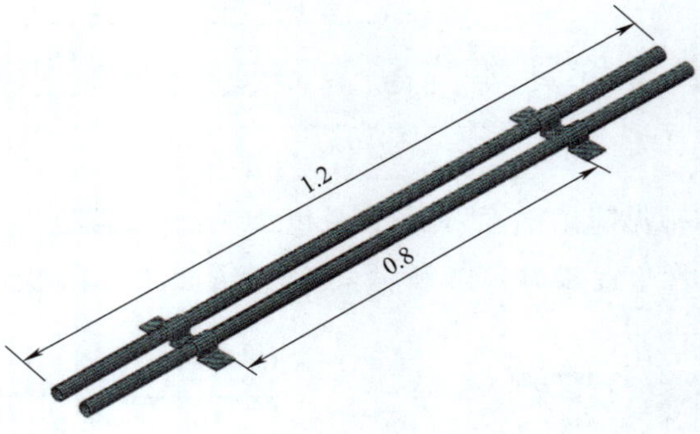

图 7-16　双卡箍防护钢管(单位:m)

表 7-8　双卡箍防护钢管应力最大值

紧固锚栓类型	车速/(km·h^{-1})	防护钢管应力类型	紧固锚栓规格			
			M8/MPa	**M10**/MPa	**M12**/MPa	**M14**/MPa
后扩底锚栓	250	拉	7.74	7.64	7.57	7.47
		压	7.60	7.48	7.28	7.26
	300	拉	9.53	9.48	9.31	9.25
		压	9.37	9.48	9.25	9.21
	350	拉	12.85	12.74	12.59	12.47
		压	12.63	12.35	12.1	12.01
自攻锚栓	250	拉	7.86	7.67	7.41	7.38
		压	7.83	7.58	7.43	7.40
	300	拉	9.69	9.44	9.22	9.14
		压	9.64	9.34	9.15	9.02
	350	拉	13.07	12.73	12.52	12.43
		压	13.02	12.59	12.42	12.12

表 7-9　双卡箍防护钢管锚栓应力最大值

紧固锚栓类型	车速/(km·h^{-1})	锚栓应力类型	紧固锚栓规格			
			M8/MPa	**M10**/MPa	**M12**/MPa	**M14**/MPa
后扩底锚栓	250	拉	14.95	10.48	8.56	7.14
		压	15.59	10.39	8.07	7.05
	300	拉	18.39	13.38	10.52	8.179
		压	19.20	13.20	9.90	8.125
	350	拉	24.76	18.78	14.13	11.98
		压	25.90	18.46	13.25	11.87

续上表

紧固锚栓类型	车速/(km·h⁻¹)	锚栓应力类型	紧固锚栓规格			
			M8/MPa	M10/MPa	M12/MPa	M14/MPa
自攻锚栓	250	拉	15.27	11.45	9.214	7.245
		压	16.25	11.34	8.572	7.241
	300	拉	19.94	14.59	10.83	8.54
		压	20.18	14.43	10.73	8.44
	350	拉	25.24	19.43	14.72	12.24
		压	26.84	19.10	14.21	12.32

表 7-10　双卡箍防护钢管二次衬砌应力最大值

紧固锚栓类型	车速/(km·h⁻¹)	二次衬砌应力类型	紧固锚栓规格			
			M8/MPa	M10/MPa	M12/MPa	M14/MPa
后扩底锚栓	250	拉	1.24	1.04	0.67	0.51
		压	1.71	1.18	0.95	0.83
	300	拉	1.34	1.17	0.81	0.62
		压	1.90	1.77	1.15	0.98
	350	拉	1.43	1.37	1.06	0.81
		压	2.31	2.16	1.53	1.17
自攻锚栓	250	拉	1.23	0.98	0.75	0.55
		压	1.68	1.19	0.96	0.88
	300	拉	1.40	1.20	0.85	0.64
		压	1.94	1.87	1.15	1.00
	350	拉	1.52	1.31	1.00	0.80
		压	2.43	2.33	1.57	1.19

由表 7-8～表 7-10 的分析可得：

(1)当采用同规格不同类型的锚栓对双卡箍防护钢管进行锚固时，各结构的应力差距较小，其中防护钢管应力最大差距为 3.1%，锚栓应力最大差距为 9.3%，二次衬砌应力最大差距为 11.9%。为便于现场安装，对后扩底锚栓与自攻锚栓可采用相同规格的安装标准。

(2)双卡箍防护钢管应力随锚栓直径的增大而略有减小，相比于 M8 锚栓，当采用 M14 锚栓对双卡箍防护钢管进行锚固时，应力最大仅减小 7%。而锚栓应力与衬砌应力随着锚栓直径的增大而明显减小，对比采用 M8 锚栓与 M14 锚栓对双卡箍防护钢管进行紧固时，锚栓应力最大可减小 58%，二次衬砌应力最大可减小 59%。

(3)在各类工况中，防护钢管和锚栓的压应力与拉应力数值接近，且均远小于其材料强度。故在满足安装要求的前提下，防护钢管与锚栓不会发生疲劳破坏。

(4)在气动-防护钢管自重-列车振动的联合作用下，最容易发生疲劳破坏的结构为二次衬砌。为保证各结构的安全，可适当提高紧固锚栓半径。对于本类双卡箍防护钢管，在速度为 250 km/h 与 300 km/h 高速铁路隧道中，建议采用 M12 或以上规格共 6 个锚栓作为其紧固锚栓；在速度为 350 km/h 高速铁路隧道中，建议采用 M14 或以上规格共 6 个锚栓作为其紧固锚栓。

7.3.2 三卡箍防护钢管设计锚栓规格比选

采用双卡箍对防护钢管进行锚固时，根据各结构受力情况，通过调整锚栓直径以保证各结构安全。在工程应用中，还可以通过增加锚栓数量的方法以保证各结构的可靠性，当采用三卡箍(共 9 个锚栓)对防护钢管进行锚固时，其模型如图 7-17 所示。

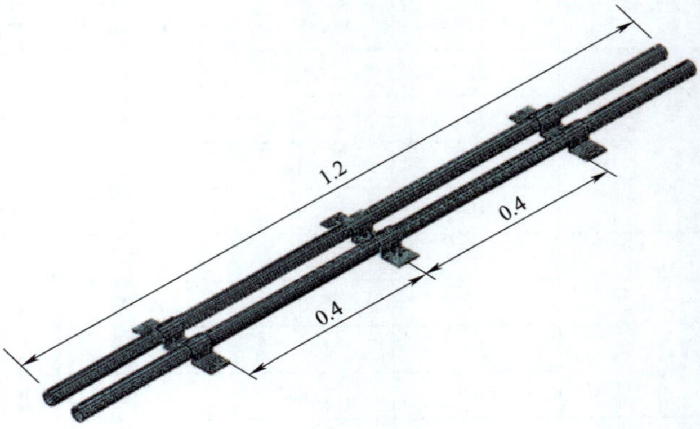

图 7-17　两排三卡箍锚栓型防护钢管(单位：m)

在气动荷载-重力-列车振动联合作用下，三卡箍防护钢管的应力最大值见表 7-11，其紧固锚栓应力最大值见表 7-12，其后部二次衬砌应力最大值见表 7-13。

表 7-11　三卡箍防护钢管应力最大值

紧固锚栓类型	车速/(km·h^{-1})	防护钢管应力类型	紧固锚栓规格		
			M8/MPa	M10/MPa	M12/MPa
后扩底锚栓	250	拉	5.98	5.98	5.96
		压	5.97	5.96	5.94
	300	拉	7.39	7.38	7.35
		压	7.38	7.36	7.31
	350	拉	9.96	9.95	9.96
		压	9.93	9.91	9.87

续上表

紧固锚栓类型	车速/(km・h^{-1})	防护钢管应力类型	紧固锚栓规格		
			M8/MPa	M10/MPa	M12/MPa
自攻锚栓	250	拉	5.99	5.98	5.95
		压	5.98	5.97	5.95
	300	拉	7.39	7.39	7.38
		压	7.37	7.37	7.36
	350	拉	9.98	9.96	9.94
		压	9.94	9.92	9.90

表 7-12　三卡箍防护钢管锚栓应力最大值

紧固锚栓类型	车速/(km・h^{-1})	锚栓应力类型	紧固锚栓规格		
			M8/MPa	M10/MPa	M12/MPa
后扩底锚栓	250	拉	8.31	6.98	5.57
		压	8.11	6.83	5.45
	300	拉	10.13	8.54	6.84
		压	9.86	8.34	6.70
	350	拉	13.45	8.03	9.19
		压	13.05	7.71	9.02
自攻锚栓	250	拉	8.72	7.00	5.74
		压	8.25	7.57	5.89
	300	拉	10.58	8.57	6.83
		压	10.33	8.97	6.21
	350	拉	14.07	8.18	9.26
		压	13.54	8.19	9.41

表 7-13　三卡箍防护钢管二次衬砌应力最大值

紧固锚栓类型	车速/(km・h^{-1})	二次衬砌应力类型	紧固锚栓规格		
			M8/MPa	M10/MPa	M12/MPa
后扩底锚栓	250	拉	0.78	0.53	0.38
		剪	1.09	0.73	0.53
	300	拉	0.94	0.64	0.46
		剪	1.32	0.89	0.65
	350	拉	1.26	0.84	0.61
		剪	1.70	1.18	0.85

续上表

紧固锚栓类型	车速/(km·h^{-1})	二次衬砌应力类型	紧固锚栓规格		
			M8/MPa	**M10**/MPa	**M12**/MPa
自攻锚栓	250	拉	0.89	0.54	0.41
		剪	1.15	0.87	0.57
	300	拉	0.99	0.65	0.51
		剪	1.38	1.06	0.67
	350	拉	1.33	0.85	0.69
		剪	1.69	1.40	0.85

由表 7-11～表 7-13 的分析可得：

(1)对比采用不同数量的卡箍对防护钢管进行锚固时各部件应力大小，可发现随着卡箍及锚栓数量的增加，各部件应力均会下降，安全性有所提高。

(2)当采用同规格不同类型的锚栓对三卡箍防护钢管进行锚固时，各结构的应力差距较小，其中防护钢管应力最大差距为 2%，锚栓应力最大差距为 11%，二次衬砌应力最大差距为 14%，为便于现场安装，对后扩底锚栓与自攻锚栓可采用相同规格的安装标准。

(3)三卡箍防护钢管应力随锚栓直径的增大而略有减小，相比于 M8 锚栓，当采用 M12 锚栓对三卡箍型防护钢管进行锚固时，应力最大仅减小 1%。而锚栓应力与衬砌应力随着锚栓直径的增大而明显减小，对比采用 M8 锚栓与 M12 锚栓对三卡箍型防护钢管进行紧固时，锚栓应力最大可减小 40%，二次衬砌应力最大可减小 54%。

(4)在各类工况中，防护钢管和锚栓的压应力与拉应力数值接近，且均远小于其材料强度。故在满足安装要求的前提下，防护钢管与锚栓不会发生疲劳破坏。

(5)在气动-防护钢管自重-列车振动的联合作用下，最容易发生疲劳破坏的结构为二次衬砌。为保证各结构的安全，可适当提高紧固锚栓半径。对于本类三卡箍防护钢管，在时速 350 km 及以下的高速铁路隧道中，建议采用 M10 或以上规格共 9 个锚栓作为三卡箍防护钢管紧固锚栓。

7.3.3 灯具类锚固型附属设施锚栓规格比选

以隧道内常见疏散灯为例，其实物如图 7-18 所示，按钮箱模型如图 7-19 所示。

在气动荷载-重力-列车振动联合作用下，疏散灯灯具的应力最大值见表 7-14，其紧固锚栓应力最大值见表 7-15，其后部二次衬砌应力最大值见表 7-16。

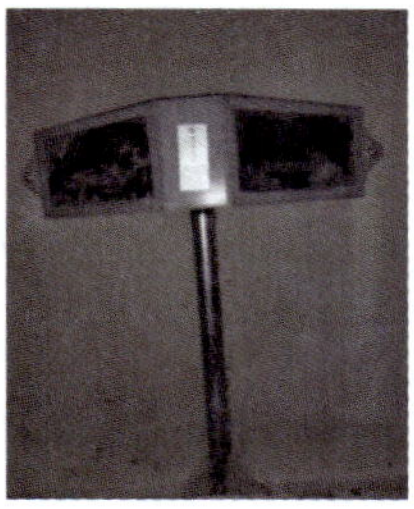

图 7-18　疏散灯实物

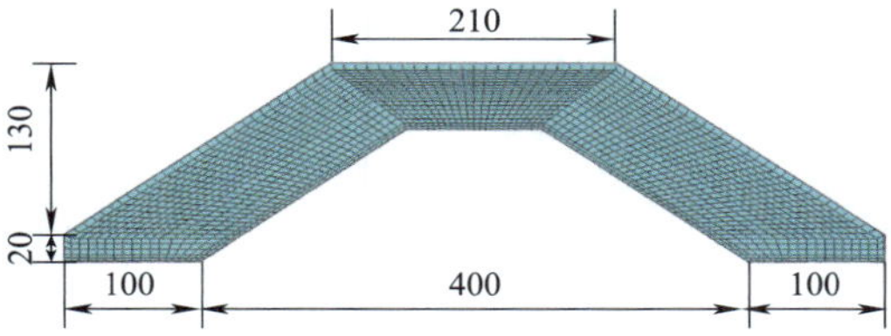

(a)正视图

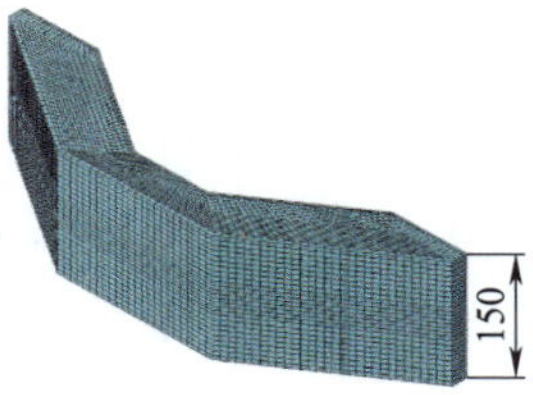

(b)立体图

图 7-19　疏散灯模型(单位:mm)

表 7-14　疏散灯应力最大值

紧固锚栓类型	车速/($km \cdot h^{-1}$)	疏散灯应力类型	紧固锚栓规格		
			M8/MPa	M10/MPa	M12/MPa
后扩底锚栓	250	拉	9.85	6.54	6.02
		压	8.06	5.90	5.59
	300	拉	11.57	7.71	6.90
		压	9.46	6.48	6.18
	350	拉	14.64	9.87	8.89
		压	12.84	8.19	7.67
自攻锚栓	250	拉	9.87	6.73	5.96
		压	8.24	6.11	5.54
	300	拉	11.47	7.94	6.79
		压	9.53	6.70	6.12
	350	拉	14.87	9.95	8.62
		压	13.01	8.22	7.40

表 7-15　锚栓应力最大值

紧固锚栓类型	车速/($km \cdot h^{-1}$)	锚栓应力类型	紧固锚栓规格		
			M8/MPa	M10/MPa	M12/MPa
后扩底锚栓	250	拉	18.29	11.50	6.59
		压	15.81	10.33	5.90
	300	拉	19.13	11.87	6.82
		压	15.88	10.26	5.81
	350	拉	19.28	12.59	7.25
		压	15.92	10.54	5.69

续上表

紧固锚栓类型	车速/(km·h⁻¹)	锚栓应力类型	紧固锚栓规格		
			M8/MPa	**M10**/MPa	**M12**/MPa
自攻锚栓	250	拉	19.47	11.75	7.50
		压	15.97	10.56	6.72
	300	拉	19.81	12.17	7.75
		压	16.04	10.70	6.63
	350	拉	23.98	12.81	8.21
		压	16.10	10.92	6.49

表 7-16 二次衬砌应力最大值

紧固锚栓类型	车速/(km·h⁻¹)	二次衬砌应力类型	紧固锚栓规格		
			M8/MPa	**M10**/MPa	**M12**/MPa
后扩底锚栓	250	拉	1.31	0.74	0.50
		剪	1.71	1.05	0.69
	300	拉	1.39	0.80	0.55
		剪	1.75	1.11	0.75
	350	拉	1.49	0.93	0.65
		剪	2.22	1.27	0.88
自攻锚栓	250	拉	1.30	0.73	0.53
		剪	1.66	1.08	0.76
	300	拉	1.38	0.79	0.57
		剪	1.75	1.16	0.82
	350	拉	1.48	0.90	0.67
		剪	2.15	1.30	0.95

由表 7-14～表 7-16 的分析可得：

(1)当采用相同规格不同类型的锚栓对疏散灯进行锚固时，各结构的应力差距较小，其中疏散灯应力最大差距为 8.4%，锚栓应力最大差距为 14%，二次衬砌应力最大差距为 8.6%，为便于现场安装，对后扩底锚栓与自攻锚栓可采用相同规格的安装标准。

(2)疏散灯-锚栓-二次衬砌随各结构锚栓直径的增大而明显减小，相比于 M8 锚栓，当采用 M12 锚栓对疏散灯进行锚固时，灯体应力最大减小 46%，锚栓应力最大减小 64%，二次衬砌应力最大减小 62%。

(3)在各类工况中，疏散灯和锚栓的拉应力略大于压应力，但均远小于其材料强度。故在满足安装要求的前提下，疏散灯与锚栓不会发生疲劳破坏。

(4)在气动荷载-列车振动的联合作用下，最容易发生疲劳破坏的结构为二次衬砌。为保证各结构的安全，可适当提高紧固锚栓半径。对于本类疏散灯，在速度为 250 km/h 与

300 km/h 高速铁路隧道中，建议采用 M10 或以上规格锚栓作为疏散灯紧固锚栓，在速度为 350 km/h 高速铁路隧道中，建议采用 M12 或以上规格锚栓作为疏散灯紧固锚栓。

基于 ABAQUS 有限元分析平台，建立相应三维有限元模型，考虑气动荷载-重力-列车振动最不利荷载组合方式，研究比选了隧道内几种典型锚固型附属设施的紧固锚栓设计安装标准。得到如下结论：

(1)对于高速铁路隧道几种典型锚固型附属设施，当采用自攻锚栓或后扩底锚栓时，各结构应力差距较小，为便于现场安装，可对自攻锚栓与后扩底锚栓采用相同规格的安装标准。

(2)当锚栓规格增大时，锚固型附属设施结构体系中各部件应力均有所降低，其中锚栓与二次衬砌降低程度更为明显。

(3)以速度 250 km/h 高速铁路隧道内多种典型附属设施为例，其紧固锚栓规格建议值可参考表 7-17。

表 7-17　速度 250 km/h 高速铁路隧道内典型附属设施紧固锚栓规格建议值

锚固型附属设施	锚栓规格	锚栓布置方式(后扩底锚栓与自攻锚栓)
配电箱	M12	布置 2 排，每排 2 个，共 4 个
按钮箱	M8	布置 2 排，每排 2 个，共 4 个
防护钢管(双排锚栓，间距 0.8 m)	M12	布置 2 排，每排 3 个，共 6 个
防护钢管(三排锚栓，间距 0.4 m)	M10	布置 3 排，每排 3 个，共 9 个
疏散灯	M10	每个接触面 1 个，共 2 个
备注	以上建议值仅针对文中相应外形与尺寸的附属设施	

第 8 章　水沟盖板在空气冲击波作用下的稳定性

高速列车在隧道内运行时，所产生的列车风压力呈正负交替，在这种压力变化的条件下，水沟盖板也会受到相应的冲击。当水沟盖板顶部为正压的条件下（如压缩波或者列车车头经过时），盖板受到向下的压力，根据力学分析可知此时盖板是稳定的。当水沟盖板顶部为负压的条件下（如膨胀波或者列车车尾经过时），盖板受到向上的压力，根据盖板的受力情况可知其稳定性将发生改变。当顶部负压不大于盖板的自重时盖板也处于稳定状态，然而当顶部负压大于盖板的自重时，则盖板将出现向上位移，则位移情况则与盖板上下两端的压差及其自重有关。本章根据第 5 章计算得到的空气冲击压强，对水沟盖板的安全性进行计算分析。

8.1　水沟盖板的气动力学验算方法

8.1.1　受力简图

水沟盖板的受力简图如图 8-1 所示，水沟盖板只受上表面负压（吸力）和自重，其受力可按式(8-1)计算。

$$F = p \cdot A - G \tag{8-1}$$

式中　p——作用在水沟盖板顶部一段时间(t)内的最大负压差，Pa；

A——盖板面积，m^2；

G——盖板自重，N。

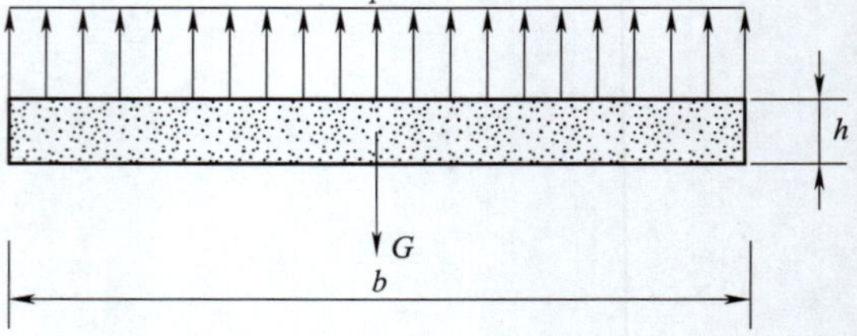

图 8-1　水沟盖板受力简图

b—水沟盖板宽度；h—水沟盖板厚度

8.1.2　水沟盖板验算条件

若 $F \leqslant 0$，则水沟盖板是稳定的，不需要进行稳定性验算。

若 $F > 0$，则需要进行验算。

8.1.3　水沟盖板稳定性标准

当水沟盖板的位移量 δ 大于水沟盖板的厚度 h 时($\delta>h$),隧道内的净压将使水沟盖板吸出水沟槽,应重新对水沟盖板进行设计。

当水沟盖板的位移量 δ 小于水沟盖板的厚度 h 时($\delta<h$),隧道内的净压将无法使盖板脱离沟槽,盖板基本稳定。

我国高速铁路水沟盖板采用普通钢筋混凝土制作,设计参数见表 8-1。

表 8-1　高速铁路客运专线水沟盖板参数(纵向以 1 m 计)

形式	外形		密度/(kg·m^{-3})	质量/kg	负压/Pa
	宽/m	高/m			
形式 1	0.42	0.08	2 300	77.28	1 803.2
形式 2	0.42	0.1	2 300	96.6	2 254

由表 8-1 可以看出,对于形式 1 的水沟盖板,当顶部负压小于或等于 1 803.2 Pa 时,盖板自重足以保持其稳定,当顶部负压超过 1 803.2 Pa 后,盖板就会发生向上的位移;对于形式 2 的水沟盖板,当顶部负压小于或等于 2 254 Pa 时,盖板自重足以保持其稳定,当顶部负压超过 2 254 Pa 后,盖板就会发生向上的位移。根据第 5 章的计算结果,隧道内最大负压一般在2 254 Pa 以上,因此目前我国的高速列车运行的过程中,隧道内的水沟盖板有可能发生移动。具体稳定性需要考虑盖板在压力差作用下的向上提升量,当盖板的提升量小于其厚度时,盖板的稳定性不受影响,当盖板的提升量超过其厚度时,盖板将发生失稳。

由此可知,对于隧道内负压大于 2 254 Pa 的高速铁路来说,隧道内的盖板稳定性主要由盖板上下表面的压差决定的,下面对于不同压差条件下盖板的向上提升量进行分析。

盖板上下表面压差不仅与列车速度、阻塞比等因素有关(不同工况条件下盖板顶部的压差参考值在第 5 章中已进行详细分析),而且与水沟的密封性有关。当水沟完全不密封时,即车内外空气的质量交换完全无阻尼时,盖板顶部压力 p_c和盖板底部压力 p_i相等。当水沟"完全密封"时,即水沟外空气无质量交换且盖板的刚度又较大时,则盖板顶部的压力瞬时变化对水沟内无影响。此时可直接按照盖板顶部压力减去盖板自重,从而积分求出盖板的向上提升量。一般情况下所说的两种极端情况都是不存在的,实际的水沟仅存在一定的密封性,因此,有必要研究瞬变压力作用下盖板上下表面的压力变化规律,从而得出作用于盖板上下表面的压力衰减情况,进而确定盖板的向上提升量。

8.2 水沟内外的密封指数分析

8.2.1 水沟压力差分析

为计算简单,假设水沟内压力的变化率与内外压差成正比,即

$$\frac{\mathrm{d}p_\mathrm{i}}{\mathrm{d}t}=-c_2(p_\mathrm{i}-p_\mathrm{e}) \tag{8-2}$$

p_e为常数,此处取当地的相对气压值。p_i为各工况计算出的压力值,Pa。令

$$p_\mathrm{d}=p_\mathrm{i}-p_\mathrm{e} \tag{8-3}$$

以 $t=0$ 时,$p_\mathrm{d}=p_\mathrm{d0}$作为边值条件,对式(8-3)积分得

$$p_\mathrm{d}=p_\mathrm{d0}\,\mathrm{e}^{-c_2 t} \tag{8-4}$$

将常数c_2表示为$\frac{1}{\tau}$,即

$$p_\mathrm{d}=p_\mathrm{d0}\,\mathrm{e}^{-\frac{t}{\tau}} \tag{8-5}$$

式中 τ——密封指数,具有时间量纲的常数;

p_d0——盖板负压,Pa;盖板在隧道内除气压外仅受重力作用。

对于一般情况,τ 按式(8-6)计算。

$$\tau=-\frac{t}{\ln\frac{p_\mathrm{d}}{p_\mathrm{d0}}} \tag{8-6}$$

从而得出密封指数 τ 的物理意义,即将水沟内外压差降低到相等条件下所需的泄漏时间。

8.2.2 密封指数变化特性

对于不同隧道盖板上下顶面的压差,密封指数 τ 取不同值情况下,水沟内外压差降低到静止压力条件下,盖板所需的泄漏时间如图 8-2~图 8-8 所示,取最不利的盖板参数,见表 8-1 的形式 2。

由图 8-2~图 8-8 可以看出:

(1)对于一定的"密封指数 τ",盖板上下顶面达到静压平衡所需的时间与隧道内的负压峰值有关,盖板上下顶面达到静压平衡所需的时间随负压峰值的增大而增大。以 $\tau=0.007$ 为例,负压峰值为−4 000 条件下,盖板上下顶面达到静压平衡所需的时间为 0.006 s,负压峰值为−7 000 Pa 时所需时间为 0.01 s,负压峰值为−10 000 Pa 时所需时间为 0.012 5 s,见表 8-2。

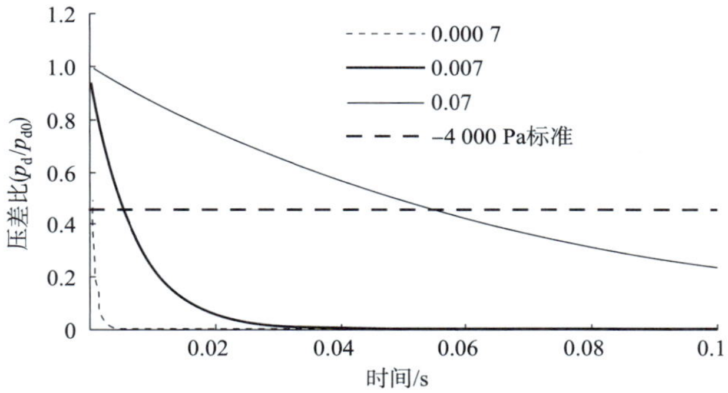

图 8-2　水沟内外达到静压平衡的时间(盖板顶部初始压力－4 000 Pa)

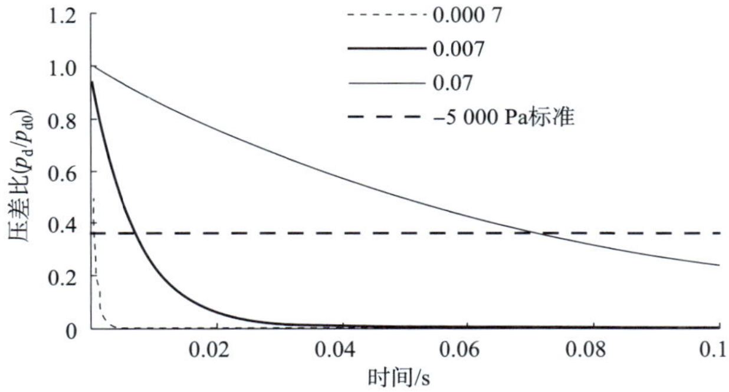

图 8-3　水沟内外达到静压平衡的时间(盖板顶部初始压力－5 000 Pa)

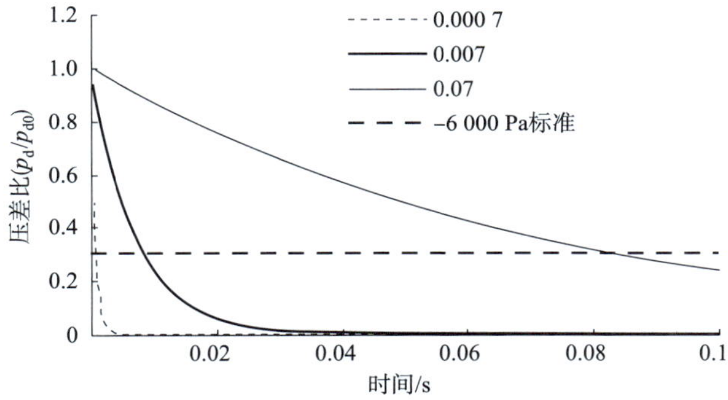

图 8-4　水沟内外达到静压平衡的时间(盖板顶部初始压力－6 000 Pa)

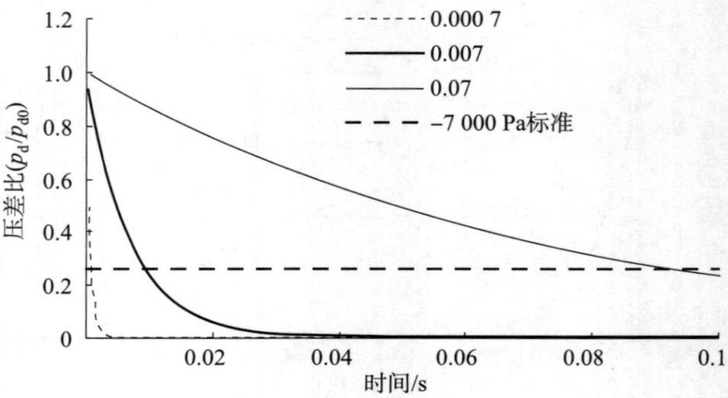

图 8-5　水沟内外达到静压平衡的时间(盖板顶部初始压力−7 000 Pa)

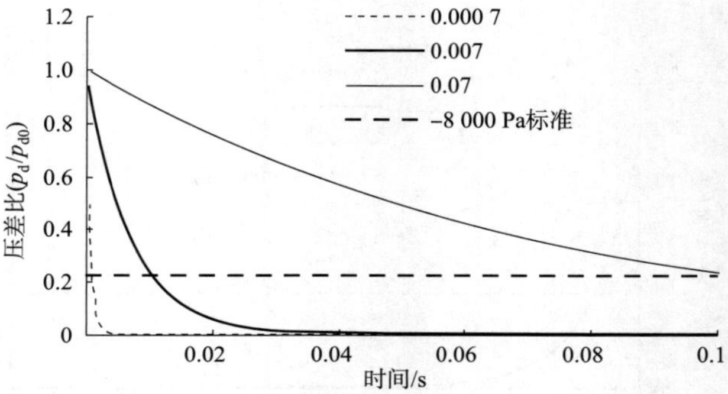

图 8-6　水沟内外达到静压平衡的时间(盖板顶部初始压力−8 000 Pa)

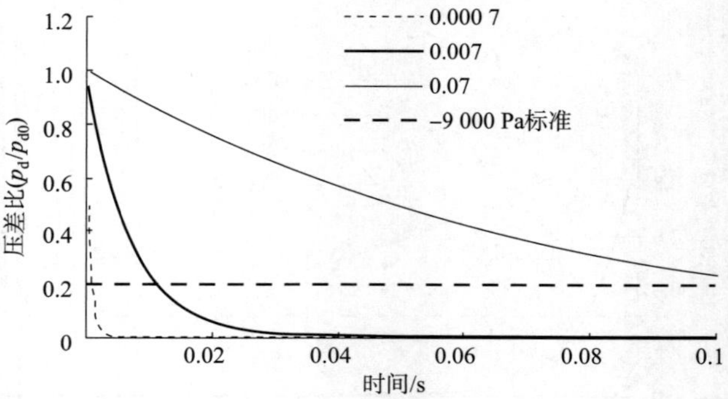

图 8-7　水沟内外达到静压平衡的时间(盖板顶部初始压力−9 000 Pa)

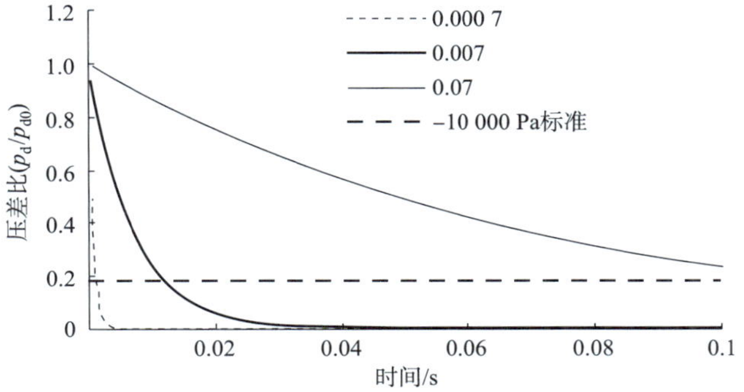

图 8-8　水沟内外达到静压平衡的时间(盖板顶部初始压力－10 000 Pa)

表 8-2　τ=0.007 条件下盖板上下顶面达到静压平衡所需的时间

负压峰值/Pa	所需时间/s
－4 000	0.006
－5 000	0.007 5
－6 000	0.008 5
－7 000	0.01
－8 000	0.011
－9 000	0.011 5
－10 000	0.012 5

(2)对于一定的负压峰值,盖板上下顶面达到静压平衡所需的时间与密封指数 τ 有关,盖板上下顶面达到静压平衡所需的时间随着密封指数 τ 的增大而增大。以负压峰值为－5 000 Pa 为例,密封指数 τ 为 0.000 7 s 条件下盖板上下顶面达到静压平衡所需的时间基本为 0 s,密封指数 τ 为 0.007 s 时所需的时间为 0.01 s,密封指数 τ 为 0.07 s 时所需的时间为 0.070 5 s。

由于隧道内的负压峰值与列车速度、阻塞比以及行车条件(单车或者会车)等因素有关,因此对于高速铁路而言,水沟盖板顶部的负压峰值是一定的,因此对于盖板的气压稳定性仅需考虑水沟密封指数 τ 的影响。

8.2.3　密封系数

目前对于封闭空间的密封系数尚没有成熟的理论公式,一般需要进行必要的漏气试验,如列车车厢的密封性就是采用静止车辆减压试验法确定的,由于水沟的密封性很差,需要有严密的室内试验设施,因此国内外一般通过式(8-7)估算[160]:

$$\tau=-\sqrt{p}/(2\times S/V) \tag{8-7}$$

式中　τ——水沟的密封指数,s;

p——水沟内外压差，Pa；

S——盖板漏气面积，cm^2；

V——水沟容积，m^3。

根据对郑西客运专线隧道电缆槽盖板稳定性研究，以纵向 1 m 的水沟盖板为计算长度，盖板的面积为 0.42 m^2，顶面设长 0.1 m、宽 0.025 m 的手孔，单位长度水沟的漏气面积为 0.002 5 m^2/m，此时水沟的密封指数 τ 为 0.007 s。对式(8-7)进行修正，得出不同盖板漏气面积条件下水沟内外的密封指数，见表 8-3。

表 8-3　不同盖板漏气面积条件下水沟内外的密封指数(单位水沟长度)

盖板漏气面积/cm^2	水沟容积/m^3	密封指数/s
45	0.21(0.3×0.7×1)	0.003 9
35	0.21(0.3×0.7×1)	0.005 0
25	0.21(0.3×0.7×1)	0.007 0
15	0.21(0.3×0.7×1)	0.011 7
5	0.21(0.3×0.7×1)	0.035 0
2	0.21(0.3×0.7×1)	0.087 6

由表 8-3 可以看出，水沟的密封指数随着盖板漏气面积的减小而增大。

8.3　水沟顶部盖板的稳定性分析

8.3.1　分析方法

对于一定的水沟密封指数 τ，则盖板在顶部负压作用下的提升量可通过式(8-8)求得：

$$\delta = \int_{t_1}^{t_2} v \mathrm{d}t \tag{8-8}$$

式中　δ——水沟盖板在顶部负压作用下的提升量，m；

t_1，t_2——分别为负压峰值开始作用到盖板顶部的时间，以及水沟内外达到静压平衡时所需的时间，s；

v——盖板的提升速度，m/s，计算公式为

$$v = \int_{t_1}^{t_2} (\Delta p - \gamma_\omega) \times A_\omega / m_\omega \mathrm{d}t$$

其中　Δp——水沟盖板上下顶面的压差，kPa，可通过一定密封指数积分求得；

γ_ω——水沟盖板的容重，kN/m^3；

A_ω——水沟盖板顶部的面积，m^2；

m_ω——水沟盖板的质量，kg。

8.3.2 计算结果

根据以上分析，即可得出盖板厚 80 mm 时不同条件下水沟盖板在顶部负压作用下的提升量 L，见表 8-4。

表 8-4　不同条件下水沟盖板在顶部负压作用下的提升量　　mm

工况	负压峰值/Pa	盖板漏气面积					
		45 cm²	35 cm²	25 cm²	15 cm²	5 cm²	2 cm²
单线隧道 70 m^2 300 km/h 行车	−3 854	2.3×10^{-6}	5.1×10^{-5}	8.2×10^{-3}	1.1×10^{-2}	1.3×10^{-1}	7.2×10^{-1}
单线隧道 70 m^2 350 km/h 行车	−5 114	5.2×10^{-3}	3.8×10^{-2}	9.8×10^{-1}	1.8×10^{-1}	1.76	11.2
双线隧道 100 m^2 300 km/h 行车	−2 809	2.7×10^{-8}	5.6×10^{-6}	1.2×10^{-6}	7.6×10^{-5}	4.9×10^{-4}	1.8×10^{-3}
双线隧道 100 m^2 350 km/h 行车	−3 478	9.9×10^{-7}	2.2×10^{-5}	3.5×10^{-3}	4.7×10^{-3}	2.6×10^{-2}	0.11
双线隧道 100 m^2 350 km/h 会车	−8 925	2.1×10^{-1}	2.9×10^{-1}	6.3×10^{-1}	1.6	14	86
双线隧道 90 m^2 250 km/h 行车	−1 808	0.0	0.0	0.0	0.0	0.0	0.0
双线隧道 90 m^2 250 km/h 会车	−5 350	6.8×10^{-3}	5.0×10^{-2}	1.3	2.6×10^{-1}	2.3	14
单线隧道 58 m^2 250 km/h 行车	−3 268	8.0×10^{-7}	1.8×10^{-5}	2.9×10^{-3}	3.9×10^{-3}	4.6×10^{-2}	8.9×10^{-2}

由表 8-4 可以看出：

(1)水沟盖板的提升量随着顶面漏气面积的减小而增大，当漏气面积不小于 15 cm^2 时，目前我国新建的高速铁路隧道盖板在隧道内气压作用下的稳定性均可得到保证。

(2)但若漏气面积过小，列车驶过隧道时盖板会有一定的上升量，具体表现为盖板出现异响，特别是对于会车条件，盖板可能发生较大的提升量，当盖板的漏气面积小于 5 cm^2 时，列车驶过隧道时盖板的稳定性就难以得到保证；当盖板的漏气面积小于 2 cm^2 时，列车驶过隧道时盖板会产生跳动，影响盖板的使用寿命。

(3)根据新建的高速铁路隧道水沟盖板普遍采用石太客运专线的设计尺寸，即顶面设长 0.1 m、宽 0.025 m 的手孔(盖板漏气面积 25 cm^2)，时速 350 km 条件下盖板的提升量不大于 0.6 mm，由此说明石太客运专线水沟盖板的设计参数是可靠的。

(4)若进一步减小列车驶过隧道时盖板发出的异响问题，提高隧道内行车的舒适性，对于以后新建高速铁路，可考虑适当加大隧道内盖板的手孔尺寸。

以上计算分析结果表明，高速列车运行引起的列车风所产生的负压会使隧道水沟盖板提升，影响其稳定性，但水沟盖板的提升量随着盖板漏气面积的增大而减小，当漏气面积不小于 15 cm^2时，高速铁路隧道盖板在隧道内气压作用下的稳定性均可得到保证；根据高速铁路隧道水沟盖板普遍采用的设计尺寸，即顶面设长 0.1 m、宽 0.025 m 的手孔(盖板漏气面积 25 cm^2)，350 km 时速条件下盖板的提升量不大于 0.6 mm，水沟盖板的设计参数是可靠的。

第9章 研究展望

高速铁路隧道空气动力学效应是一个复杂的三维、非定常、不等熵的湍流流动问题，其对隧道附属设施的影响尤为复杂，其程度大小与列车形状（尤其是车头外形）、列车速度、隧道横断面形式、隧道长度、洞内附属设施的位置和形状尺寸等众多因素有关，还涉及多场和多种动力作用的相互耦合，涵盖多学科内容的交叉。尽管业内同行在理论分析、数值计算、实车测试和模型试验等方面已取得较丰硕的成果和较厚实的研究积淀，但由于问题的复杂性，尚需在以下几方面予以拓展和深化。

9.1 发展完善的适用于隧道空气动力学数值计算模型

采用计算流体动力学的方法，建立隧道-列车-空气三维数值模型，是目前研究高速铁路隧道列车风与气压波时程变化规律和空间分布特点的常用方法。但这类数值计算模型由于受计算条件所限，尚存在对列车表面及隧道壁面处边界层的处理不够精细，计算过程存在一定程度的简化，对隧道内不同断面处列车风与气压波的时程变化曲线捕捉不够全面等不足。因此，在总结、分析既有研究成果的经验基础上，进一步改进和完善已有的各种隧道-列车-空气三维数值模型，提升其实用性和准确性是重点研究方向。

另一方面，接触网等隧道附属设施是锚固于隧道模注混凝土衬砌上的，高速列车风冲击力和压力梯度变化，对附属设施的冲击振动必然会对锚固区范围内的混凝土衬砌的耐久性、抗疲劳性能及安全性产生显著影响。因此，建立列车-附属设施-衬砌结构三维流固耦合数值分析模型，研究在列车冲击气动荷载和行驶振动荷载共同作用下附属设施的力学特性，是提高分析隧道附属设施风致振动响应精度和可靠性的必然发展趋势。

目前，高速铁路隧道空气动力学的数值仿真分析多利用大型通用的流体分析软件 Fluent 软件平台进行，若涉及流固耦合问题时多采用 ANSYS 软件平台等。但对于具体的工程问题，还需在类软件平台上进行二次开发。因此，运用计算流体动力学的基本理论，建立适用于我国高速铁路隧道附属设施构造特点的分析模型，并依托大型计算软件的二次开发平台编制相应计算程序，是实现精细化数值仿真的有效途径。

条件具备时，选择典型隧道实例进行高速铁路隧道附属设施气动响应的现场长期跟踪监测，以获取可靠数据，为分析、评价和修正现有隧道空气动力学效应计算理论和数值分析方法提供可靠的数据验证。

9.2 深入开展能充分考虑隧道附属设施构造特点的室内模拟试验

迄今为止，国内学者在高速列车穿越隧道时空气动力学效应的模型试验方面已进行了一些积极的探索，初步获得了一批较丰富的成果。但受条件所限，这些试验还不够深入和系统，所涉及的因素也比较单一，尚不能充分体现附属设施与隧道结构体系关联的本质，难以较全面真实地反映列车运行过程中气动冲击与列车振动共同作用的叠加现象和实际结构动力响应特征。

因此，研发设计能充分模拟高速铁路隧道空气动力学环境的模型试验装置和相应的组合加载试验系统，开展附属设施与隧道结构关联的相似模型试验（有条件时，亦可采用足尺模型试验），是深入了解不同隧道结构类型和不同列车速度影响下附属设施累积疲劳损伤规律及各因素的影响程度，充分揭示高速列车气动荷载和振动荷载耦合作用下附属设施与相应锚固区混凝土衬砌间的相互作用机制和振动传播、衰减特征的必不可少的重要研究手段。

其中，重点是针对供电牵引接触网在隧道中的安装位置和典型空气动力学特征，开展风洞试验，研究弓网耦合振动、受电弓接触压力和接触线振动，以及接触网风致振动作用下隧道拱顶衬砌的受力状况及服役安全问题。目前，中南大学的高速铁路试验中心已自主研建风洞模型试验系统，具备了相关试验条件，并进行了一些有益的探索。

9.3 系统性进行隧道配电附属设施锚固设计参数的优化选型研究

高速铁路隧道内的配电箱等附属设施是锚固于隧道衬砌表面的突出物。近年来，业内科技人员采用现场测试、模型试验以及数值模拟等方法对车头型式、列车编组、隧道断面型式及隧道长度对高速铁路隧道内锚固型附属设施的气动效应进行了相关研究，为隧道内各类设施的锚固安全性研究奠定了良好基础。但这些研究主要集中在接触网、线缆夹具等，而对配电箱、防护钢管、灯具等锚固型附属设施研究较少，样本有限。

因此，在研究列车行驶时的活塞风和最大空气压力对锚固型附属设施产生的气动效应时，除了明线上必须要考虑的垂直荷载、水平荷载和平行于隧轴线的水平荷载等因素外，还需充分考虑增加列车行驶不同速度目标值、隧道有效净空面积下相应的动压力和压力变化梯度因素对配电箱类突出物的材料强度、基础稳定性等性能影响。

同时，一般锚栓属于非标准部件，不同类型锚栓的紧固力学原理和参数影响规律差异显著，且不同生产厂商的锚栓在加工精度、技术规格和本体材质等方面存在较大的离散性，这就需要通过大量有针对性的专项实验，积累样本，以利通过统计分析，得到合理设计参数。此问题也是对改进和完善锚固型附属设施设计标准重要研究内容之一。

9.4 建立完整的隧道附属设施与衬砌结构疲劳损伤评价方法和标准

在高速列车气动和振动荷载的长期反复冲击作用下，隧道附属设施与锚固区混凝土衬砌结构很容易在低于静载强度的情况下发生损伤，随着损伤的不断累积，将最终造成附属设施的疲劳破坏。国内学者对此问题已进行了一些相应的研究，并取得了一些具有一定实用价值的研究成果。但由于附属设施锚固气动力学效应及疲劳损伤机理的复杂性，针对气动和振动等多因素耦合作用下的损伤量化分析及损伤预测模型，目前还未形成完整的研究体系，也还未形成针对性很强的实用性隧道附属设施疲劳损伤评价预测方法。

在进一步提升数值仿真结果有效性的基础上，综合室内模型实验和现场调查与测试的研究成果，构建高速铁路隧道附属设施锚栓和锚固区混凝土衬砌疲劳损伤评价理论，结合二次开发子程序，建立隧道附属设施气动损伤交互式计算方法。以此分析不同列车运行速度和不同隧道结构类型，对不同附属设施类型疲劳损伤特性的影响和长期使用性能；通过对比不同锚固设计参数下的破坏形态，得出表征隧道附属设施服役性能的量化指标，预测高速铁路隧道附属设施的疲劳损伤状态，进而为优化高速铁路隧道附属设施锚固结构设计参数，为隧道附属设施设计标准的优化以及既有高速铁路隧道附属设施的运营养护提供科学依据。

此外，隧道附属设施振动及锚固评价指标和标准已有一些初步的研究成果，但控制标准限值，主要是在参照国内外其他设施振动评价标准及相关研究成果的基础上提出的，难免存在粗略性，也还比较零碎。因此，针对高速铁路隧道结构自身特点，提出精确的隧道附属设施与锚固振动评价指标和标准，是目前亟须解决的又一个难题。

9.5 充实时速 400 km 以上高速及非标准净空断面下气动效应研究

影响高速铁路隧道内附属设施服役性能的因素，主要包括气动荷载和衬砌力学性能两个方面，气动荷载又受到隧道断面和列车速度等多种因素的影响。当前国内外都在持续推进 400 km 高速铁路的发展，随着列车速度的增加，隧道内压力波和列车风都将不同程度的增大；其次，我国新建的跨江越海高速铁路隧道已多采用盾构隧道，既有病害隧道也出现加装套衬，而隧道断面的减小不仅会直接增大隧道气动荷载，盾构管片和后装套衬的力学性能对附属设施的响应也有不同程度的影响。目前类似工程已经出现，但相关的附属设施安全性分析和安装标准方面尚属空白。

因此，在既有研究的基础上，开展超高速铁路隧道空气动力学效应研究，确定时速400 km铁路隧道内压力波和列车风的荷载计算标准；建立盾构管片-接缝的力学分析模型，分析复杂受力环境下气动荷载对附属设施-盾构管片的力学响应、疲劳损伤特征和长期服役性能的影响，进而提出盾构隧道内附属设施的安装标准；针对高速铁路隧道衬砌病害整修方法，考虑套衬的位置和长度，分析变断面条件下隧道气动效应，构建围岩-衬砌-套衬-附属设施的力学分析模型，分析气动荷载作用下附属设施的力学响应、疲劳损伤特征和长期服役性能的演化规律，提出加装套衬隧道内附属设施的安装标准。

此外，当列车时速由 350 km 提速到时速 400 km 时，隧道内流场的马赫数 Ma 由 0.286 增大到 0.327 以上。隧道空气动力学效应由低亚声速流跨入到中等亚声速阶段，原有的隧道空气动力学计算方法或模型参数，可能存在一定的不确定性，需结合室内动模型试验，开展隧道空气动力学效应的验证工作。如何在大比例尺条件下实现列车-隧道的超高速相对运动，是对现有试验平台的严峻挑战。

参考文献

[1] 巩江峰，唐国荣，王伟，等. 截至2021年底中国铁路隧道情况统计及高黎贡山隧道设计施工概况[J]. 隧道建设(中英文)，2022，42(3)：508-517.

[2] 彭立敏，施成华. 隧道工程[M]. 2版. 长沙：中南大学出版社，2017.

[3] 孙德忠 . 提高接触网受电弓系统运行可靠性的研究[J]. 铁道机车车辆，1996(3)：51-53.

[4] 于万聚 . 高速电气化铁路接触网[M]. 成都：西南交通大学出版社，2002.

[5] 国家铁路局. 高速铁路设计规范：TB 10621—2014[S]. 北京：中国铁道出版社，2014.

[6] 国家铁路局. 铁路隧道设计规范：TB 10003—2016[S]. 北京：中国铁道出版社，2017.

[7] YAMAMOTO A. Aerodynamics of a train and tunnel[C]//Proceedings of 1st International Conference on Vehicle Mechanics. Detroit：SAE，1968：151-163.

[8] YOON T S，LEE S，HWANG J H，et al. Prediction and validation on the sonic boom by a high-speed train entering a tunnel[J]. Journal of Sound and Vibration，2001，247(42)：195-211.

[9] TANAKA Y，KIKUCHI K，IIDA M，et al. Field measurement of pressure waves radiated from tunnel portals at train entry/exit[J]. Transactions of the Japan Society of Mechanical Engineers，2001，67(662)：2470-2477.

[10] SUZUKI M. Unsteady aerodynamic force acting on high speed trains in tunnel[J]. Quarterly Report of Railway Technical Research Institute，2001，42(2)：89-93.

[11] SAKUMA Y，SUZUKI M，IDO A，et al. Measurement of air velocity and pressure distributions around high-speed train on board and on the ground[J]. Journal of Mechanical Systems for Transportation and Logistics，2010，3(1)：110-118.

[12] TRIBSTEN H. Transient pressure measurement at the top of the engine 103 during the passage through the Heitersberg tunnel[C]//Proceedings of 3rd International Symposium Aerodynamics and Ventilation of Vehicle Tunnels. Sheffield：BHRA，1979：303-324.

[13] HERB J，DEEG P，TIELKES T. Assessment of possible sonic boom effects in German high-speed railway tunnel-experiment and numerical data for the wave steepening process[C]//Proceedings of 11th International Symposium on Aerodynamics and Ventilation of Vehicle Tunnels. Bedfordshire：BHR Group，2003：775-782.

[14] MANCINI G，MALFATTI A. Full scale measurements on high speed train ETR500 passing in open air and in tunnels of Italian high speed line[C]//TRANSAERO-A European Initiative on Transient Aerodynamics for Railway System Optimization. Berlin：Springer，2002：101-122.

[15] 何德昭，徐鹤寿，王厚雄. 列车通过隧道诱发的气动变化规律的试验研究[J]. 中国铁道科学，1997，18(4)：42-49.

[16] 梁习锋，田红旗. 遂渝线200公里/小时隧道空气动力学实车试验研究报告[R]. 长沙：中南大学，2005.

[17] 刘堂红,田红旗,金学松.隧道空气动力学实车试验研究[J].空气动力学学报,2008,26(1):42-46.

[18] 马伟斌,张千里,刘艳青.中国高速铁路隧道气动效应研究进展[J].交通运输工程学报,2012,12(4):25-32.

[19] 刘峰,姚松,刘堂红,等.高速铁路隧道壁面气动压力实车试验分析[J].浙江大学学报(工学版),2016,50(10):2018-2024.

[20] WHITE W R,POPE C W. The use of a hydraulic analogy for modelling the unsteady flows in railway tunnels[J]. Environmental Quality,1979:325-342.

[21] 木川田一弥,森井宣治.对超高速列车在隧道内运行时压力变化的实验研究[J].隧道译丛,1994(5):1-9.

[22] KIM J Y,KIM K Y. Experimental and numerical analyses of train-induced unsteady tunnel flow in subway[J]. Tunnelling & Underground Space Technology,2007,22(2):166-172.

[23] DOI T,OGAWA T,MASUBUCHI T,et al. Development of an experimental facility for measuring pressure waves generated by high-speed trains[J]. Journal of Wind Engineering & Industrial Aerodynamics,2010,98(1):55-61.

[24] 小汉智.隧道出口微气压波的研究[M].东京:日本国有铁路铁道技术研究所,1979.

[25] POPE C W. The simulation of flows in railway tunnel using 1/25th scale moving model facility[C]// 7th ISAVVT. British Railway Board,1991:709-737.

[26] 田红旗.列车交会空气压力波研究及应用[J].铁道科学与工程学报,2004(1):83-89.

[27] 王英学,高波,赵文成,等.高速列车进出隧道空气动力学特征模型实验分析[J].流体力学实验与测量,2004,18(3):73-78.

[28] 高品贤,余南阳,雷波.隧道空气压力波浅水槽拖动模型试验的实时检测[J].铁道学报,2000,22(3):43-46.

[29] 余南阳,雷波,许志浩,等.高速列车隧道压力波浅水槽模拟试验研究[J].铁道学报,2004,26(2):52-55.

[30] OGAWA T,FUJII K. Numerical investigation of three-dimensional compressible flows induced by a train moving into a tunnel[J]. Computers & Fluids,1997,26(6):565-585.

[31] ZENG S M,GRETLER W. Pressure wave propagation in a short tunnel caused by passing trains[J]. Forschung im Ingenieurwesen,1995,61(11):304-315.

[32] GRETLER W,ZENG S M. Wave propagation by the passage of two high-speed trains in a tunnel [J]. Forschung im Ingenieurwesen,1996,62(5):105-115.

[33] KRAJNOVIC S. Computer Simulation of a train exiting a tunnel through a varying crosswind[J]. International Journal of Railway ,2008,1(3):99-105.

[34] SHIN C,PARK W. Numerical study of flow characteristics of the high speed train entering into a tunnel[J]. Mechanics Research Communications,2003,30(4):287-296.

[35] 梅元贵,赵海恒.高速铁路隧道压力波数值分析[J].西南交通大学学报,1995,30(6):667-672.

[36] 朱克勤,杨宇光.高速列车穿越隧道时一维非定常流的数值研究[J].空气动力学学报,1998(4):480-484.

[37] LI F L,LUO J J,WANG L,et al. Analysis of aerodynamic effects and load spectrum characteristics in high-speed railway tunnels[J]. Journal of Wind Engineering and Industrial Aerodynamics,2021,216:104729.

[38] 王一伟,杨国伟,黄晨光. 高速列车通过隧道时气动阻力特性的 CFD 仿真分析[J]. 中国铁道科学,2012,33(增刊):33-38.

[39] 黄莎,李志伟,杨明智,等. 高速磁浮列车通过隧道群时的压力波特性[J]. 中南大学学报(自然科学版),2022,53(5):1770-1781.

[40] DENG E,YANG W C,HE X H,et al. Aerodynamic response of high-speed trains under crosswind in a bridge-tunnel section with or without a wind barrier[J]. Journal of Wind Engineering and Industrial Aerodynamics,2021,210(1):104502.

[41] 金学易,陈文英. 隧道通风及隧道空气动力学[M]. 北京:中国铁道出版社,1983.

[42] 王韦,王建宇,陈正林. 隧道中高速列车活塞风及空气阻力的计算[J]. 中国铁道科学,1999,20(1):9-16.

[43] GAWTHORPE R G,POPE C W. Green R H. Analysis of train drag in various configurations of a long tunnel[C]//ISAVVT,Sheffield,UK. Cranfield:BHRA Fluid Engineering,1979:257-280.

[44] MAEDA T,KINOSHITA M,KAJIYAMA H,et al. Estimation of aerodynamic drag of Shinkansen trains from pressure rise in tunnel[C]//6th ISAVVT,Durham,Englang. Cranfield:BHRA Fluid Engineering,1988:61-78.

[45] POPE C W. Transient pressures in tunnels-a formula for predicting the strength of the entry wave produced by trains with streamlined and unstreamlined noses[R]. British Railways Research and Development Division,1976.

[46] POPE C W,JOHNSON T,BROOMHEAD S F. Aerodynamic and thermal design for the Great Belt Tunnel[C]//6th ISAVVT,Durham,England. Cranfield:BRHA Fluid Engineehng,1988:245-272.

[47] 史力生. 双线铁路隧道的活塞风和沿程阻力系数[J]. 铁道学报,1995,17(2):118-125.

[48] 中华人民共和国铁道部. 铁路隧道运营通风设计规范:TB 10068—2010[S]. 北京:中国铁道出版社,2010.

[49] 李炎. 铁路隧道列车活塞风特性分析及理论研究[D]. 兰州:兰州交通大学,2010.

[50] 张奮. 高速列车在隧道中运行时产生的问题:报告 13[J]. 隧道译丛,1994(9):3-14.

[51] POPE C W,GAWTHORPE R G,RICHARDS S P. An experimental investigation into the effect of train shape on the unsteady flows generated in tunnels[C]//4th ISAVVT,York,UK. Cranfield:BHRA Fluid Engineering,1983:107-127.

[52] GAWTHORPE R G,POPE C W. The measurement and interpretation of transient Pressures generated by trains in unnels[C]//ISAVVT,Cambridge,UK. Cranfield:BHRA Fluid Engineering,1976:35-54.

[53] 铁道部隧道通风试验工作组. 东北四座隧道自然通风观测调查及试验报告[R]. 1964.

[54] RL 道格提,赵容夫. 隧道中列车的活塞作用[J]. 隧道译丛,1966(2).

[55] 王树刚,江亿,朱颖心. 北京地铁列车活塞风的实测与分析[J]. 暖通空调,1998,28(5):47-51.

[56] 冯炼. 地铁网络系统环境控制数值模拟研究[D]. 成都:西南交通大学,2001.

[57] 黄志祥,陈立,蒋科林. 高速列车减小空气阻力措施的风洞试验研究[J]. 铁道学报,2012,34(4):16-21.

[58] 李必雄,李寿科. 高速铁路隧道预分支电缆风洞试验研究[C]//第 26 届全国结构工程学术会议论文集:第Ⅲ册. 2017:585-588.

[59] 杨伟超,欧阳德惠,邓锷,等. 隧-桥-隧段静、动列车风洞模型的气动性能对比[J]. 中南大学学报(自然科学版),2022,53(5):1792-1803.

[60] ZHANG J Y,ZHANG M J,LI Y L,et al. Aerodynamic effects of subgrade-tunnel transition on high-speed railway by wind tunnel tests[J]. Wind and Structures,2019,28(4),203-213.

[61] NAYAK U S L,GRALEWSKI Z A,STEVENS S J. The aerodynamic drag of tube vehicles traveling at low subsonic speeds[C]//2th ISAVVT,Cambridge,UK. Cranfield:BHRA Fluid Engineering,1976:1-22.

[62] REICHARDT H. Characteristic properties of the straight-lined turbulent Couette-flow. BRD,1959:1-45.

[63] EDER R,SOCKEL H. Calculation of turbulent flow in the annular gap between the walls of train and tunnel[C]//2th ISAVVT,Lille,France. Cranfield:BHRA Fluid Engineering,1985:259-284.

[64] BAKER C J,DALLEY S J,JOHNSON T,et al. The slipstream and wake of high-speed train[J]. Proceedings of the Institution of Mechanical Engineers Part F Journal of Rail & Rapid Transit,2001,215(2):83-99.

[65] BAKER C J,JONES J,LOPEZ-CALLEJA F,et al. Measurements of the cross wind forces on trains [J]. Journal of Wind Engineering and Industrial Aerodynamics,2004,92(7-8):547-563.

[66] 荣深涛. 恒定不可压缩 Couette 流的通用理论-Ⅰ流场中存在零切应力平面这种情况[J]. 中国科学,1986(2):162-170.

[67] 荣深涛,阎冠民. 环形槽道科特(Couette)紊流的第 1 类科特流[J]. 北方交通大学学报,1991,15(1):49-58.

[68] 荣深涛,阎冠民. 环形槽道科特(Couette)紊流的第 2 类科特流[J]. 北方交通大学学报,1991,15(1):59-67.

[69] RICCO P,BARON A,MOLTENI P. Nature of pressure waves induced by a high-speed train travelling through a tunnel[J]. Journal of Wind Engineering and Industrial Aerodynamics,2007,95(8):781-808.

[70] 周亚宇. 高速动车组通过合武铁路湖北段隧道空气动力性能测试[J]. 铁道建筑,2011,73(4):73-76.

[71] 梅元贵,张志超,杜健,等. 高速磁浮单列车通过隧道时车外压力数值模拟研究[J]. 中国铁道科学,2021,42(6):78-89.

[72] ZHOU X S,LIU T H,CHEN Z W,et al. Effect of ambient wind on pressure wave generated by high-speed train entering a tunnel[J]. Journal of Central South University,2017,24(6):1465-1475.

[73] CHEN Z W,LIU T H,ZHOU X S,et al. Impact of ambient wind on aerodynamic performance when two trains intersect inside a tunnel[J]. Journal of Wind Engineering and Industrial Aerodynamics,2017,169:139-155.

[74] 骆建军. 高海拔地区高速铁路隧道空气动力学特性[J]. 西南交通大学学报,2016,51(4):607-614.

[75] MIYACHI T,IIDA M,FUKUDA T,et al. Nondimensional maximum pressure gradient of tunnel compression waves generated by offset running axisymmetric trains[J]. Journal of Wind Engineering and Industrial Aerodynamics,2016,157:23-35.

[76] CHOI J K,KIM K H. Effects of nose shape and tunnel cross-sectional area on aerodynamic drag of train traveling in tunnels[J]. Tunnelling and Underground Space Technology,2014,41:62-73.

[77] CHEN X D,LIU T H,ZHOU X S,et al. Analysis of the aerodynamic effects of different nose lengths on two trains intersecting in a tunnel at 350 km/h[J]. Tunnelling and Underground Space Technology,2017,66:77-90.

[78] NIU J Q, ZHOU D, LIANG X F, et al. Numerical simulation of the Reynolds number effect on the aerodynamic pressure in tunnels[J]. Journal of Wind Engineering and Industrial Aerodynamics, 2018, 173(2): 187-198.

[79] NIU J Q, ZHOU D, LIU F, et al. Effect of train length on fluctuating aerodynamic pressure wave in tunnels and method for determining the amplitude of pressure wave on trains[J]. Tunnelling and Underground Space Technology, 2018, 80: 277-289.

[80] SUN Z X, ZHANG Y Y, GUO D L, et al. Research on running stability of CRH3 high speed trains passing by each other[J]. Engineering Applications of Computational Fluid Mechanics, 2014, 8(1): 140-157.

[81] 梅元贵,李绵辉,郭瑞. 高速铁路隧道内列车交会压力波气动载荷分布特性[J]. 中国铁道科学,2019,40(6):60-67.

[82] 贾永兴,杨振,姚拴宝,等. 高速磁浮列车隧道交会时洞内压力波动数值模拟研究[J]. 中国铁道科学,2020,41(3):86-94.

[83] 许建林,孙建成,梅元贵,等. 高速列车隧道内交会压力波基本特性数值模拟研究[J]. 振动与冲击,2016,35(3):184-191.

[84] 梅元贵,孙建成,许建林,等. 高速列车隧道交会压力波特性[J]. 交通运输工程学报,2015,15(5):34-43.

[85] 韩运动,姚松,陈大伟,等. 基于实车试验的高速列车隧道压力波影响因素[J]. 中南大学学报(自然科学版),2017,48(5):1404-1412.

[86] LIU T H, TIAN H Q, LIANG X F. Aerodynamic effects caused by trains entering tunnels[J]. Journal of Transportation Engineering, 2010, 136(9): 846-853.

[87] ZHANG L, YANG M Z, NIU J Q, et al. Moving model tests on transient pressure and micro-pressure wave distribution induced by train passing through tunnel[J]. Journal of Wind Engineering and Industrial Aerodynamics, 2019, 191: 1-21.

[88] BELLENOUE M, AUVITY B, KAGEYAMA T. Blind hood effects on the compression wave generated by a train entering a tunnel[J]. Experimental Thermal and Fluid Science, 2001, 25(6): 397-407.

[89] DAVID U, MAME W L, FRANÇOIS M. 3D numerical design of tunnel hood[J]. Tunnelling and Underground Space Technology, 2013, 38: 517-525.

[90] SUN Z X, YANG G W, ZHU L, et al. Study on the critical diameter of the subway tunnel based on the pressure variation[J]. Science China (Technological Sciences), 2014, 57(10): 2037-2043.

[91] CHU C R, CHIEN S Y, WANG C Y, et al. Numerical simulation of two trains intersecting in a tunnel [J]. Tunnelling and Underground Space Technology, 2014, 42(5): 161-174.

[92] WANG T T, WU F, YANG M Z, et al. Reduction of pressure transients of high-speed train passing through a tunnel by cross-section increase[J]. Journal of Wind Engineering and Industrial Aerodynamics, 2018, 183: 235-242.

[93] 胡啸,孔繁冰,梁永廷,等. 线间距对高速列车隧道内交会压力波影响的数值模拟研究[J]. 振动与冲击,2020,39(21):79-88.

[94] LIU T H, CHEN X D, LI W H. Field study on the interior pressure variations in high-speed trains passing through tunnels of different lengths [J]. Journal of Wind Engineering and Industrial Aerodynamics, 2017, 169: 54-66.
[95] WANG Y W, YANG G W, HUANG C G, et al. Influence of tunnel length on the pressure wave generated by high-speed trains passing each other[J]. Science China Technological Sciences, 2012, 55 (1): 255-263.
[96] 王建宇, 万晓燕, 吴剑. 隧道长度对瞬变压力的影响[J]. 现代隧道技术, 2008, 45(6): 1-4, 15.
[97] LI W H, LIU T H, PEDRO M V, et al. Aerodynamic effects of a high-speed train travelling through adjoining & separated tunnels[J]. Tunnelling and Underground Space Technology, 2021, 113: 103973.
[98] 周丹. 长大隧道、隧道群空气动力效应算法研究及应用[D]. 长沙: 中南大学, 2007.
[99] 骆建军, 马伟斌. 高速铁路长隧道内缓冲结构的气动效应分析[J]. 中国铁道科学, 2016, 37(2): 48-55.
[100] 马伟斌, 俞翰斌, 付连著, 等. 某特长水下隧道气动效应试验研究[J]. 中国铁道科学, 2012, 33(1): 41-46.
[101] XIONG X H, ZHU L, ZHANG J, et al. Field measurements of the interior and exterior aerodynamic pressure induced by a metro train passing through a tunnel[J]. Sustainable Cities and Society, 2020, 53: 101928.
[102] MENG S, ZHOU D, WANG Z. Moving model analysis on the transient pressure and slipstream caused by a metro train passing through a tunnel[J]. PLOS ONE, 2019, 14(9): e0222151.
[103] WANG J Y, WANG T T, YANG M Z, et al. Research on the influence of different heating zone lengths on pressure waves and a newly designed method of pressure wave mitigation in railway tunnels[J]. Tunnelling and Underground Space Technology, 2022, 122: 104379.
[104] TAO Y, YANG M Z, QIAN B S, et al. Numerical and experimental study on ventilation panel models in a subway passenger compartment[J]. Engineering, 2019, 5(2): 329-336.
[105] 高畅, 张继业, 李田, 等. 基于联络通道缓解高速列车在长大隧道的压力波波动[J]. 工程力学, 2020, 37(7): 230-239.
[106] 梅元贵, 贾永兴. 单列高速列车通过内置开孔隔墙隧道时的压力波数值分析[J]. 铁道学报, 2013, 35(12): 95-100.
[107] 唐荥. 高速列车进出隧道口受电弓气动载荷研究[D]. 长沙: 中南大学, 2014.
[108] 李瑞平, 周宁, 张卫华, 等. 高速列车过隧道对弓网动力学影响分析[J]. 振动与冲击, 2013, 32(6): 33-37.
[109] 陈荣. 活塞风对接触线的影响研究[D]. 成都: 西南交通大学, 2013.
[110] 徐冲. 高速铁路隧道接触网混凝土工作性能分析[J]. 铁道建筑, 2013(7): 61-64.
[111] 施成华, 杨伟超, 彭立敏, 等. 高速铁路隧道列车风作用下接触网安全性分析[J]. 中南大学学报(自然科学版), 2012, 43(9): 3652-3658.
[112] 王国志, 孙海振, 于兰英, 等. 高速列车过隧道时对接触网安全性的影响分析[J]. 铁道标准设计, 2016, 60(10): 118-121.
[113] 杨伟超, 何川, 彭立敏, 等. 隧道结构内列车风荷载下接触网系统的风致振动响应[J]. 铁道科学与工

程学报,2018,15(2):276-284.
[114] 高睿. 高速铁路隧道口接触网定位结构姿态影响特征性试验研究[D]. 南昌:华东交通大学,2017.
[115] 王照伟. 高速铁路空气动力学效应对隧道内附属设施的影响[D]. 长沙:中南大学,2011.
[116] 周力. 混凝土后锚固技术研究[D]. 长沙:湖南大学,2002.
[117] 许宜利. 直接剪切型锚栓受剪性能研究[D]. 重庆:重庆大学,2019.
[118] 中华人民共和国住房和城乡建设部. 混凝土结构后锚固技术规程:JGJ 145—2013[S]. 北京:中国建筑工业出版社,2013.
[119] DELHOMME F,ROURE T,ARRIETA B,et al. Static and cyclic pullout behavior of cast-in-place headed and bonded anchors with large embedment depths in cracked concrete[J]. Nuclear Engineering and Design,2015,287:139-150.
[120] DELHOMME F,ROURE T,ARRIETA B,et al. Pullout behavior of cast-in-place headed and bonded anchors with different embedment depths[J]. Materials and Structures,2016,49(5):1843-1859.
[121] SONODA Y. A numerical study on the pull-out strengths of anchor bolts embedded in concrete using the smoothed particle hydrodynamics method[J]. Key Engineering Material,2016,711:1111-1117.
[122] HARIYADI,MUNEMOTO S,SONODA Y. Experimental analysis of anchor bolt in concrete under the pull-out loading[J]. Procedia Engineering,2017,171:926-933.
[123] 艾文超,童根树,张磊,等. 钢柱脚锚栓连接受剪性能试验研究[J]. 建筑结构学报,2012,33(3):80-88.
[124] 蒋铁柱,徐福泉,吴林志. 锚栓群锚抗拉性能试验研究[J]. 工程抗震与加固改造,2013,35(5):108-114.
[125] 唐潮,石朝花. 锚栓的锚固长度及构造要求[J]. 钢结构,2014,29(5):25-28.
[126] 刘华东,刘勇,于雷,等. 高强锚栓的锚固长度计算方法[J]. 工业建筑,2017(增刊):265-266,271.
[127] 龙帮云,张恒,杨慧邦,等. 后锚固体系纯弯锚板刚性研究[J]. 混凝土与水泥制品,2017(7):74-77.
[128] 熊朝晖,董军锋. 国内外锚栓锚固抗震设计标准比较[J]. 工程建设标准化,2022(1):84-88.
[129] 臧凡,周俊钧,刘占清,等. 后锚固锚栓抗震性能检测技术研究与结果分析[J]. 中国建材科技,2021,30(2):12-15,26.
[130] 董军锋,雷波,马建勋. 非结构构件用砌体结构后锚固抗拉试验研究[J]. 施工技术,2018,47(23):67-71.
[131] LIU Z Y,DIETRICH Z,PHARES B M,et al. Structural behavior of large anchor bolts used for sign-support structures[J]. Journal of Constructional Steel Research,2022,190:107144.
[132] 耿义光. 高速铁路隧道馈线及夹具气动载荷数值计算与试验研究[D]. 长沙:中南大学,2012.
[133] 李凯. 隧道内气动效应对线缆支架稳定性的影响[J]. 铁道建筑,2021,61(6):74-78.
[134] 高睿. 高速铁路隧道口接触网定位结构姿态影响特征性试验研究[D]. 南昌:华东交通大学,2017.
[135] 夏熙童,盛楚倩,曹从咏. 500 km/h 高速铁路隧道线缆夹具刚强度有限元分析[J]. 现代交通技术,2020,17(2):90-93.
[136] 莫乃榕. 工程流体力学[M]. 武汉:华中科技大学出版社,2009.
[137] 吴德铭,郜冶 . 实用计算流体力学基础[M]. 哈尔滨:哈尔滨工程大学出版社,2008.
[138] 赵有明,马伟斌,程爱君,等. 高速铁路隧道气动效应[M]. 北京:中国铁道出版社,2012.

[139] 尚文强，李栋，罗坤，等. 平直水翼梢隙流动的直接数值模拟研究[J]. 工程热物理学报，2021，42(6)：1466-1471.

[140] 吴正园，莫凡，高振勋，等. 湍流边界层与高温气体效应耦合的直接数值模拟[J]. 空气动力学学报，2020，38(6)：1111-1119，1128.

[141] DENG E，YANG W C，LEI M F，et al. Aerodynamic loads and traffic safety of high-speed trains when passing through two windproof facilities under crosswind：A comparative study[J]. Engineering Structures，2019，188：320-339.

[142] LU Y B，WANG T T，YANG M Z，et al. The influence of reduced cross-section on pressure transients from high-speed trains intersecting in a tunnel[J]. Journal of Wind Engineering and Industrial Aerodynamics，2020，201：104161.

[143] 王瑞金，张凯，王刚. Fluent 技术基础与应用实例[M]. 北京：清华大学出版社，2010.

[144] 宋学官，蔡林，张华. ANSYS 流固耦合分析与工程实例[M]. 北京：中国水利水电出版社，2012.

[145] 朱红钧. ANSYS 14.5 热流固耦合实战指南[M]. 北京：人民邮电出版社，2014.

[146] 杨伟超，彭立敏，施成华. 隧道竖井对车体压力的作用机理及影响因素分析[J]. 中国铁道科学，2009，30(3)：68-73.

[147] 刘佩斯. 竖井对高速铁路隧道气动效应的影响研究[D]. 成都：西南交通大学，2010.

[148] 费瑞振. 高速铁路隧道交叉结构段接触网风致振动研究[D]. 长沙：中南大学，2015.

[149] 国家铁路局. 铁路电力牵引供电设计规范：TB 10009—2016[S]. 北京：中国铁道出版社，2016.

[150] 中华人民共和国住房和城乡建设部. 混凝土结构设计规范：GB 50010—2010[S]. 2015 版. 北京：中国建筑工业出版社，2016.

[151] HOWE M S，FUKUDA T，MAEDA T，et al. Theoretical and experimental investigation of the compression wave generated by a train entering a tunnel with a flared portal[J]. Journal of Fluid Mechanics. 2000，425：111-132.

[152] ABAQUS Inc.. ABAQUS Theory Manual Version 6.13[M]. USA：2014.

[153] 翟婉明. 车辆-轨道耦合动力学[M]. 4 版. 北京：科学出版社，2015.

[154] 张战廷，刘宇锋. ABAQUS 中的混凝土塑性损伤模型[J]. 建筑结构，2011，41(增刊)：229-231.

[155] 朱正国，杨利海，王晓男. 交叉隧道耦合动荷载动力响应及安全分析[J]. 铁道工程学报，2018，35(3)：63-68.

[156] 丁祖德. 高速铁路隧道基底软岩动力特性及结构安全性研究[D]. 长沙：中南大学，2012.

[157] 曹宏凯. 气动荷载下高铁隧道内锚固型附属设施力学响应特性研究[D]. 长沙：中南大学，2022.

[158] 李国强，孙哲，张贵鹏，等. 一种可更换消能摇摆钢柱柱脚节点性能研究[J]. 土木工程学报，2022，55(1)：10-20.

[159] 刘文磊. 混凝土后锚固锚栓受剪性能试验研究[D]. 重庆：重庆大学，2020.

[160] LAUDAU L D，LIFSHITZ E M. Fluid mechanics[M]. London：Pergamon Press，1982.

高速铁路基础研究与技术创新丛书

第一期(16 册)

(一)基础理论与基础技术系列

高速铁路散体道床宏细观力学行为 赵春发 翟婉明 张 徐 著

ISBN 978-7-113-28857-0

高速铁路线路系统动力学 龙许友 时 瑾 王英杰 编著

ISBN 978-7-113-28997-3

高速铁路弓网关系研究 韩通新 著

ISBN 978-7-113-28941-6

(二)动车组系列

高速列车轻量化设计 李 明 伊召锋 米莉艳 等编著

ISBN 978-7-113-28972-0

(三)供电系列

高速铁路受电弓 韩通新 编著

ISBN 978-7-113-28975-1

高速铁路接触网检测技术 韩通新 著

ISBN 978-7-113-28961-4

(四)工程设计系列

高速铁路桥梁抗震设计 陈兴冲 张永亮 编著

ISBN 978-7-113-28964-5

高速铁路轨道工程 BIM 正向设计软件开发及实践 姚 力 刘大园 董凤翔 等编著

ISBN 978-7-113-28934-8

(五)工程施工与组织系列

高速铁路桥梁 BIM 技术研究与实践 盛黎明 苏 伟 刘延宏 宋树峰 编著

ISBN 978-7-113-28938-6

高速铁路岩溶路基边坡变形与稳定 白明洲 师 海 田 岗 等编著

ISBN 978-7-113-28880-8

高速铁路工程地质灾害超前预报图形判别和解译　　李　忠　郝娜娜　等编著

ISBN 978-7-113-28935-5

(六)通信与列控系列

高速铁路宽带无线信道测量与建模技术　　周　涛　何睿斯　艾　渤　编著

ISBN 978-7-113-28930-0

(七)测量与检测系列

(八)高铁运营与经济系列

高速铁路社会效益研究——基于时空经济分析　　李红昌　夏璇璇　著

ISBN 978-7-113-28942-3

(九)现代信息技术系列

高速铁路物联网技术　　史天运　孙　鹏　张惟皎　陈瑞凤　编著

ISBN 978-7-113-29029-0

(十)安全·健康·维护系列

高速铁路道砟飞溅机理及防治　　高　亮　石顺伟　殷　浩　著

ISBN 978-7-113-28906-5

高速列车多目标均衡综合节能技术　　张　雷　李　明　司志强　等编著

ISBN 978-7-113-28976-8

第二期(23 册)

(一)基础理论与基础技术系列

高速列车空气动力学数值模拟——基于 STAR-CCM+软件

李　明　李　田　戴志远　等编著

ISBN 978-7-113-30059-3

高速铁路沿线地面沉降研究与防治　　李国和　黄大中　尚海敏　王少林　编著

ISBN 978-7-113-30176-7

高速铁路路基智能填筑技术　　王同军　闫宏业　杨　斌　尧俊凯　等著

ISBN 978-7-113-30047-0

季冻区高速铁路路基服役性能与孕灾风险研究

叶阳升　蔡德钩　毕宗琦　李善珍　等著

ISBN 978-7-113-29934-7

高速铁路隧道内附属设施气动效应及安全性研究

彭立敏　杨伟超　施成华　雷明锋　著

ISBN 978-7-113-30104-0

高速铁路钢轨打磨理论与技术　　王文健　郭　俊　周　坤　著

ISBN 978-7-113-30061-6

高速列车动态性能正向设计　　周劲松　宫　岛　孙文静　著

ISBN 978-7-113-30050-0

高速列车自动驾驶控制理论　　宿　帅　李开成　唐　涛　袁　磊　等编著

ISBN 978-7-113-30147-7

高速铁路行车调度与控制一体化　　唐　涛　宿　帅　孟令云　阴佳腾　编著

ISBN 978-7-113-30112-5

高速铁路无砟轨道结构水泥基材料理论与技术

龙广成　曾晓辉　马昆林　谢友均　著

ISBN 978-7-113-30056-2

(二)动车组系列

高速列车空气动力学设计技术　　丁叁叁　著

ISBN 978-7-113-30055-5

(三)供电系列

高速铁路电力牵引供电工程智能建造技术

胡志华　陈建明　奚金柱　吴命利　等编著

ISBN 978-7-113-30205-4

(四)工程设计系列

现代铁路枢纽规划设计　　许佑顶　高丰农　吴学全　李传勇　等编著

ISBN 978-7-113-27468-9

高速铁路隧道底部结构动力响应特性及设计方法

彭立敏　施成华　黄　娟　丁祖德　著

ISBN 978-7-113-30133-0

(五)工程施工与组织系列

高速铁路工程勘察技术创新与实践　　陈则连　著

ISBN 978-7-113-30189-7

高速铁路工程质量系统管理(第2版)　　卢春房　等著

ISBN 978-7-113-30108-8

高速铁路路基沉降分析与控制技术　　宋绪国　郭帅杰　编著

ISBN 978-7-113-30154-5

深埋高速铁路地下车站施工关键技术　　杨新安　马明杰　李路恒　罗　驰　编著

ISBN 978-7-113-30001-2

高速铁路施工组织创新与实践　　魏　强　编著

ISBN 978-7-113-30136-1

高速铁路路基沥青混凝土防水封闭结构　　蔡德钩　闫宏业　楼梁伟　石越峰　等著

ISBN 978-7-113-30033-3

(六)通信与列控系列

高速铁路信号系统雷电防护技术研究　　向念文　徐宗奇　阳　晋　编著

ISBN 978-7-113-30135-4

(七)测量与检测系列

(八)高铁运营与经济系列

(九)现代信息技术系列

智能高速铁路图像大数据分析技术及应用　　李　平　李　瑞　赵　冰　编著

ISBN 978-7-113-30134-7

(十)安全·健康·维护系列

高速列车横风效应及气动安全控制动力学　　毛　军　柳润东　郗艳红　著

ISBN 978-7-113-30028-9